Bernhard Schmidt-Hertha, Sai-Lila Rees,
Helmut Kuwan

Sicherung qualifizierter Fachkräfte im demografischen Wandel

Lernen und Bildungsangebote in der zweiten Lebenshälfte

Apprendre et offres de formation dans la deuxième moitié de la vie

herausgegeben von / édité par

Prof. Dr. Dominique Kern
(Université de Haute Alsace)

&

Prof. Dr. Bernhard Schmidt-Hertha
(Universität Tübingen)

Volume 1

LIT

Bernhard Schmidt-Hertha, Sai-Lila Rees,
Helmut Kuwan

Sicherung qualifizierter Fachkräfte im demografischen Wandel

Deutsche und europäische Perspektiven

LIT

Das Projekt wurde gefördert vom Bundesministerium für Bildung und Forschung (Förderkennzeichen BBFI043 und W1399).

Gedruckt auf alterungsbeständigem Werkdruckpapier entsprechend
ANSI Z3948 DIN ISO 9706

Bibliografische Information der Deutschen Nationalbibliothek
Die Deutsche Nationalbibliothek verzeichnet diese Publikation in der Deutschen Nationalbibliografie; detaillierte bibliografische Daten sind im Internet über http://dnb.d-nb.de abrufbar.

ISBN 978-3-643-13924-5 (br.)
ISBN 978-3-643-33924-9 (PDF)

Verlagskontakt:
Fresnostr. 2 D-48159 Münster
Tel. +49 (0) 2 51-62 03 20
E-Mail: lit@lit-verlag.de http://www.lit-verlag.de

Auslieferung:
Deutschland: LIT Verlag, Fresnostr. 2, D-48159 Münster
Tel. +49 (0) 2 51-620 32 22, E-Mail: vertrieb@lit-verlag.de
E-Books sind erhältlich unter www.litwebshop.de

Inhaltsverzeichnis

1 Projektdesign: Hintergrund und Vorgehen

1.1 Hintergrund der Studie

Kaum eine Entwicklung lässt sich langfristig so gut prognostizieren, wie die Altersstruktur der Bevölkerung. Bereits seit mehreren Jahrzehnten war – aufgrund einer kontinuierlichen Entwicklung von Geburten- und Sterbeziffern – erkennbar, dass die voraussichtlich en gros in den 2020er Jahren aus dem Erwerbsleben ausscheidenden Babyboomer quantitativ nicht durch die nachkommenden Generationen auf dem Arbeitsmarkt ersetzt werden können (vgl. Statistisches Bundesamt, 2011). Dieses historisch einmalige Phänomen, das sich in den meisten Industrienationen ähnlich abzeichnet, wenn auch mit leichten zeitlichen Verschiebungen, wird überlagert von einer langfristigen Entwicklung, die durch geringere Geburtenraten und eine weiter steigende Lebenserwartung gekennzeichnet ist.

Vor diesem Hintergrund sehen sich Unternehmen in Deutschland und in den meisten europäischen Staaten mit einer doppelten Herausforderung konfrontiert: einem knapper werdenden Angebot an jüngeren Fachkräften und einer steigenden Zahl älterer Erwerbstätiger. Kurzfristig sind Unternehmen und Gesellschaft herausgefordert, mit dem absehbaren Ausscheiden geburtenstarker Kohorten aus dem Arbeitsmarkt umzugehen, während langfristig nach neuen Modellen für die Gestaltung der zweiten Lebenshälfte in einer Gesellschaft des langen Lebens zu suchen sein wird.

Weiterbildung spielt vor dem Hintergrund beider Trends eine zentrale Rolle und kann sowohl als ein Schlüssel sowohl zur Nutzung Älterer als gesellschaftliche Ressource verstanden werden als auch auf individueller Ebene wesentliche Erträge zeigen. Dies gilt einerseits für den Wirtschaftssektor, in dem Frühverrentung und die Konzentration auf jüngere Arbeitskräfte als personalpolitische Strategie ausgedient haben und andererseits für die Zivilgesellschaft, die bereits jetzt in hohem Maße vom Engagement und den Kompetenzen älterer Menschen abhängig ist und sich gleichzeitig durch die steigende Lebenserwartung mit einer wachsenden Zahl Pflegebedürftiger konfrontiert sieht. Weiterbildung kann in beiden Kontexten als eine unterstützende Strategie gesehen werden, insofern sie nicht nur individuelles Humanvermögen, sondern auch Gesundheit und gesellschaftliches Engagement (vgl. Bynner & Hammond, 2004; Bynner et al., 2003; Feinstein et al., 2003) stärkt und gleichzeitig die aktive gesellschaftliche Teilhabe Erwachsener fördert. Für Betriebe bedeutet dies vor allem, dass sie mehr denn je auf ihre erfahrenen Mitarbeiter/innen angewiesen sind und Strategien entwickeln müssen, um deren Kompetenzen abzurufen und weiterzuentwickeln. Hierzu gehört auch die Suche nach neuen Modellen, die Erwerbstätigkeit auch jenseits des fünften Lebensjahrzehnts attraktiv machen. Für beides gibt es bereits vielfältige Ansätze und Erfahrungen, die in dieser Expertise ebenso thematisiert werden, wie grundsätzliche Strategien und Rahmenbedingungen der Gestaltung von Erwerbsarbeit und Weiterbildung in der zweiten Hälfte des Erwerbslebens.

Mit Blick auf die älteren Erwerbspersonen selbst lassen sich kaum generalisierbare Aussagen machen, da Altern in erster Linie eine Zunahme interpersonaler Heterogenität bedeutet (vgl. Lahn, 2003). Entsprechend geht die vorliegende Expertise von folgender Leitlinie aus: Ältere sind eine sehr heterogene Gruppe. Dies gilt insbesondere im Hinblick auf Lernen und Bildung, da die interindividuellen Unterschiede hier – u.a. aufgrund des sogenannten Matthäus-Effekts (vgl. Dörner & Schäffer, 2012) – im Lebensverlauf tendenziell weiter wachsen. Umso wichtiger ist es gerade die Gruppe der Bildungsfernen innerhalb der älteren Erwachsenen nicht aus dem Blick zu verlieren und gleichzeitig über

Perspektiven für Fachkräfte der mittleren Qualifikationsebene nachzudenken. Hochqualifizierte und Führungskräfte scheinen schon jetzt auch in fortgeschrittenen Phasen ihrer beruflichen Laufbahn noch am ehesten im Fokus von Personalentwicklungsmaßnahmen zu liegen.

Vor dem Hintergrund der hier skizzierten Entwicklungen hat das Bundesministerium für Bildung und Forschung unter Mitwirkung des Bundesinstituts für Berufsbildung im Oktober 2014 die Universität Tübingen (Gesamtleitung des Projekts: Prof. Bernhard Schmidt-Hertha) in Kooperation mit Helmut Kuwan – Sozialwissenschaftliche Forschung und Beratung München mit der Erstellung einer Expertise zum Thema **„Sicherung qualifizierter Facharbeit durch Weiterbildung und Qualifizierung Älterer"** beauftragt. Hauptziel dieser Studie ist es, einen Überblick über relevante Forschungsergebnisse zu den Voraussetzungen und Anforderungen von Bildung und Lernen älterer Erwerbspersonen zu geben und gleichzeitig auch Praxismodelle und Handlungsansätze darzustellen.

1.2 Vorgehen

Methodisch stützt sich die Expertise auf eine breit angelegte Recherche von Forschungsliteratur und Praxisberichten, eine Auswertung von Daten des Adult Education Survey (AES) und des Programme for International Assessment of Adult Competencies (PIAAC), sowie auf Interviews mit nationalen und internationalen Experten/innen. Ein grundlegender Baustein der Expertise stellt die Bestandaufnahme, Strukturierung und inhaltliche Gewichtung des Forschungsstandes dar. Hierzu wurden systematisch themenrelevante Forschungsprojekte und Studien in Forschungsdatenbanken wie beispielsweise FIS, GESIS, KIBB, Academic Search Premier und ERIC recherchiert. Hilfreich waren dabei Suchterme wie Qualifizierung/Weiterbildung älterer

Arbeitnehmer, demografiefeste/demografiesensible/altersgerechte Personalentwicklung/Unternehmen, demografischer Wandel und betriebliche/altersgerechte Maßnahmen, etc.

Für die Recherche von Evaluationsstudien und innovativen betrieblichen Praxismodellen erwies sich die Datenbank „TOP 100 – Impulse aus der Praxis“ der Initiative Qualität neuer Arbeit (INQA) als sehr informativ ebenso wie die Fortschrittsreporte „Altersgerechte Arbeitswelt“, Ausgabe zwei und vier, des Bundesministeriums für Arbeit und Soziales (2013, 2014) sowie die Expertengespräche.

Für letzteres wurden strukturierte Leitfadeninterviews mit vorgegebenen Themen und Leitfragen durchgeführt. Die Leitfragen orientierten sich einerseits an den inhaltlichen Gliederungspunkten der Expertise und andererseits an den unterschiedlichen Tätigkeitsfeldern und Erfahrungen der jeweiligen Experten/innen. Dementsprechend wurde nicht nur nach Informationen über Projekte und den damit verbundenen Erfahrungen der jeweiligen Gesprächspartner/in gefragt, sondern auch Fragen zu folgenden Themengebieten gestellt: *Grundsätzliche Überlegungen zum Altersbegriff, Lernvoraussetzungen älterer Erwerbspersonen (Potenziale und Defizite), Strategien der betrieblichen Personalentwicklung, Erfahrungen aus Evaluationsstudien und/oder betrieblicher Praxismodellen (Good-Practice), Einflussfaktoren auf lebenslanges Lernen (Weiterbildung und informelles Lernen) in der zweiten (Erwerbs-) Lebenshälfte, Weiterbildungsmotive und –barrieren älterer Arbeitnehmer/innen* sowie *Entwicklungsperspektiven.* Die Reihenfolge der Themen und Fragen wurde je nach Gespräch frei variiert und ergänzende Themen, die auf Seiten der Experten/innen benannt wurden, aufgenommen und vertieft. Eine Aufnahme und Vertiefung ergänzender Themen, die von den Experten/innen benannt werden, war explizit vorgesehen und ausdrücklich erwünscht. Diese Form der Expertengespräche verbindet die

Vorteile einer strukturierten Befragung mit der Möglichkeit, neue, unvorhergesehene Elemente aufzunehmen. Die Gespräche wurden mit Zustimmung der Experten/innen auf Tonträger aufgenommen und anschließend transkribiert. Die Auswertung folgte den Prinzipien der qualitativen Inhaltsanalyse (in Anlehnung an Mayring 2010), wobei sich die Auswertungskategorien sowohl deduktiv aus den vorgegeben Themenbereichen als auch induktiv aus dem vorhandenen Interviewmaterial herausbildeten.

Insgesamt wurden 17 Interviews mit nationalen Experten/innen aus Wirtschaft und Praxis (neun Interviews) sowie aus verschiedenen Wissenschaftsdisziplinen (acht Interviews) durchgeführt.

Die Aussagekraft der Expertengespräche hängt neben den Erfahrungen der Interviewenden entscheidend von der Auswahl der Experten/innen ab. Für die Befragung wurden daher ausschließlich erfahrene und angesehene Experten/innen ausgewählt, deren große Bereitschaft zur Teilnahme an der Studie eine zeitnahe Realisierung der Gespräche ermöglichte. Zur Teilgruppe von neun Experten/innen aus Wirtschaft und Praxis gehörten Vertreter/innen von Wirtschaftsverbänden bzw. Tarifparteien, PersonalExperten/innen aus Großbetrieben sowie Unternehmensberater/innen. Die Auswahl der acht wissenschaftlichen Experten/innen in Deutschland folgte in erster Linie dem Prinzip der Interdisziplinarität. Bei der Wahl zwischen Experten/innen einer Fachdisziplin wurde als zusätzliches Kriterium herangezogen, inwieweit neben Erfahrungen in der eigenen Disziplin auch Schnittstellen mit der Praxis bestehen, etwa im Rahmen von Betriebsfallstudien oder Transferprojekten.Experten/innen. Zusätzlich wurden zehn Interviews mit Experten/innen aus anderen europäischen Ländern und supranationalen Organisationen befragt. Bei den Experten/innen aus Europa handelte es sich um jeweils einen Vertreter der

OECD und von Cedefop, sowie einschlägig ausgewiesene Wissenschaftler/innen aus Schweden, Norwegen, Dänemark, Niederlande, Österreich und England.

Das Alter der befragten Experten/innen selbst liegt im Spektrum zwischen Anfang 40 und Mitte 70. Die meisten der Befragten gehören selbst zur Gruppe der älteren Arbeitnehmer/innen. Inwiefern dies bei den Interviews eine Rolle spielte, zeigte sich auf unterschiedliche Weise. So nannten sich beispielsweise zwei der befragten Experten/innen unmittelbar selbst, auf die Frage hin, wen sie zur Gruppe der älteren Arbeitnehmer/innen hinzuzählen würden. Dabei scheint der Altersunterschied beider Experten (fast 20 Jahre) keinen Unterschied zu machen. Ein weiterer Experte erwähnt direkt beim Einstieg in das Interview, dass er selbst zur „Problemgruppe der Älteren" angehört. Andere Experten/innen nahmen weniger explizit Bezug auf ihr Alter.

Zwei weitere Experten nennen bei der Beschreibung altersbedingter physischer Entwicklungsverluste, Beobachtungen, die sie bei sich selbst feststellen konnten. Über die eigene erwerbsbiografische Verortung und einzelne Reflektionen zur persönlichen Situation hinaus ergeben sich aus dem Interviewmaterial aber keine erkennbaren Hinweise auf Effekte des eigenen Alters auf die jeweiligen Aussagen. Wir gehen daher davon aus, dass die Aussagen der Experten/innen deren wissenschaftliches und praktisches (Erfahrungs-)Wissen widerspiegeln und nur wenig von der persönlichen Situation beeinflusst sind.

Neben der Literaturaufbereitung und den nationalen bzw. internationalen Experteninterviews runden Sekundäranalysen von Daten aus dem Adult Education Survey (AES) und dem Programme for International Assessment of Adult Competencies (PIAAC) das Forschungsdesign ab. Hierbei werden die spezifischen Schwerpunkte der beiden Datensätze genutzt, um den Einfluss von bildungs- und erwerbsbezogenen Faktoren (AES) sowie von Arbeitsplatzanforderungen und Kompetenzprofilen (PIAAC) auf das Weiterbildungsverhalten älterer Erwerbspersonen zu untersuchen.

1.3 Struktur des Buches

Um sich dem Gegenstand der Expertise zu nähern, wird im vorliegenden Bericht zunächst die Frage nach der Entwicklung von Lernfähigkeit und Lernverhalten im Lebensverlauf gestellt und insbesondere in der zweiten Lebenshälfte, auch um die Voraussetzungen älterer Erwachsener für Lernen und Weiterbildung abzustecken. Daran anknüpfend wird das Verständnis von Alter und Altern diskutiert – Begriffe die auch in politischen und betrieblichen Kontexten sehr unterschiedlich verwendet werden und v.a. mit unterschiedlichen Assoziationen verknüpft sind. Diese mit Alter verbundenen Vorstellungen prägen aber ganz wesentlich die darauf bezogenen Überlegungen und Handlungsweisen (vgl. Schmidt-Hertha & Mühlbauer, 2012). Anschließend erfolgt eine vertiefende Analyse zum Bildungsverhalten und den Lernaktivitäten Älterer, bei der das Zusammenwirken von Alter und anderen Einflussfaktoren berücksichtigt wird. In diesem Kontext werden auch die persönlichen Interessen, Motive und Barrieren älterer Erwerbspersonen im Hinblick auf Weiterbildung näher betrachtet, aber auch deren informelle Lernaktivitäten und Beratungsbedarfe. Beratung wird im Kontext einer alterssensiblen Personalentwicklung aber nicht nur auf individueller, sondern auch auf organisationaler Ebene relevant, wo personalpolitische Strategien implementiert werden. Diese Strategien sowie andere Ansätze zur Förderung des Lernens älterer Mitarbeiter/innen bzw. zur Unterstützung einer lebensphasenbezogenen Personalpolitik werden in einem eigenständigen Kapitel vorgestellt, das damit auch einen Eindruck über bislang praktizierte Handlungsansätze liefert. Schließlich lassen sich mit einem Blick in andere

Länder auch alternative politische und unternehmerische Strategien identifizieren, die für den bundesdeutschen Diskurs Anregungspotenziale bieten. In einem abschließenden Kapitel werden die vorgestellten Befunde und Erfahrungen zu acht Handlungsstrategien verdichtet, die auch als Anregungen für Akteure in politischer, administrativer und betrieblicher Verantwortung zu verstehen sind.

2 Grundsätzliche Überlegungen zum Altersbegriff

Das Wort „alt“, leiten Sprachwissenschaftler aus dem indogermanischen Wortstamm „al“ ab, was für „wachsen“ und „reifen“ steht. Demnach bedeutet Altern nichts anderes als Wachstum und Reifung (Kruse & Wahl, 2010). In der Literatur wird zwischen den Begriffen „Alt“ und „Altern“ unterschieden. Während letzteres einen lebenslangen Prozess beschreibt, der mit der Geburt beginnt und mit dem Tode endet, steht der Begriff „Alter“ für eine bestimmte Lebensphase, die von gesellschaftlichen Konventionen mitbestimmt wird. Alter kann aber auch als Produkt eines Alternsprozesses (Burzan, 2008) verstanden werden, in denen die Summe über die Jahre kumulierter gradueller Veränderungen (Kruse & Wahl, 2010) augenscheinlich wird.

Der kalendarische/chronologische Altersbegriff definiert das Alter als Anzahl der bisherigen Lebensjahre, wodurch es leicht empirisch operationalisierbar wird und sich verschiedene Lebensabschnitte markieren lassen (Bojack, Brecht & Derr, 2014). Die interviewten Experten/innen sind sich allerdings darüber einig, dass das Alter nicht ausschließlich kalendarisch oder chronologisch beschrieben werden kann und stattdessen exogene Faktoren wie Arbeitsbedingungen, Umweltfaktoren, berufliche Position aber auch Einstellungen und Grundhaltungen sowie die subjektive Wahrnehmung, wie alt man sich fühlt, für die Zugehörigkeit zur Gruppe der „Älteren“ eine Rolle spielt. Beide befragten Personalexperten aus Großunternehmen verweisen darauf, dass es durchaus junge Arbeitnehmer/innen gibt, die älter als manch 60-Jähriger wirken bzw. manch ältere/r Arbeitnehmer/in agiler als jüngere Kollegen/innen sein kann. Diese Ablösung des Labels „Alter“ vom Kriterium des kalendarischen Alters ist zwar kein neuer Gedanke und findet sich ebenso im Kontext von Laienbefragungen

(Schmidt-Hertha & Mühlbauer, 2012), aus Perspektive der Personalentwicklung und des Personalmanagements sind von der Loslösung von einem rein kalendarisch bestimmten Altersverständnis aber weitreichende Konsequenzen zu erwarten.

In wissenschaftlichen Diskursen wird Alter schon lange als relationale, soziale Kategorie verstanden, die auch kontextspezifisch stark variiert. So gelten Bewerber/innen im Alter von 45 Jahren im betrieblichen Kontext oft schon als alt, während ein/e Bewerber/in im selben Alter für das Amt des Bundespräsidenten als jung gelten würde (Schäffer, 2010). Aus gerontologischer und soziologischer Perspektive gilt das kalendarische Alter als unzureichende Kategorie, da es viele Hinweise auf eine starke interindividuelle Variabilität von biologisch-physiologischen, pathologischen, von psychologischen Reaktionen und sozialen Interaktionen im Alter gibt, weshalb eine differenzielle Betrachtung des „Alters" unumgänglich ist (Thomae, 1983, S.40).

Zusammengefasst zeigt sich nach diesem kleinen Einblick, dass der kalendarische/chronologische Altersbegriff ungenügend bzw. nur eine Dimension des „Alters" von vielen ist. Entsprechend gibt es auch keinen allgemeinen Konsens über Altersgrenzen, Altersdefinitionen und Altersbegriffe (Schäffer, 2010). Umso wesentlicher erscheint es für die Expertise, unterschiedliche Aspekte, Perspektiven und Dimensionen zum Altersbegriff zu reflektieren und so die Heterogenität und Vieldeutigkeit des Labels „alt" zu dokumentieren. Hierzu gehen wir zunächst auf die biologische, psychologische und soziale Dimension von Alter näher ein, bevor dann die Themen Altersbilder und Altersgrenzen diskutiert werden.

2.1 Biologischer Altersbegriff

Schulze (1998) ordnet dem biologisch-physiologischen Altersbegriff das äußere Erscheinungsbild und physische Prozesse zu, die von sozialen und psychischen Faktoren beeinflusst werden können. Dass physische Alterungsprozesse oftmals mit dem äußeren Erscheinungsbild einhergehen, zeigen Vorgänge wie das Ergrauen der Haare, „Altersflecken“ sowie die Verminderung der Bandscheiben- und Wirbelhöhe, womit eine Verringerung der Körpergröße herbeigeführt wird (Weineck, 2004).

In der Biologie bedeutet Altern „(...) jede irreversible Veränderung der lebenden Substanz als Funktion der Zeit“ (Bürger, 1960, S.2) Die Zellteilung innerhalb des menschlichen Organismus ist biologisch determiniert, da sich die Zellen nicht unendlich oft teilen können und so die Lebensfähigkeit des Gesamtorganismus begrenzt ist. Dieser Vorgang wird als Biomorphose bezeichnet. Neben sichtbaren physischen Alterungsprozessen laufen innerhalb des Körpers noch weitere Veränderungen ab. So weisen auch Organe wie Herz (z.B. Anstieg des Gefäßwiderstandes) und Lunge (z.B. Erweiterung und Abnahme der Lungenbläschen) aber auch Muskeln (z.B. verringerte Muskelkraft) und Knochen (z.B. Atrophie des Knochengewebes) Alterserscheinungen auf. Diese Prozesse sind letztlich für eine Leistungsminderung im Alter verantwortlich (Weineck, 2004). Das Ausmaß der Beeinträchtigungen ist jedoch interindividuell sehr unterschiedlich, da neben genetischen Dispositionen auch geistige und körperliche Aktivität im Leben, frühere und akute Erkrankungen sowie Umweltbedingungen einen Einfluss auf Gesundheit im Alter haben können (Robert-Koch-Institut [RKI], 2001). Diese Differenzierung spiegelt sich auch in der Wahrnehmung eines betrieblichen Experten wieder: *„So ab 30, 40, 45, 50 Jahren wird die Schere immer grö-*

ßer; wo Leute sehr lange Fehlzeiten haben aufgrund von bestimmten, schwereren Erkrankungen, und anderen, die gar nicht krank werden" (ExpGU1).

Gesundheitsschädigende Einflüsse im Lebenslauf zeigen sich oftmals erst im Alter, weshalb die Krankheitsphysiologie drei Formen von Erkrankungen mit Bezug zum fortgeschrittenen Lebensalter differenziert (RKI, 2001):

1. Altersphysiologische Veränderungen mit möglichem Krankheitswert basieren auf physiologischen Entwicklungen, die zum natürlichen Alternsprozess gehören, aber einen Krankheitswert haben, weil sie mit einem höheren, über der Norm liegenden, Ausprägungsgrad auftreten.
2. Erkrankungen, die zwar unabhängig vom Lebensalter auftreten, in fortgeschrittenem Alter aber veränderte Verläufe aufweisen und dann u.U. mit einer längeren Rekonvaleszenz einhergehen (z.B. Infektionskrankheiten).
3. Erkrankungen mit langer präklinischer Latenzzeit (Krebs) und Krankheiten infolge langandauernder oder vielfacher Exposition (Atemwegserkrankungen), deren Genese sich über viele Jahre erstreckt, deren Auftretenswahrscheinlichkeit dadurch aber im Alter steigt.

Von den befragten Experten/innen wurden gerade bei der körperlichen Belastbarkeit Defizite gesehen, die auch in der Wahrnehmung der Älteren selbst vorrangig zu sein scheinen.

> „Es ist im Gegenteil zum kognitiven Bereich schon so, dass sich auch körperliche Leistungsreduzierung, also wenn man Muskelkraft oder bestimmte Sehfunktionen (betrachtet), sich auch im früheren Alter – da braucht man sich nur mich selber anzuschauen – bemerkbar machen. Insofern ist es sicherlich so, dass man bei einem 50-Jährigen nicht mehr dieselben körperlichen Anforderungen stellen kann wie an einen Jüngeren. Das mag man

> als Defizit sehen, ich sehe es eher als eine Leistungsveränderung" (ExpGero1).

Hier wird deutlich, dass physische Defizite Älterer auch als Leistungsveränderungen gesehen werden können, wenn sie beispielsweise durch Erfahrungswissen oder Arbeitsroutine kompensiert werden können. Zudem können manche physischen Defizite durch Training relativiert werden.

Einbußen in der körperlichen Leistungsfähigkeit sind gerade im handwerklichen Bereich offenkundiger und werden dort häufiger als Resultat langjähriger Belastungen bei älteren Arbeitnehmer/innen erkennbar. Eine Möglichkeit wie mit solchen „Leistungsveränderungen" angemessen umgegangen werden kann, sieht der Experte ExpTD in Modellen, die flexiblere Karriereverläufe erlauben:

> „Gut, wie kann ich mich denn aus einer hochbelasteten Situation auch wieder in eine weniger belastende und weniger gut vergütete Position zurückentwickeln, das sehe ich jetzt zum Beispiel eher, dass dort greifbares passiert. (…) Und da kann man eben auch sagen: Okay, das habe ich jetzt zu lange gemacht, ich merke einfach, ich schaffe das nicht mehr. Ich kann auch wieder da herausgehen, mich entlasten und andere Leute diese Aufgabe überlassen ohne mein Gesicht zu verlieren ohne dann schon auf das Abstellgleis geschoben zu werden. Also ich sehe eher, dass solche Modelle kommen" (ExpTD).

2.2 Soziologischer Altersbegriff

Alter wird nicht nur biologisch, sondern auch durch andere Individuen und Gruppen innerhalb der sozialen Kommunikation und Interaktion bestimmt (Malwitz-Schütte, 2006). Diese soziale Dimension des Alters wird auch von mehreren Experten explizit angesprochen:

> „Das chronologische Alter ist nicht die richtige Maßeinheit. Es ist in hohem Grade eine soziale Definition von außen (...)“(ExpPol).

> „Alter ist eine soziale Kategorie und das heißt, es ist immer eingebettet in zahlreiche andere Bezüge, die Sie kontrollieren müssen, um zu sehen was da eigentlich Alter(seffekte sind). Höchstwahrscheinlich bleibt da herzlich wenig übrig“ (ExpSoz).

Neben Bildung, Ethnizität, sozialem Status und Geschlecht gehört das Alter zu den zentralen Merkmalen sozialer Differenzierungen. Das Lebensalter hat wesentlichen Einfluss darauf, ob Menschen der Zugang zu bestimmten sozialen Rollen (z.B. Arbeitnehmer/innen) offensteht oder verwehrt wird (Kruse & Wahl, 2010). Durch die Normierung der in einer Gesellschaft vorherrschenden Alterseinteilung wird einerseits das chronologische Alter bestimmt und andererseits werden Verhaltenserwartungen sowie Rollenzuweisungen geprägt. Durch diese Art der sozialen Kontrolle kommt es vor, dass sich alternde und alte Individuen den gesellschaftlichen Vorstellungen anpassen (Schulze, 1998).

Zu der sozialen Definition von Alter gehört ebenso, dass sozioökonomische sowie sozialpsychologische Einflüsse wie Bildung, Einkommen oder Partnerschaft einen (in-)direkten Einfluss auf eine ältere Person haben (Schulze, 1998). Geprägt wird die soziale Dimension des Alters zudem von veränderten Möglichkeiten zur aktiven sozialen Teilhabe. Bezüglich der Erwartungen an Menschen im Alter besteht keine gesellschaftliche Einigkeit darüber, inwieweit und in welchen Rollen sich ältere Personen engagieren sollten. So kann die Abkopplung von einzelnen gesellschaftlichen Rollen wie z.B. der Erwerbsrolle, zu neuen, auch ‚identitätsstiftenden‘ Verpflichtungen führen und eine an „(...) persönlichen Interessen und Bedürfnissen orientierte Lebensgestaltung (ermöglichen)“ (Kruse, 2002, S.4). Die soziale Dimension kann demnach auch durch die Verwirklichung der späten

Freiheit gekennzeichnet sein (Gerhardt, 1998). Nach Kruse (2008) ist jedoch nur das dritte Lebensalter (60-80 Jahre) im Sinne einer späten Freiheit zu charakterisieren, während das vierte Lebensalter (ab 80 Jahren) eher durch eine Kumulation von Herausforderungen und Verlusten gekennzeichnet ist:

> „Es gibt natürlich diese biologischen Lebensalter. Das sind hard facts. Jenseits der 80, da wird alles anders. Das muss man respektieren, weil da die Körperfunktionen bzw. auch der Körper so sich massiv verändert, dass er eher mit dem Überleben beschäftigt ist, als irgendwas Produktives tun kann. Das ist eine absolute Grenze glaube ich. Alles davor hängt von der jeweiligen Person ab und insoweit glaube ich, kann man kaum sagen, was Altern ist" (ExpDIHK).

Die erwähnte „Freiheit" der Älteren beschreibt der Experte ExpGU1 so:

> „Auch neue Chancen haben, entweder, weil die Kinder eben draußen sind, die Eltern sind oft schon gestorben. Also ich habe dann auf einmal eine neue Freiheit gewonnen, die ich 20 Jahre gar nicht hatte" (ExpGU1).

Alter als soziale Dimension reflektiert zudem die Entwicklung des Bildungsstandes, die materiellen Ressourcen sowie die Wohnbedingungen älterer Generationen. So zeigt sich beispielsweise, dass ältere Personen heute einen besseren Bildungsstand haben als frühere Generationen und sich deren materielle Lage im Durchschnitt verbessert hat (Kruse, 2002), wobei allerdings gerade alleinstehende Frauen im Alter einem höheren Armutsrisiko ausgesetzt sind.

2.3 Psychologischer Altersbegriff

> „Man kann zum einen – zumindest analytisch, so muss man es vorsichtig sagen – trennen zwischen dem eher biologisch-kognitiven Alter oder psychologischem Alter, also Leistungsfähigkeit“ (ExpGero1).

Mit dem psychologischen Alter wird die dritte Dimension des Altersbegriffs angesprochen, die insbesondere im Hinblick auf die kognitive Leistungsfähigkeit entscheidend und daher für die Ausübung vieler beruflicher Tätigkeiten, aber auch für Weiterbildung im höheren Erwachsenenalter von besonderer Relevanz ist.

Die psychologische Dimension des Alters ist keinesfalls unabhängig von der biologisch-physischen und sozialen Dimension (Bojack, Brecht & Derr, 2014). Vorangegangene Sozialisations- und Personalisationsprozesse stecken den Verhaltensspielraum im höheren Alter ab. „Das psychologisch-intellektuelle Alter gilt als Resultat eines differenzierten und komplexen Zusammenwirkens von Anlage und Umwelt“ (Schulze, 1998, S.20). Dabei umfasst die psychologische Altersdimension u.a. von außen beeinflussbare Persönlichkeitseigenschaften und Veranlagungen, Intelligenz und Lernfähigkeit sowie die kognitive Leistungsfähigkeit (Schulze, 1998; Kruse, 2002). Gerade die kognitive Leistungsfähigkeit, die Gedächtnisleistung sowie die Informationsverarbeitung können zentrale Indikatoren für die Messung des psychologischen Alters sein (ExpGero1).

Hinsichtlich der kognitiven Leistungsfähigkeit gibt es während des Alterungsprozess sowohl Verluste als auch Gewinne. Auf Seiten der Verluste sind demnach Einbußen bei der Geschwindigkeit der Informationsverarbeitung, in der Fähigkeit zur Lösung neuartiger kognitiver Probleme, im Kurzzeit- oder Arbeitsgedächtnis sowie bei der Kontrolle von Lernvorgängen (steigende

Störanfälligkeit) zu verzeichnen (Kruse, 2002). Auf eine reduzierte Informationsverarbeitungsgeschwindigkeit bzw. kognitive Leistungsfähigkeit wird auch von vielen Experten/innen verwiesen.

Nach Experte ExpGero1 sollte eine reduzierte Leistungsfähigkeit in Teilbereichen jedoch nicht als Defizit, sondern vielmehr als Leistungsveränderung gesehen werden, wenn sie mit Leistungsgewinnen auf anderen Ebenen verknüpft ist. In einem ähnlichen Sinne äußern sich auch einige weitere Experten/innen.

> „Das Lernen ist ein anderes, weil ich als älterer Mensch möglicherweise analytisch stärker bin, weil ich stärker vernetzen kann, weil ich einen größeren Erfahrungshorizont habe etc., aber möglicherweise länger brauche, um drei Sachen, die gleichzeitig angeboten werden, ad hoc zu memorieren. Die Leistungsfähigkeit setze ich in Anführungszeichen. Es ist nicht so, dass ich sage, die sind weniger leistungsfähig“ (ExpUB2).

Zudem spielen Arbeitsbedingungen, Arbeitsanforderungen und Lernanreize eine Rolle, ob Qualifizierungsdefizite entstehen und inwiefern sie zum Tragen kommen. Deshalb erscheint es dem Experten ExpGero1 angemessen, nur in Bezug auf die Arbeitsbedingungen von Defiziten zu sprechen.

Erfahrungs-, wissens- und fertigkeitsbasierte Leistungen stellen dagegen Stärken des Alters da, die beispielsweise zur Lösung vertrauter Problemstellungen oder zur Bewältigung von psychischen Anforderungen und Belastungen im Alltag benötigt werden (Kruse, 2002). Zwar treten im Alter kognitive Verluste bei manchen Aspekten der Leistungsfähigkeit auf, nichtdestotrotz ist die kognitive Plastizität (Veränderungspotenzial) noch so hoch, dass durch längerfristiges kognitives Training alterskorrelierte Verluste erheblich verringert werden können. Dafür spricht auch die in der Bewältigung von Belastung erkennbare psychische Widerstandsfähigkeit im Alter (Kruse, 2002).

Die psychologische Dimension von Alter und darunter gerade die kognitive Leistungsfähigkeit spielt auch bei den Lernvoraussetzungen Älterer eine relevante Rolle (vgl. Kapitel 3).

2.4 Altersbilder

Schäffer (2010) ist der Ansicht, dass in einschlägigen psychologischen, sozialgerontologischen und soziologischen Diskursen über die Bedeutung und Funktionen von Altersbildern ein „Alternsbias" deutlich wird (S.207f): „Sie beschäftigen sich überwiegend mit den Bildern von und über ältere Menschen und gehen davon aus, dass sowohl das Verhalten Einzelner, als auch von Gruppen und Organisationen von positiven wie negativen, oftmals stereotypisierten Altersbildern beeinflusst werden".

In der sozialpsychologischen Forschung bezeichnet „Altersstereotyp" eine Vorannahme über Merkmale wie z.B. Persönlichkeitseigenschaften, das äußere Erscheinungsbild oder bestimmte Verhaltensweisen, welche ältere Personen vermeintlich kennzeichnen (Schmitt, 2008, S.49). Dementsprechend können Vorstellungen über ältere Menschen mit Zuverlässigkeit, grauen Haaren oder Geschwätzigkeit verbunden sein und so Stereotype älterer Person widerspiegeln (Mayer, 2009, S. 115). Dabei können Stereotype durchaus auf realen Erfahrungen und Beobachtungen basieren, die dann aber derart pauschalisiert und generalisiert werden, dass vom Stereotyp abweichende Erfahrungen gar nicht mehr als solche anerkannt werden.

Obwohl Stereotypen und Altersbilder sowohl positive als auch negative Einstellungen umfassen können, dominieren Vorurteile und Diskriminierungen gegenüber älteren Menschen als zentraler

Gegenstand in wissenschaftlichen Untersuchungen von Altersbildern (Kruse & Schmitt, 2005). Aber nicht nur in der Forschung, sondern generell werden mit Alter(n) eher negative als positive Bilder verbunden. Krankheit, Hilfsbedürftigkeit, Armut, Einsamkeit bis hin zum Tod werden in unserem Kulturkreis demnach öfter mit dem Alter assoziiert als beispielsweise Lebenserfahrung oder Weisheit (Schulze, 1998). Diese Konnotationen haben sich auch in jüngeren Studien bestätigt (z.B. Lehr, 2007). Die These des *Ageism*, also der Altenfeindlichkeit, von Robert Butler (1969) ist damit einflussreich geblieben. *Ageism* umfasst drei eng zusammenhängende Aspekte. Zum einen beinhaltet es Vorurteile gegenüber älteren Menschen, dem Alter und dem Alternsprozess, zum anderen eine soziale Diskriminierung älterer Menschen sowie institutionelle und politische Praktiken, die stereotype Überzeugungen bestätigen und aufrechterhalten (Kruse & Schmitt, 2005).

Das Bundesministerium für Familie, Senioren und Jugend definiert Altersbilder als „(…) individuelle und gesellschaftliche Vorstellungen vom Alter (Zustand des Alt Seins), vom Altern (Prozess des Älterwerdens) oder von älteren Menschen (die soziale Gruppe älterer Personen)“ (2010, S.36). Dabei können Altersbilder nach folgenden vier Kategorien systematisiert werden (BMFSFJ, 2010, S.36f):

1. Altersbilder als kollektive Deutungsmuster: Entstehen durch öffentliche Diskurse z.B. Diskurs von Defizit- oder Kompetenzmodell Älterer
2. Organisationale und institutionelle Altersbilder: Institutionalisierte Altersbilder aus öffentlichen Diskursen, z.B. festgelegte Altersgrenzen
3. Altersbilder als Element der persönlichen Interaktion, z.B. Kommunikationsverhalten zwischen Jüngeren und Älteren

4. Altersbilder als individuelle Vorstellungen und Überzeugungen, z.B. Stereotype

Zwischen 1 bis 4 sind Wechselwirkungen möglich. So können beispielsweise Altersbilder aus öffentlichen Diskussionen institutionalisiert werden.

Wissen über Alter und Altern kann durch Medien vermittelt, aber auch durch Sozialisationsprozesse, direkten Kontakt mit älteren Menschen oder durch eigene Alternsprozesse erworben werden. Somit sind individuelle Altersbilder nicht nur durch die Wahrnehmung und Deutung von Altersprozessen bei anderen Menschen, sondern auch durch erlebte Veränderungen der eigenen Person beeinflusst. Durch den Kontakt mit unterschiedlichen älteren Personen kann eine Differenzierung im Altersbild stattfinden (Schmitt, 2008).

Dass neben der persönlichen subjektiven Vorstellung über das eigene Altern auch Sozialisationsfaktoren Einfluss auf das Altersbild haben, belegen Ergebnisse der EdAge-Studie. So wurde im Rahmen der EdAge-Studie zur Weiterbildungsverhalten und –interessen Älterer (Tippelt et al., 2009c) 2007 das persönliche Altersbild anhand einer Skala erhoben, welche sich größtenteils an die entsprechenden Fragen aus dem deutschen Alterssurvey (Tesch-Römer et al., 2002) und der ILSE-Studie (Martin et al., 2000) anlehnt. Diese Skala umfasst 17 Items zu Erfahrungen und Erwartungen hinsichtlich des eigenen Alters und Alterns. Von den im Rahmen der EdAge-Studie befragten 4909 Teilnehmer/innen konnten Daten von 2012 älteren Erwerbstätigen hinsichtlich des persönlichen Altersbilds ausgewertet werden. In einer Regressionsanalyse erwies sich, dass das Alter der Befragten, die Schulbildung, der Berufsstatus sowie die Teilnahme an außerberuflicher Weiterbildung einen statistisch bedeutsamen Beitrag zur Varianzaufklärung in der Skala „Altersbild“ leisten. Demzufolge gehören beispielsweise ältere Erwerbstätige mit (Fach-)Hochschulreife häufiger zu denjenigen mit sehr positivem Altersbild, ebenso wie ältere Erwerbstätige, die innerhalb von zwölf Monaten an einer außerberuflichen Weiterbildung teilgenommen haben. Bei älteren Erwerbstätigen mit Hauptschulabschluss und Arbeiter/innen ist dagegen häufiger ein negatives Altersbild zu diagnostizieren. Die Variablen Geschlecht, Berufsbildung, Teilnahme an beruflicher Weiterbildung und Betriebsgröße konnten keinen eigenständigen Beitrag zur Erklärung von Unterschieden im Altersbild liefern (Schmidt, 2011).

Altersbilder haben überdies Einfluss auf das Selbstbild, die Nutzung von Potenzialen und Kompetenzen, auf die individuelle Lebensplanung, Bemühungen um selbstverantwortliche Gestaltung des eigenen Alternsprozesses sowie auf Möglichkeiten und Gelegenheiten zur sozialen Teilhabe. So können gesellschaftliche Altersbilder negative Auswirkungen haben, wenn sie von Individuen übernommen werden, obwohl sie eigentlich nicht mit dem eigenen Selbstbild übereinstimmen und dadurch Kompetenzen und Potenziale nicht genutzt werden. Individuelle Altersbilder sind allerdings nicht einfach ein Abbild von Merkmalen gesellschaftlicher Strukturen oder diesen zu Grunde liegenden gesellschaftlichen Altersbildern, weshalb sie vor einer Adaption hinsichtlich persönlicher Erfahrungen und Einsichten reflektiert werden sollten (Schmitt, 2008).

Im Folgenden wird zunächst skizziert, welche historischen Veränderungen das Altersbild bereits durchlaufen hat. Anschließend soll aufgezeigt werden, inwiefern der Begriff des Altersbildes zu differenzieren ist und welche Altersbilder in Betrieben vorherrschen.

2.4.1 Das Altersbild im historischen Wandel

Altersbilder können sich im Laufe der Zeit je nach Lebenslage und historischer Entwicklungen verändern. Wurden in der Antike ältere Personen noch häufig als geistig kraftvoll, tapfer und selbstbewusst wahrgenommen, so wurde von der frühen Neuzeit bis ins 17. Jahrhundert das Alter verstärkt mit dem Verlust vorhandener Fähigkeiten, Zerfall und Abstieg gleichgesetzt. Nicht zuletzt spielten historische Ereignisse wie die Pest dabei eine Rolle, da vor allem ältere Menschen anfälliger für diese Erkrankung waren. Im darauffolgenden 18. Jahrhundert wurde das Alter wieder mehr wertgeschätzt, denn es stand für in Verbindung mit besonderen Verdiensten und Beiträgen der Älteren zur Gesellschaft, welchen mit Verehrung und Ehrfurcht begegnet wurde. Im 19 Jahrhundert kam es schließlich wieder zu einem Wandel des Altersbildes, da der Status der Jugend aufgewertet wurde. Durch die Technisierung verlor die auf Erfahrung und Wissen aufbauende Funktionalität der Älteren an Bedeutung, wodurch älteren Personen weniger Wertschätzung entgegengebracht wurde. Ab dem 20. Jahrhundert wurde die Jugend und nicht mehr die Älteren zum gesellschaftlich dominierenden Orientierungspunkt aller Altersgruppen (Kolland, 2010).

Bis in die 50er Jahre dominierte wissenschaftlich – und gesellschaftlich noch wesentlich länger – das Defizitmodell des Alters, mit dem die Annahme verbunden ist, dass mit zunehmendem Alter wesentliche Funktionen abgebaut werden (Lehr, 2007). Demgegenüber steht das Kompetenzmodell, das die Plastizität menschlicher Entwicklung betont und darauf verweist, dass sich manche Leistungsfähigkeiten verbessern, andere stabil bleiben und wieder andere nachlassen können, wobei die Geschwindigkeit der Veränderungen sehr unterschiedlich sein kann (Langhoff,

2009). Zwar gibt es heute noch immer negative Altersstereotypen, jedoch scheinen diese nicht mehr dominant zu sein (Lehr, 2007).

Inwiefern sich das Altersbild gewandelt hat wird auch in äußeren Erscheinungsformen und Lebensstilen deutlich:

> „Sie können heute einen Alten von einem Jungen nicht mehr unterscheiden. Also nur noch, wenn Sie das Gesicht sehen. Die laufen auch alle sportlich, alle mit Sneakers unterwegs, und mit Rucki hintendrauf, und mit moderner Technik, und alle haben ein iPhone. In meiner Jugendzeit konnte man einen Alten noch unterscheiden, der war anders gekleidet, der ist anders gelaufen. Der hätte nie Turnschuhe angehabt in der Privatzeit!" (ExpUB1).

Ein ähnliches Phänomen beschreibt ein anderer Experte. Er weist daraufhin, dass mittlerweile Plattformen wie Facebook und Twitter oder Webseiten wie Ebay und Amazon lange nicht mehr nur von Jüngeren genutzt werden. Im Gegenteil, *„(...) Viele Junge gehen ja schon bei Facebook inzwischen raus, weil sie ihre Eltern dort treffen. Und suchen sich so wieder neue Dinge" (ExpGU1).* Zudem stimmen mehrere Experten/innen überein, dass ältere Personen heute oft nicht als „alt" angesehen werden bzw. nicht zum „alten Eisen" geschoben werden wollen und stattdessen aktiv bleiben möchten. ExpPF1 geht davon aus, dass Ältere gerne erwerbstätig bleiben und wertgeschätzt werden wollen, was sich auch motivationstheoretisch untermauern lässt (Deci & Ryan, 1987).

Altersbilder implizieren neben Fähigkeiten und Fertigkeiten im Alter bzw. deren Veränderung auch Vorstellungen zur beruflichen und gesellschaftlichen Rolle älterer Menschen, was letztlich auch moralische Fragen zur Lebensgestaltung im Alter aufwirft.

„In jedem Flugzeug finden Sie die Kohorte der Anfang 50-, zwischen 60- und 70-Jährigen, die Ihnen dann erzählen, Sie fliegen jetzt zum vierten Mal in Urlaub (…) Wir haben in der Alltagspraxis zunehmend die Erkenntnis, dass diese Idee mit 60 nicht mehr arbeitsfähig (zu sein), die dementiert sich doch jedes Mal, wenn Sie im Reisebüro sind oder im Flughafen. So eine hohe Anzahl von rüstigen reisenden Menschen hab ich noch nie gesehen (…) Würden Sie doch zugeben: Ich hab doch schon eine sehr intensive Freizeitplanung für die nächsten fünf Jahre im Kopf. Dann wird Ihnen doch auch niemand abnehmen, dass Sie da nicht mehr arbeiten können – sie wollen nicht mehr“ (ExpPol).

2.4.2 Differenzierung von Altersbildern

Mittlerweile orientieren sich politische Diskussionen immer mehr an einer differenzierten Sichtweise auf Alter und Altern (Kruse & Schmitt, 2005).

Bei der Differenzierung von Altersbildern sollten zunächst körperliche und geistige Fähigkeiten; soziale, gesundheitliche und materielle Ressourcen sowie individuelle Lebensentwürfe, Anliegen und Interessen berücksichtigt werden. Des Weiteren sollte bedacht werden, dass Merkmale der Lebenssituation im Alter Resultate sehr unterschiedlicher Entwicklungen sein können, die das Ergebnis von Möglichkeitshorizonten und Chancenstrukturen, Sozialisations- und Bildungsprozessen, individuellen Dispositionen und Lebensbedingungen aber auch früherer Entscheidungen und Unterlassungen sind. Zuletzt sollten Altersbilder für spezifische soziale und biografische Kontexte sowie für soziale Interaktionen mit verschiedenen Personen und Gruppen erkannt werden (Schmitt, 2008).

In einer empirischen Studie, bei der 1275 Personen im Alter zwischen 45 und 75 Jahren befragt wurden, leiteten Kruse und Schmitt (2005) vier Altersbilddimensionen ab, die weitgehend unabhängig voneinander sind. Die vier Altersdimensionen umfassen folgende Altersstereotypen (S.14):

1. Alter ist eine Lebensphase, die nicht nur durch erhaltene Leistungsfähigkeit, sondern auch durch ein Mehr an Erfahrungen, eine Befreiung von Verpflichtungen (im Sinne einer späten Freiheit) und individuelles Wohlbefinden charakterisiert ist.
2. Alter ist eine Lebensphase, die im Sinnes eines allgemeinen Defizitmodells durch Verluste im Bereich der Selbstständigkeit, der kognitiven Leistungsfähigkeit, der sozialen Integration und Partizipation sowie durch Gefühle von Einsamkeit und Niedergeschlagenheit gekennzeichnet ist.
3. Ältere Menschen sollten nicht mehr am öffentlichen Leben teilnehmen, die von diesen erbrachten beruflichen Leistungen sind für Gegenwart und Zukunft nicht von Bedeutung.
4. Bedürfnisse und Ansprüche älterer Menschen sind sowohl für ihre Familienangehörigen wie auch für die Gesellschaft eine nicht mehr zumutbare Belastung.

Bei der Auswertung der Ergebnisse stellten Kruse und Schmitt (2005) zudem fest, dass sich bei den Altersbildern positive und negative Aspekte nicht unbedingt ausschließen. Derart facettenreiche Altersbilder finden sich auch in einzelnen Experteninterviews, z.B. wenn derselbe Experte ältere Arbeitnehmer/innen einerseits als „beratungsresistent“ andererseits als eine unersetzbare Generation aufgrund ihrer Arbeitseinstellung und ihres Erfahrungswissen beschreibt.

Mit Schäffer (2010) kann zwischen Alters-, Alterns- und Altenbildern unterschieden werden. Wird von Altersbildern gesprochen, so bezieht sich der Terminus auf unterschiedliche Altersphasen, also auch Kindheits-, Jugend- oder Erwachsenenbilder.

Der Begriff Alternsbilder beschreibt dagegen den Prozess des Alterns in unterschiedlichen Altersgruppen. Lediglich der Terminus Alternsbilder bezieht sich auf die Gruppe „alte Menschen" (S. 210) während Alters- und Alternsbilder sich auf jedes Lebensalter beziehen.

Schäffer (2010) differenziert aber nicht nur den ALTERS-Begriff, sondern auch den BILDER-Begriff. Bilder können in diesem Zusammenhang verstanden werden als Abbilder, Denkbilder oder Erfahrungsbilder vom Alter, Altern und Alten. „Der Abbildbegriff verweist auf eine wörtliche Verwendung im Sinne von bewegten und unbewegten *materiellen bildhaften Darstellungen*, in denen Alter, Altern und Alte zum Sujet werden, also Photos, Werbeplakate, Filme, Videos von Alten, übers Alterns und ober das Alter" (Schäffer, 2010, S. 212). Dagegen sind mit Denkbildern vor allem „begrifflich fassbare *Vorstellungen*" (Schäffer, 2010, S.212) über das Alter, Altern und Alte gemeint. Auch altersbezogene Vorurteile und Stereotypen fallen hierunter. Der Begriff der Erfahrungsbilder schließlich umgreift, die „Formen der *inneren bildlichen Repräsentationen* vom Alter und Altern sowie von Alten" (Schäffer, 2010, S.213) und dokumentiert sich im Gegensatz zu Abbildern und Denkbildern eher implizit.

Abbilder, Denkbilder und Erfahrungsbilder von Alter, Altern und Alt sind miteinander verbunden und können sich gegenseitig bedingen. So können einerseits auf Grundlage medial vermittelten Abbildern und Denkbildern und andererseits durch eigene kommunikative und interaktiver Erfahrungen mit Bildern von Altern, Alter und Alt (Erfahrungsbilder) gesellschaftliche Handlungsorientierungen bezüglich Alter, Altern und Alt entstehen (Schäffer, 2010).

2.4.3 Altersbilder in Unternehmen und Betrieben

Wie bereits erwähnt, verlor historisch gesehen die Erfahrung und das Wissen Älterer durch die Technisierung insbesondere in manchen Berufsfeldern an Bedeutung, wodurch älteren Personen weniger Wertschätzung entgegengebracht wurde (Kolland, 2010). Zudem wurde lange Zeit vermehrt von einem Defizitmodell und nicht von einem Kompetenzmodell hinsichtlich der Fähigkeiten Älterer ausgegangen. Inwiefern sich dieses Altersbild heute in Unternehmen gewandelt oder eben nicht gewandelt hat, soll im Folgenden anhand von empirischen Studienergebnissen untersucht werden.

Die folgende Abbildung der Ergebnisse des IAB Betriebspanels (2002) zeigt, welche Fähigkeiten und Kompetenzen Verantwortliche in Unternehmen (n=15.408) Älteren und Jüngeren zusprechen (Langhoff, 2009):

Abbildung 1: Vergleich der Eigenschaften zwischen Jüngeren und Älteren im Urteil der Erwerbstätigen auf Grundlage des IAB-Betriebspanel 2002

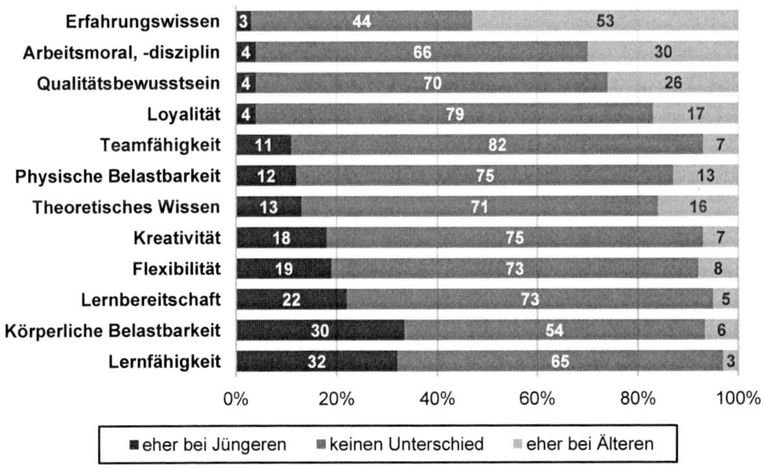

Quelle: nach Langhoff, 2009, S. 39

Wie aus der Grafik hervorgeht, wird älteren Arbeitnehmer/innen vor allem Erfahrungswissen, Qualitätsbewusstsein, Loyalität sowie Arbeitsmoral/ -disziplin zugesprochen. Kreativität, Flexibilität, Lernbereitschaft, Lernfähigkeit und körperliche Belastbarkeit werden dagegen eher jüngeren Arbeitnehmer/innen zugeordnet. Hinsichtlich der Teamfähigkeit, psychischen Belastbarkeit sowie dem theoretischen Wissen sehen die meisten Befragten keine Unterschiede zwischen Jung und Alt.

Primär und ausnahmslos wurde auch von allen befragten Experten/innen *Erfahrung* bzw. *Erfahrungswissen* als Potenzial von älteren Arbeitnehmer/innen genannt. Dabei unterscheiden zwei Experten zwischen Produkt-, Prozess- und sozialem Wissen. Lassen es jedoch Arbeitsbedingungen nicht zu, Erfahrungswissen zu generieren bzw. nur in einem spezifischen Bereich, kann Erfahrungswissen sich nur in wenigen Bereichen aufbauen und zu einem verengten Kompetenzprofil führen. Zudem kann das Erfahrungswissen durch schnelle und disruptive Veränderung seine Gültigkeit verlieren, was zu Fehlentscheidungen führen kann. Erfahrungswissen kann somit auch als Defizit auftreten. Neben dem Erfahrungswissen werden älteren Arbeitnehmer/innen eine gewisse Gelassenheit, eine gute Urteilsfähigkeit, ein geringerer Krankenstand sowie ein besseres Verständnis für Unternehmen und Prozesse zu Gute gehalten.

Ebenso zeigte sich in einer quantitativen Betriebsumfrage des Bundesinstituts für Berufsbildung (BiBB) (n=537), dass die Stärken Älterer vor allem in den Bereichen berufliche Erfahrungen und Arbeitstugenden gesehen wurden. An zweiter Stelle folgte der Bereich Kompetenzen zur Bewältigung des betrieblichen Wandels. Geistige Beweglichkeit/ körperliche Belastbarkeit wurden am wenigsten mit dem Kompetenzprofil älterer Arbeitnehmer/innen in Zusammenhang gebracht (BiBB, 2005). Baltes, Lindenberger und Staudinger (2006) konnten des Weiteren nachweisen, dass in den Unternehmen, in denen ein negatives Altersbild dominiert, die Produktivität der Älteren signifikant geringer ausfällt und eine reduziertes Maß an Selbstregulation festzustellen war.

Eine Zusatzerhebung des CVTS (2005) belegt, dass Stärken älterer Arbeitnehmer/innen gegenüber jüngeren vor allem im Bereich der fachlichen Kompetenz (76%) gesehen wird, gefolgt von sozialer Kompetenz (35%), methodischer Kompetenz (20%) und schließlich personaler Kompetenz (22%) (BiBB, 2008).

Koller und Gruber (2001) fassen die Aussagen der befragten Personalverantwortlichen zum Leistungsbild Älterer gegenüber jüngerer Arbeitnehmer/innen in folgender Grafik zusammen:

Abbildung 2: Erfahrungen mit älteren und jüngeren Arbeitnehmern im Urteil von Personalverantwortlichen auf Grundlage des IAB- Betriebspanel

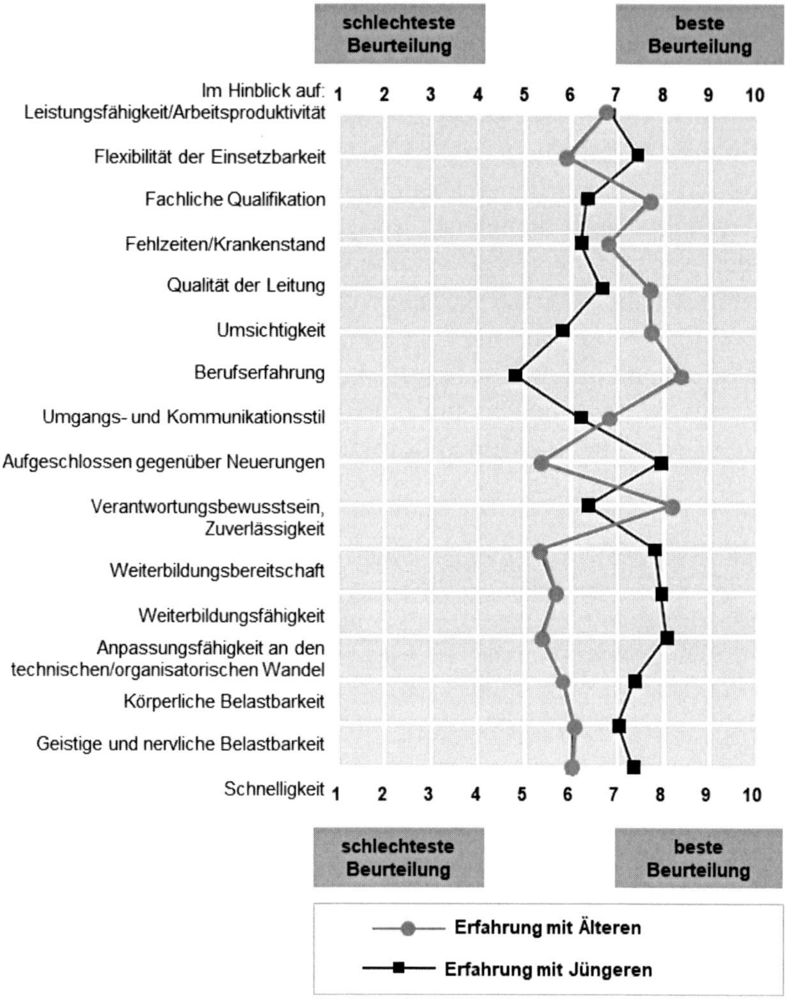

Quelle: nach Koller & Gruber 2001, S. 490

Wie sich anhand der Abbildung 2 zeigt, liegen die Beurteilungen bei der Leistungsfähigkeit/Arbeitsproduktivität sowie Umgangs-

und Kommunikationsstil zwar eng beisammen, jedoch unterscheiden sich die weiteren Urteile deutlich. Während Älteren besonders Berufserfahrung und Verantwortungsbewusstsein/ Zuverlässigkeit zugesprochen wird, dominieren die jüngeren Arbeitnehmer/innen gerade in Bereichen der Lern- und Anpassungsfähigkeit/ -bereitschaft, Offenheit, Flexibilität sowie bei der körperlichen und geistigen bzw. nervlichen Belastungsfähigkeit. Ältere Arbeitnehmer/innen wurden dagegen in den Aspekten fachliche Qualifikation, Fehlzeiten, Qualität der Leistung und Umsichtigkeit besser beurteilt. Bei der Frage, welche Tätigkeiten und Funktionen im Betrieb schon ein „gewisses Alter" (Koller & Gruber, 2001, S.492) benötigen, wurden von den Personalverantwortlichen folgende Felder genannt: Leitungsfunktionen, Ausbildungstätigkeiten (als Ausbilder, Lehrmeister oder Mentor), Tätigkeiten die Verhandlungsfähigkeiten voraussetzen, Tätigkeiten bei denen Vertrauenswürdigkeit und Zuverlässigkeit sehr wichtig sind sowie Tätigkeiten, die eine gewisse Lebens- und Berufserfahrung brauchen (Koller & Gruber, 2001). In eine ähnliche Richtung gehen auch die Einschätzungen von ExpUB1 und ExpUB2:

> „Die Alten sind dafür da, das Business zu machen, Vertrag zu machen, über Honorare zu sprechen, und über rechtliche Dinge. Da muss man als junger Mensch rein wachsen, wenn es um Rechte geht, um Urheberrechte, um Schutzrechte (...)" (ExpUB1).

> „Klar (ist), dass das Erfahrungswissen, das Ältere in der Regel eher haben als Jüngere, eine Rolle spielt. Ich weiß, was funktioniert und was nicht funktioniert; ich weiß auch bei bestimmten Teams, wie es vielleicht klappen könnte oder wie es nicht klappt; ich weiß im Kundenkontakt eher, wie ich auftrete als jemand anderes. Was Ältere dann möglicherweise auch haben (ist) eine Verfestigung bestimmter Ansichten. In einzelnen Fragen ist man stärker verbohrt. Die Schnelligkeit, bestimmte Dinge aufzuneh-

> men, die Schnelligkeit in der Informationsverarbeitung bei Älteren (ist) sicherlich nicht mehr das große Plus. Im Regelfall lässt das eher nach“ (ExpUB2).

Wegen des breiten Erfahrungswissens von Älteren bewertet der Experte ExpPol, Managementaufgaben bzw. Positionen die Erfahrungen und ein Netzwerk voraussetzen sowie Funktionen, die mit Gesprächsführung und Kundenkontakten verbunden sind für ältere Fachkräfte als besonders geeignet. Der Experte ExpAuL sieht beim Kundenkontakt ebenfalls einen Vorteil für ältere Arbeitnehmer/innen. Langhoff (2009) fasst in folgender Tabelle angemessene und weniger geeignete Aufgabengebiete für ältere Arbeitnehmer/innen zusammen:

Abbildung 3: Geeignete bzw. weniger geeignete Aufgabengebiete für ältere Arbeitnehmer/innen

Ältere können besser Aufgaben erledigen, die	Ältere können weniger gut Aufgaben erledigen, die
• vertraut sind	• schwere körperliche Arbeit und/oder monotone, sich ständig wiederholende Bewegungen erfordern,
• relativ selbständig eingeteilt werden können, hinsichtlich Arbeitspensum, Arbeitsrhythmus und Arbeitsablauf,	• mit extremen Umgebungseinflüssen wie Hitze, Kälte, Zugluft, hohe Luftfeuchte, Lärm, unzureichenden Beleuchtung verbunden sind,
• komplexe Lösungswege erfordern, bei denen ohne Erfahrung „nichts geht“,	• unter starkem Zeit- und Leistungsdruck erfüllt werden müssen,
• soziale Kompetenzen erfordern	• wenig Selbstbestimmung beim Arbeitstempo zulassen
• detaillierte Kenntnisse über betriebliche Abläufe und informelle Beziehungen voraussetzen.	• keine ausreichende Erholung ermöglichen, • gute Seh- und Hörleistungen voraussetzen.

Quelle: nach Langhoff 2009

2.5 Altersgrenzen

Nachdem nun ausführlich über Definitionen von Alter und von Altersbildern gesprochen wurde, bleibt noch die Frage offen, ab wann gilt eine Person eigentlich als alt?

Altersgrenzen können zwischen und innerhalb von Wissenschaftsbereichen, Branchen, Programmen/Projekten oder Einrichtungstypen variieren. So unterscheidet Levinson (1986) in der Psychologie beispielsweise zwischen dem jüngeren Erwachsenenalter (17 bis ca. 40 Jahre), dem mittleren Erwachsenenalter (ca. 40 bis ca. 65 Jahre) und dem späteren/höheren Erwachsenenalter (ab ca. 65 Jahren).

Cockerham (1991) differenziert dagegen zwischen fünf Lebensphasen (stages of human life cycle): Frühes Erwachsenenalter/Early Maturity (17-25 Jahre), jüngeres Erwachsenenalter/Maturity (25-40 Jahren), mittleres Erwachsenenalter/Middle Age (40-55 Jahre), späteres Erwachsenenalter/ Late Maturity (55-75 Jahren) und höheres Alter/Old Age (ab 75 Jahren).

Das Institut für Arbeitsmarkt und Berufsforschung (IAB) der Bundesagentur für Arbeit spricht ab dem 50. Lebensjahr von „älteren Arbeitnehmer/innen“ (Leber, Stegmaier & Tisch, 2013), während die Organisation for Economic Cooperation and Development (OECD) ihre Definition vorsichtiger formuliert. So sind hier mit älteren Arbeitnehmer/innen, alle Personen gemeint, die zwar in der zweiten Hälfte ihres Berufslebens stehen, aber das Pensionsalter noch nicht erreicht haben (Becker, Bobrichtchev & Henseler, 2006). In der Repräsentativbefragung im Rahmen der BMBF-Studie „Bildung Älterer“ wurden 45- bis 80-Jährige befragt (Tippelt et al., 2009c, S. 24).

Die World Health Organisation wiederum differenziert die Lebensphase Alter sehr weit aus und unterscheidet alternde Menschen (50-60 Jahre), ältere Menschen (61-75 Jahre), alte Menschen (76-90 Jahre), sehr alte Menschen (91-100 Jahre) und Hochaltrige (ab 100 Jahre) (Junkers, 1995).

Nach staatlichen bzw. bürokratischen Alterskategorien gelten 55/60- bis 70- Jährige als „Ältere", über 70- bis 75-Jährige als „alte Menschen", über 75- bis 80-Jährige als „betagte" und über 80-Jährige schließlich als „Hochbetagte" (Malwitz-Schütte, 2006). Auch in anderen Studien gelten Personen zwischen 55 und 70 Jahren als „junge Alte" bzw. „neue Alte" oder „Ältere" und mit Überschreiten des 70. Lebensjahres als „alt". Ist eine Person bereits über 80 Jahre alt, so gehört sie laut Schulze der Gruppe der „Hochbetagten" oder „alten Alten" an (Schulze, 1998).

In vielen Unternehmen zählen Arbeitnehmer/innen pauschal ab dem 50. Lebensjahr zur Gruppe der Älteren (Haeberlin, 2003). Dieses Ergebnis zeigt auch die Befragung von Koller und Gruber (2001). Hier gaben 46% der interviewten Personalverantwortlichen die Altersgrenze exakt bei 50 Jahren an. 20% zogen die Grenze unterhalb von 50 Jahren während 9% dazu keine Aussagen machen wollten. Die restlichen Einschätzungen verteilen sich auf eine Spanne bis hin zu 60 oder 65 Jahren. Zusammengefasst setzten 80% der Personalverantwortlichen die Untergrenze zur Kategorie „ältere Arbeitnehmer/innen" zwischen 45 und 55 Jahren fest (Koller & Gruber, 2001). Becker et al. befragten 2006 die 100 größten deutschen Unternehmen zu dem Thema ältere Arbeitnehmer/innen. 39 % der Befragten in diesen Unternehmen sprachen von „älteren Mitarbeiter/innen" ab dem 50. Lebensjahr und 30% ab dem 55. Lebensjahr. Eine fließende Grenze zwischen dem 45. und 55. Lebensjahr gaben 16% der befragten Unternehmen an; dies impliziert eine Relativierung kalendarischer Alterszuschreibungen, wie sie sich auch in den Aussagen der von uns befragten Experten/innen wiederfand.

Die hier referierten Befragungen beziehen sich meist auf Einschätzungen, die zehn Jahre oder mehr zurückliegen. Inzwischen hat sich nach Ansicht einiger Experten/innen das Altersbild in den Betrieben erheblich gewandelt. So weist Experte ExpAV1 darauf hin, dass früher bereits Personen ab 40 Jahren zu den Älteren gerechnet wurden; diese Grenze habe sich in den meisten Betrieben mindestens um zehn Jahre nach hinten verschoben. Nach Ansicht der befragten Experten/innen ist die Festlegung einer Altersgrenze auch branchen- und länderspezifisch. Beispielsweise gelten in Israel Personen ab 45 Jahren als ältere Arbeitnehmer/innen und ein Dachdecker wird früher als alt betitelt als ein Bundespräsident. Experte ExpAuL nennt bei der Altersgrenze keinen Alterszeitraum, sondern sieht die Gruppe ältere Arbeitnehmer/innen eher in Abgrenzung nach oben zu den Ruheständlern und in Abgrenzung nach unten zu den jüngeren Mitarbeitern/innen. Dabei zählen sich viele der befragten Experten/innen selbst zur Gruppe der älteren Arbeitnehmer/innen.

Welche Bedeutung eine – letztlich willkürlich festgesetzte - Altersgrenze hat, unterstreicht Experte ExpGero1, wenn er darauf verweist, dass Unternehmen mit diesen Grenzziehungen versuchen, *„es (das Alter) dann doch an einem kalendarischen Fixpunkt festzumachen, weil sich dann zum Beispiel auf dem Arbeitsmarkt die Arbeitsmarktchancen verringern oder betrieblicherseits bestimmte Laufbahnentwicklungen zum Ende kommen“*.

Einige Experten/innen sind mit Blick auf die Festlegung einer Altersgrenze zur Abgrenzung von älteren Erwerbstätigen sehr skeptisch. Diese Skepsis bezieht sich zum einen darauf, dass Altersgrenzen im Zusammenhang mit bestimmten Branchen und Aufgaben zu sehen sind. Zum anderen beseht auch eine generelle Skepsis gegenüber generalisierenden Altersgrenzen gerade bei Themen wie „Lernen“ und Kompetenzentwicklung“:

> „Wenn ich Piloten angucke, dann bin ich sicher, dass ich bei der Zielgruppe „Piloten ab 40“ zu den älteren Arbeitnehmern zähle. Wenn ich dagegen den Politiksektor anschaue, dann bin ich mit 50 noch bei den blutjung. Auch in Unternehmen ist es sehr unterschiedlich. In der Geschäftsleitung ist es wahrscheinlich kein Problem, auch bei einem Dachdeckerbetrieb, wenn ich 60 bin. Wenn ich dagegen auf dem Dach stehe und Dachbalken nageln muss oder einen Dachfirst befestigen muss, dann bin ich mit 50 plus sicher schon… der Gruppe der Älteren zuzurechnen. Das ist auch eine Frage von Branche und Beruf und von den konkreten Aufgaben, die jemand zu erledigen hat“ (ExpUB2).

> „Eine generalisierende obere Altersgrenze festzulegen, das können Sie überall da machen, wo Sie Leistungsansprüche definieren: Also Rente mit 63 oder mit 67, weil Sie da Normierungsgesichtspunkte und Gleichheitspostulate zu erfüllen haben; aber wo es um Realitäten der Kompetenzentwicklung geht, da wäre ich sehr, sehr vorsichtig und skeptisch“ (ExpSoz).

3 Lernbereitschaft und Lernfähigkeit

Lernfähigkeit und Bildsamkeit sind grundsätzlich anthropologische Konstanten und können in jedem Alter als gegeben vorausgesetzt werden. Ein Rückgang von Lernfähigkeit ist in keinem Alter generell feststellbar, sondern nur fallweise, mit interindividuell sehr unterschiedlichen Entwicklungsverläufen. Gerade für ältere Erwerbspersonen –zwischen 45 und 69 Jahren – lassen sich im statistischen Durchschnitt noch kaum altersbezogene Verluste der Lernfähigkeit nachweisen, allerdings verändern sich Lernprozesse und die Qualität des Wissenserwerbs über die Lebensspanne sowie in der Kohortenfolge, was Konsequenzen für die Gestaltung von Bildungsangeboten impliziert.

3.1 Die Entwicklung kognitiver Fähigkeiten im Alter

Bis in die 1960er Jahre hinein schienen gerontologische und kognitionspsychologische Studien einen direkten Zusammenhang von kognitiver Leistungsfähigkeit und kalendarischem Alter – von dem auch in der Öffentlichkeit weitgehend unhinterfragt ausgegangen wurde – klar zu bestätigen. Erst die Weiterentwicklung von Verfahren zur differenzierteren Erfassung verschiedener Merkmale kognitiver Leistungsfähigkeit einerseits und die Realisierung von Längsschnittstudien andererseits konnten wesentlich dazu beitragen, dass sich diese Zusammenhangshypothese in ihrer Allgemeinheit nicht länger aufrechterhalten ließ. Das sogenannte „Defizitmodell“ des Alterns wurde – nicht zuletzt aufgrund der Befunde aus Längsschnittuntersuchungen (z.B. Schaie, 2005) – durch ein „Differenzmodell“ weitgehend abgelöst (Kruse & Schmitt, 2001a), das nicht nur die Individualität von Entwicklungsverläufen betont, sondern auch deren Reversibilität. Das heißt auch die Entwicklung relativ stabiler Dispositionen – wie

Facetten kognitiver Leistungsfähigkeit – differieren interindividuell erheblich und können auch im hohen Alter Entwicklungsgewinne zeitigen (Stöckl, Spevacek & Straka, 2001).

Diese Erkenntnis geht einher mit einem veränderten Blick auf Alter und Altern, das nicht mehr nur als möglichst nahtlose Fortsetzung jugendlicher Attribute reduziert wird – und damit zwangsläufig mit Defiziten einhergeht – sondern mit spezifischen, dieser Lebensphase vorbehaltenen Entwicklungsschritten verbunden sein kann (Rowe & Kahn, 1998), die dem Alter eine eigene Qualität auch hinsichtlich der kognitiven Leistungsfähigkeit verleihen. Ein Beispiel hierfür ist das Konstrukt der Weisheit, das schon seit der Antike (z.B. in Platons Padeia) (vgl. auch Zwick, 2004) ebenso mit dem Alter verbunden wird wie die Klagen über physische und psychische Verluste (z.B. Lucretius Carus) (vgl. auch Röhr-Sendlmeier, 1990, S. 103). Die Arbeiten von Paul Baltes und Ursula Staudinger greifen das Phänomen der Weisheit in den 1990ern wissenschaftlich auf und verweisen auf die besondere Problemlösefähigkeit mancher älterer Erwachsener in schwierigen Lebenssituationen, die sich auch empirisch nachweisen ließ (Baltes, 1993; Baltes & Staudinger, 2000). Weisheit bezeichnet dabei eine besondere Qualität von Problemlösefähigkeit, die auf grundlegenden Wissensbeständen über das Leben und die menschliche Existenz als solche beruht.

Bis in die 1970er wurde der Alterungsprozess auch in der Gerontologie vor allem mit dem generellen Abbau kognitiver Leistungsfähigkeit in Verbindung gebracht, auch wenn bereits auf die individuell unterschiedlichen Entwicklungsverläufe aufmerksam gemacht wurde (z.B. Thomae, 1970), die auch auf biografische Erfahrungen zurückzuführen sind. Erst mit der separaten Betrachtung von kognitiven Teilleistungsbereichen – insbesondere der Differenzierung von fluider und kristalliner Intelligenz – wurde ein wesentlich differenzierteres Bild auf die kognitive Entwicklung im Alter möglich. Eine durchschnittlich schlechtere Performanz älterer Erwachsener ließ sich nur für den Bereich der fluiden Intelligenz – also der Geschwindigkeit, mit der neue Informationen verarbeitet werden – nachweisen (und auch dort nur im höheren Alter jenseits des 70sten Lebensjahres), während für die kristalline Intelligenz überindividuell keine signifikante und tendenziell sogar eine positive Entwicklung im Alter zu erkennen war (Baltes, 1993).

Für Lernprozesse ergibt sich daraus, dass Ältere zwar neue Informationen nicht mehr in der gleichen Geschwindigkeit aufnehmen, verarbeiten und memorieren können wie jüngere Personen, dies aber erstens keineswegs für alle Älteren gilt und zweitens Ältere im Durchschnitt ähnliche Leistungen im Hinblick auf problemlösendes Denkens oder der Nutzung vorhandenen Wissens zeigen wie Jüngere (Lindenberger, 2000). Lernprobleme sind mit fortschreitendem Alter vor allem dann zu erwarten, wenn Lerninhalte nicht an bestehende Wissensstrukturen anschlussfähig sind oder sogar in Widerspruch zum Vorwissen der Lernenden stehen.

> „The performance of older persons suffers especially if it involves re-learning, revising, or updating memory. Giving up the past, so that new learning can take place effectively, seems more difficult for older persons than for young adults" (Baltes, 1993, p. 584).

Neurobiologische Forschungsarbeiten konnten inzwischen wesentliche Beiträge zur Erklärung der beschriebenen Entwicklungsphänomene liefern und zeigen, dass neuronale Netzwerke im Gehirn sich bereits ab dem Ende der Pubertät zunehmend verfestigen und so veränderungsresistenter werden. Der Aufbau neuer synaptischer Verbindungen beansprucht mit zunehmendem Alter mehr Zeit, während bereits aufgebaute Strukturen nicht mehr so schnell „verlernt“ werden. Die mit dem Alter zunehmende Stabilität und Ausdifferenzierung neuronaler Netze begünstigt die Entwicklung von Expertise in den Bereichen, welchen in der individuellen (Lern-)Biografie eine besondere Bedeutung zukommt (Spitzer, 2003). Jedoch bestätigen auch neurobiologische Studien die großen interindividuellen Differenzen in der kognitiven Entwicklung sowie die Bedeutung von Bildung, Gesundheitszustand und Lerngewöhnung für die Entwicklung neuronaler Netzwerke (Kullmann & Seidel, 2005).

Die bislang aus neurobiologischer und kognitionswissenschaftlicher Sicht beschriebenen Entwicklungen von kognitiven Leistungspotenzialen sagen jedoch noch wenig über die tatsächliche intellektuelle Performanz von Älteren aus, d.h. Veränderungen kognitiver Strukturen müssen sich keineswegs im Umgang mit intellektuellen Anforderungen niederschlagen. Für die Lösung alltagsrelevanter Problemstellungen scheint – zumindest legen das gerontologische Forschungsarbeiten nahe – über den Lebenslauf angehäuftes Erfahrungswissen (als Teil der kristallinen Intelligenz) wesentlich bedeutsamer als z.B. die Informationsverarbeitungsgeschwindigkeit (fluide Intelligenz). Kruse und Maier (2000) sprechen in diesem Kontext von einer praktischen Intelligenz, die bei älteren Personen im Durchschnitt ausgeprägter ist als bei jüngeren (vgl. auch Baltes, 1993) und gerade im Bereich beruflicher Anforderungen bedeutsamer sein dürfte als die sonst in der Regel über kontextunabhängige Testverfahren erfassten Parameter kognitiver Leistungsfähigkeit. Grundlage für diese besondere praktische Intelligenz, deren Entwicklung sich zwar keineswegs bei allen Älteren zeigt (vgl. auch Mohr, 1997, S. 21), mit steigendem Alter aber wahrscheinlicher zu werden scheint, basiert auf dem biografisch angehäuften Erfahrungswissen, das sich aus prozeduralen und deklarativen Anteilen zusammensetzt. Dieses Wissen umfasst explizite – also für die Person bewusst abrufbare und explizierbare – Anteile wie auch implizites – also unterbewusstes – Wissen (Hübner, Kühl & Putzing 2003). Verschiedene Studien bestätigen das durchschnittlich bessere Abschneiden älterer Erwachsener im Umgang mit alltagsrelevanten und auf individuelle Erfahrungen rekurrierenden Anforderungen, während der Umgang mit ganz neuartigen Problemstellungen und Kontexten mit zunehmendem Alter offensichtlich mehr Probleme bereitet (Lindenberger, 2000).

> „Mögliche Entwicklungsgewinne (d.h. weitere Differenzierungen des Entwicklungsniveaus) werden im höheren Lebensalter vor allem in den Erfahrungen, den Wissenssystemen und den auf die Lösung vertrauter Anforderungen gerichteten Handlungsstrategien gesehen, mögliche Entwicklungsverluste (d.h. die Abnahme der Leistungskapazität und des Differenzierungsgrades) hingegen in den physiologischen und neurophysiologischen Funktionen und Prozessen und – bedingt durch die Abnahme neurophysiologischer Kapazität – in der kognitiven Umstellungsfähigkeit, der Fähigkeit zur Lösung neuartiger Probleme sowie die Geschwindigkeit der Informationsverarbeitung (…)" (Kruse & Maier, 2002, S. 529 f.).

Darüber hinaus liegen die besonderen Potentiale Älterer in ihrem Wissensumfang, ihrer praktischen Urteilsfähigkeit sowie im Bereich sprachlicher Fähigkeiten. In vielen anderen Bereichen, wie z.B. der Aufmerksamkeit und Konzentration sowie der Fähigkeit, Wesentliches und Unwesentliches zu unterscheiden, ließen sich bis heute keine Alterseffekte nachweisen. Betrachtet man die verschiedenen Studien zu altersbedingten Verlusten im Bereich der kognitiven Leistungsfähigkeit, so lässt sich insgesamt konstatieren, dass…

...sich signifikante Verluste im Bereich der Gedächtnisleistung, der kognitiven Agilität, wie auch im abstrakt-logischen Denken und der psychomotorischen Geschwindigkeit (fluide Intelligenz) erst jenseits des Erwerbsalters nachweisen lassen;
...häufig Studierende – also höhergebildete junge Erwachsene – als Vergleichsgruppe herangezogen wurden, was zu einer Überschätzung der Leistungsfähigkeit der jüngeren Altersgruppen führt (Kliegl & Mayr 1997, S. 87f.);
...die u.a. biografisch bedingten interindividuellen Unterschiede sehr viel größer und bedeutsamer sind als die Unterschiede zwischen den Altersgruppen;
...es deutlich Hinweise auf altersbezogene Entwicklungsgewinne gibt, die sich vor allem immer dann zeigen, wenn es um die Bewältigung lebensweltnaher und kontextspezifischer Anforderungen geht;
...bestimmte kognitive Fertigkeiten oder Kulturtechniken auf regelmäßige Nutzung angewiesen sind, um bis ins hohe Alter erhalten zu bleiben (für Lesekompetenz und mathematische Fähigkeiten siehe Friebe, Schmidt-Hertha & Tippelt, 2014). Dies gilt insbesondere für die Lernfähigkeit, die stark mit einer Lerngewöhnung korreliert;
...sich gerade die im höheren Alter durchschnittlich nachweisbaren Verluste in bestimmten Bereichen kognitiver Leistungsfähigkeit durch Trainings weitgehend kompensieren lassen (Bellon, 2004), während die Entwicklungsgewinne im Bereich des erfahrungsbasierten Problemlösens eine gewisse Lebenserfahrung und damit auch ein gewisses Alter voraussetzen.

Eine besondere Rolle zur Erklärung interindividueller Unterschiede hinsichtlich der kognitiven Leistungsfähigkeit im Alter kommt der Bildungsbiografie zu und hier insbesondere den Lernerfahrungen aus schulischer und beruflicher Erstausbildung, aber auch den im Berufsalltag vorgefundenen Lernmöglichkeiten und Lernanregungen (Baethge & Baethge-Kinsky, 2004). Der

Einfluss früherer Lernerfahrungen auf die kognitive Leistungsfähigkeit scheint dabei mit steigendem Alter zu wachsen (Wenke 1996; Kruse & Schmitt, 2001b), während es gleichzeitig zu einer „*Dedifferenzierung kognitiver Funktionen*" (Oswald, 2000, S. 112) kommt, d.h. mit zunehmendem Alter entwickeln sich verschiedene intellektuelle und geistige Fähigkeiten nicht mehr in dem Maße unabhängig voneinander, wie dies z.B. im Jugendalter der Fall ist (vgl. auch Lindenberger, 2000). Während jüngere Menschen in verschiedenen Bereichen kognitiver Leistung ganz unterschiedliche Fähigkeiten aufweisen können (hohe intraindividuelle Varianz), scheinen sich die Leistungsmaße in den verschiedenen Bereichen mit zunehmendem Alter anzugleichen. Gleichzeitig scheint gerade die kognitive Leistungsfähigkeit Älterer in hohem Maße kontext- und inhaltsabhängig zu sein (Baltes, 1993; Lehr, Schmitz-Scherzer & Quadt, 1979; Wenke, 1996), sodass kontextunabhängige Leistungsmaße – wie fluide Intelligenz – wenig aussagekräftig für die Prognose beruflicher Handlungsfähigkeit zu sein scheinen. Dies gilt auch und gerade für die individuelle Lernfähigkeit, die bei Älteren insbesondere dann sehr ausgeprägt ist, wenn die zu lernenden Inhalte unmittelbar an deren Vorwissen anschlussfähig sind und sich auf Wissensbereiche beziehen, in welchen die Lernenden schon über ein gewisses Maß an Expertise verfügen.

Zu den wichtigsten Leitstudien im Bereich der kognitiven Entwicklung im Alter gehört die *Seattle Longitudinal Study*, die die kognitive Leistungsfähigkeit von über 5000 Erwachsenen über mehr als vier Jahrzehnte hinweg beobachtete (Schaie, 2005). Zu den zentralen Befunden dieser Studie gehört erstens die Erkenntnis, dass übergreifende Konstrukte – wie z.B. ein Intelligenzquotient – viel zu undifferenziert und daher wenig ertragreich für die Analyse altersbedingter Entwicklungsverläufe sind. Zweitens ließen sich erste (geringe) kognitive Verluste überhaupt erst ab einem Alter von 60 Jahren nachweisen und zwar in den Bereichen

Informationsverarbeitungsgeschwindigkeit sowie mathematisches und räumliches Denken. Für verbale Fähigkeiten oder induktives Schließen ließ sich ein Leistungsrückgang erst in der Nacherwerbsphase (ab 74 Jahren bzw. ab 67 Jahren) belegen, wobei einerseits erhebliche individuelle Differenzen in den Entwicklungsverläufen sichtbar wurden und andererseits die Lebenslage nicht berücksichtigt wurde. So ist z.B. davon auszugehen, dass mit dem Ende des Erwerbslebens und dem damit einhergehenden Wegbrechen von Anforderungsstrukturen auch negative Effekte auf Teilbereiche kognitiver Leistungsfähigkeit verbunden sein können. Ein grundsätzlicher Leistungsabfall in allen fünf getesteten Bereichen konnte drittens bei keinem Erwachsenen unter 88 Jahren festgestellt werden.

> „From these data, I conclude that it is during the period of the late 60s and 70s that many people begin to experience noticeable ability declines. Even so it is not until the 80s are reaches that the average older adult will fall below the middle range of performance for young adults" (Schaie, 2005, p. 419).

3.2 Kompensationsstrategien

Die erläuterten möglichen Entwicklungsverluste im Bereich der Informationsverarbeitungsgeschwindigkeit werden von vielen Älteren effektiv durch ihre über den Lebensverlauf erworbenen Wissensbestände kompensiert. So zeigen Studien z.B., dass Ältere an primär durch moderne Informations- und Kommunikationstechnologien geprägten Arbeitsplätzen gleiche Leistungen bringen wie jüngere Mitarbeiter/innen und sich altersbedingte Unterschiede lediglich in simulierten Situationen mit anhaltenden Höchstanforderungen zeigen, wie sie in der realen Arbeitspraxis höchst unwahrscheinlich sind (Czaja, 2001).

Andere Studien verweisen auf die Möglichkeit intellektuelle Fähigkeiten gezielt durch Trainings auszubauen, was insbesondere für den Bereich der kristallinen Intelligenz gilt (Oswald, 2000), aber auch für den Aufbau von Kompensationsstrategien zum Ausgleich von Leistungsdefiziten in anderen Teilbereichen kognitiver Leistungsfähigkeit. Grundsätzlich ist für die durch Intelligenztests erfassten Bereiche kognitiver Leistungsfähigkeit aber von einer hohen Stabilität über das gesamte Erwachsenenalter auszugehen, so dass in diesem Bereich auch entsprechende Trainingsmaßnahmen kaum nachweisbare Effekte generieren (Weinert, 1997).

Die Bedeutung von teilweise auch unbewussten Kompensationsstrategien wurde insbesondere von Paul Baltes in seinem sogenannten S-O-K-Modell ausgearbeitet (Baltes & Baltes, 1989). Diesem Modell liegen drei Strategien zugrunde, die höchste Leistungsfähigkeit (intellektuell, psychisch, physisch, kreativ, sozial, etc.) bis ins höchste Alter erklären können. Das erste Prinzip ist die „Selektion“ von Aktivitätsfeldern, d.h. Ältere konzentrieren sich vielfach auf weniger Betätigungsfelder als Jüngere, erlangen in diesen dann aber nicht selten herausragende Expertise. Mit dem zweiten Prinzip – der „Optimierung“ – ist die Möglichkeit angesprochen, durch die Spezialisierung auf bestimmte Tätigkeitsbereiche in diesen zu besonderer Perfektion zu gelangen. Die „Kompensation“ als drittes Prinzip unterstreicht die Relevanz von Strategien und Heuristiken zur Überbrückung von Leistungsdefiziten, die über die Lebensspanne aufgebaut werden und deren bewusster oder oft auch unbewusster Einsatz eine gleichbleibend hohe Qualität von Arbeitsleistungen sichert, selbst wenn sich in Teilbereichen Entwicklungsverluste einstellen.

> „Tatsächlich assoziatives Gedächtnis lässt in Laborversuchen immer klar nach. Also die Verknüpfung von Fakten, das ist ja, was man typisch braucht für Vokabel-Lernen oder überhaupt so was und das lässt in Laborversuchen nach, aber man sieht immer wieder, dass in der Realität das nicht so stark ist. Heißt, die Älte-

ren entwickeln dann Strategien – oder haben die halt so entwickelt, die das dann ein bisschen kompensieren. Beispielsweise bei assoziativen Lernen dann Strategien des Verknüpfens da gibt es ja vielerlei. Dass man eben versucht, nehmen wir mal an, Namen-Gesicht-Verknüpfung, dann irgendetwas in diesem Gesicht Typisches hat, was man mit dem Namen verknüpfen kann. Das ist so eine Strategie" (ExpGero2).

3.3 Die Bedeutung von Lernerfahrung und Lernbedingungen

Die Erkenntnis, dass kognitive Entwicklung über die Lebensspanne von individuellem Verhalten und vor allem von der Nutzung der eigenen Lernfähigkeit abhängt, ist zwar in der gerontologischen und neurobiologischen Forschung primär auf jüngere Studien zurückzuführen, findet sich aber auch schon in antiken Quellen. So resümiert Cicero um 44 v. Chr. in seinem Essay „Cato maior de senectute" über die verbreitete Assoziation von Alter mit Leistungsschwäche und reduzierter Produktivität und schreibt mit Bezug auf das Nachlassen der Gedächtnisleistung im Alter:

> „Das dürfte stimmen, wenn man es nicht übt, oder auch, wenn man von Natur aus ein Schwachkopf ist (...) Alte Leute wissen alles, worum sie sich Sorgen machen: Anberaumte Gerichtstermine, ihre Schuldner und ihre Gläubiger (...) Nur eifriges Interesse braucht weiterzuwirken, dann bleiben die Geisteskräfte im Alter erhalten (...) Doch ihr seht, wie man im Alter nicht nur nicht schlaff und untätig ist, sondern sogar sehr geschäftig, immer tätig und unternehmend und zwar entsprechend dem Eifer, den man in früheren Jahren schon gezeigt hat (...) Man braucht seine Kräfte nur im richtigen Maß einzuteilen und sich nur so viel anzustrengen, wie man vermag (...) Körperlich wird man durch laufende Überanstrengung schwerfällig; der Geist aber wird nur dadurch frisch erhalten, dass man ihn betätigt" (Cicero 44 v. Chr.; zitiert nach Siebert, 2011, 03-6).

1970 unterstreichen empirische Studien aus der Lehr-Lern-Forschung in der DDR die Relativierung des biologischen Alters im Hinblick auf Lern- und Gedächtnisleistung. Der Psychologe Hans Löwe (1970) kommt dabei zu dem Schluss, dass zwei Faktoren primär für die Lernfähigkeit im Alter verantwortlich sind. Zum einen das Ausmaß und die Qualität der Lernaktivität (Umfang, Leichtigkeit, Nachhaltigkeit, Intensität von Lernprozessen) und zum anderen die – durch gesellschaftliche Rahmungen beeinflusste – Lernmotivation. Im Hinblick auf die letztere Kategorie differenziert er ein generelles Interesse an Erkenntnisgewinn (Habitualmotivation) und Lernen als Reagieren auf konkrete Anforderungen (Aktualmotivation) (vgl. auch Siebert, 2011). Darüber hinaus erheben Ältere auch deutlich den Anspruch, über Lernziele selbst mitzuentscheiden oder, dass diese zumindest deutlich formuliert werden.

> „Also Ältere sind hochallergisch gegen unsinnige oder nicht klar erkennbare Ziele des Lernens. (…) Also die Lernmotivation hängt davon ab, dass das Ziel klar ist. (…) Das ist eine typische Veränderung der Lernmotivation. Jüngere lernen oft ums Lernens willen oder der Herausforderung – das tun Ältere ungern“ (ExpGero2).

Aktuellere Studien unterstreichen nicht nur die Relevanz der Lernmotivation (z.B. Schmidt 2009; siehe auch Kapitel 4), sondern verdeutlichen vor allem auch die lebenslagenbezogenen Unterschiede hinsichtlich der Lernanregungen und Lerngelegenheiten. Lernfähigkeit kann insofern als Produkt von Lernaktivitäten verstanden werden, die wiederum bedingt sind durch (1) Lernmotivation und (2) Lernmöglichkeiten (vgl. auch Schmidt-Hertha, 2014).

Zu (1): Die individuelle Lernmotivation ist stark durch frühe Sozialisations- und Bildungserfahrungen geprägt, was sich nicht nur quantitativ in einer starken Korrelation von Schulbildungsgängen und Lernaktivitäten im Alter wiederspiegelt, sondern auch in qualitativen Zugängen, die auf eine starke Assoziation von Weiterbildung mit schulischen Bildungserfahrungen verweisen (Tippelt et al., 2009b). Insofern wirken hinsichtlich der Lernmotivation im Alter immer noch frühe familiäre Sozialisationserfahrungen und über diese aufgebaute Lernorientierungen (Bourdieu, 1982) nach, sowie Erfahrungen aus der schulischen und beruflichen Erstausbildung (Schmidt, 2009). Inwieweit sich Alterseffekte auf die Lernmotivation zeigen dürfte nicht zuletzt vom Lerngegenstand abhängen. Zumindest vertreten die von uns befragten Experten/innen hier unterschiedliche Perspektiven, verweisen aber vor allem auf die Gefahr die Bildungsbereitschaft älterer zu unterschätzen, weil diese sich weniger an zertifizierten Qualifikationen orientieren, andere berufliche Zielsetzungen verfolgen, oder sich fremdbestimmten Lernzielen verweigern.

Zu (2): Auch die Lernmöglichkeiten im Erwachsenenalter sind stark korreliert mit frühen Bildungserfahrungen und insbesondere mit deren Ergebnis in Form von Abschlüssen, Zertifikaten und beruflichen Qualifikationen. Je höher die Eingangsqualifikation von Personen ist, desto größer ist nicht nur ihre grundlegende Chance auf einen schnellen und bruchlosen Einstieg in eine stabile Erwerbslaufbahn, sondern umso wahrscheinlicher ist auch die Beschäftigung an einem lernförderlichen Arbeitsplatz (Baethge & Baethge-Kinsky, 2004). Trotz starker branchenspezifischer Unterschiede (vgl. auch Baethge-Kinsky et al., 2006) sind es gerade Erwachsene mit höheren allgemeinen und beruflichen Bildungsabschlüssen, die auch an ihren Arbeitsplätzen deutlich bessere Lernbedingungen und wesentlich mehr Lernanreize vorfinden und damit bessere Möglichkeiten der informellen Weiterentwicklung haben.

Die Teilhabe an sozialen Aktivitäten scheint über die genannten Faktoren hinaus relevant für kognitive Leistungsfähigkeit und

Lernfähigkeit zu sein (Lövdén, Ghisletta & Lindenberger, 2005), ebenso wie der individuelle Lebensstil, der wiederum eng mit der sozioökonomischen Lage verknüpft ist (Schaie, 2005). Auch eine Untersuchung von Jennings und Darwin (2003) bestätigt den Einfluss sozialer und physischer Aktivitäten auf die Gedächtnisleistung, ebenso wie der Experte ExpGero2.

> „Gut, jeder Ältere bzw. das Gehirn sind vollkommen lernfähig, wenn gewisse Voraussetzungen erfüllt sind und wenn man eben einen Lebensstil beherzigt, der Lernen fördert. Also wie Sport zum Beispiel. Sport ist das Wichtigste oder flexible Freizeitaktivitäten. Die fördern das" (ExpGero2).

Darüber hinaus zeigte sich, dass die Probanden/innen in der Studie die Grenzen der eigenen kognitiven Leistungsfähigkeit bevorzugt auf das eigene Alter zurückführen und weniger auf Lernentwöhnung oder zu wenig entwickelte Memorierungsstrategien, d.h., dass Alterseffekte von den Betroffenen selbst tendenziell überschätzt werden. Dieser Befund ist insofern wesentlich, als diese Art der Attribution kognitiver Fähigkeiten negativ auf die kognitive Leistung selbst zurückwirkt, oder anders gesagt die Interpretation von Leistungsgrenzen als fehlende Übung oder als Defizit im Bereich kognitiver Strategien (also eine internal variable Attribution) begünstigt letztlich eine höhere Leistungsfähigkeit. Die Einschätzung der eigenen Entwicklung im Alter und die subjektiven Altersbilder sind damit auch für die Kompensation bzw. die Prävention kognitiver Entwicklungsverluste hochbedeutsam.

> „Stereotypen ist ein massives Lernhindernis. Also die – vor allem eigene Stereotypen: ‚Als 50-Jähriger kann ich ja doch nichts mehr!' Wenn die das verinnerlicht haben, würgen die sich selber ab" (ExpGero2).

Insgesamt ist gerade die Lernfähigkeit älterer Erwachsener weit weniger durch kognitive Entwicklungsverläufe als durch biografisch verankerte Lern- und Bildungserfahrungen geprägt. In Schule, Ausbildung und Studium verfestigen sich nicht nur die Einstellung zum Lernen und die Einschätzung der eigenen Bildungsfähigkeit, sondern die dort angelegten Lernpräferenzen sind bis ins hohe Lebensalter wirksam. Allerdings können auch spätere Weiterbildungserfahrungen die Perspektive auf das eigene Lernen und die Bedeutung von Erwachsenenbildung nachhaltig prägen (Tippelt et al., 2009b).

Eine grundsätzliche Bildungsskepsis im Erwachsenenalter kann nicht selten auf negative Schulerfahrungen zurückgeführt werden. Diese Lernbarrieren werden dann gegenüber jeglicher Form organisierter Bildungsangebote wirksam, insbesondere wenn diese strukturellen Ähnlichkeiten zu schulischen Kontexten aufweisen (Field, 2005). In Kindheit und Jugend erfahrene Bildungsbenachteiligungen gehen – so zeigen es qualitativ-biografische Zugänge – mit einer erhöhten Passivität gegenüber der eigenen Weiterbildung im Erwachsenenalter einher. Die Betroffenen lassen sich dann zwar von Vorgesetzten, Freunden, Bekannten oder Verwandten zu Weiterbildungsteilnahme „überreden“, ergreifen aber selten selbst die Initiative wenn es um Kompetenzentwicklung und Bildungspartizipation geht (Schmidt, 2009). Die gezielte Förderung von lernbezogenen Selbstwirksamkeitserwartungen ist eine Handlungsstrategie, die sich zur Förderung bildungsferner älterer Zielgruppen bewährt hat.

> „Da haben wir mehrere Projekte gemacht – oder ich mach das jetzt auch in meinem neuen Institut, dass wir ziemlich lernentwöhnte ältere Beschäftigte trainieren. In Gedächtnis, in Aufmerksamkeit, in Suchen und so weiter, mit ganz simplen Computerbasierten Aufgaben. Und dadurch werden die Leute extrem, also ihre Selbstwirksamkeit steigt massiv. Also sie stellen fest,

> ich kann das! Ich werde immer besser! Und dadurch steigt natürlich auch ihre Lernfähigkeit. Weil sie haben ja die Lernfähigkeit nachgewiesen, man hat es ihnen quasi gezeigt; man hat ihnen gezeigt, wie viel besser sie werden durch so behutsames Training, was obendrein auch noch Spaß macht" (ExpGero2).

Auch die (Lern-)Erfahrungen am Arbeitsplatz haben über berufliche Kontexte hinaus eine erhebliche Bedeutung für das Lernverhalten im Erwachsenenalter. Das wird auch von den von uns befragten Experten/innen unterstrichen.

> „Wir haben immens viele Beispiele, die zeigen, dass Lernfähigkeit nicht vom Alter allein abhängt. Sondern auch sehr stark von einer lernförderlichen Umgebung und, und, und" (IExpPF1).

Einerseits beeinflussen gerade Erwerbsstatus und Arbeitsplatzbedingungen sowie die damit verbundenen Lern- und Weiterbildungsmöglichkeiten die Kontinuität von Bildungsprozessen im Erwachsenenalter. Daraus ergibt sich auch ein direkter Beitrag zu einer Lernge- oder -entwöhnung, der sich bis in die Nacherwerbsphase als starker Einfluss der Erwerbsbiografie auf das Weiterbildungsverhalten fortsetzt. Damit einhergehend werden erhebliche Unterschiede zwischen Männern und Frauen erkennbar, die sich – zumindest in der Generation der heute über 50-Jährigen – sehr hinsichtlich ihrer (Erwerbs-)Biografien unterscheiden (Tippelt, Schmidt & Kuwan, 2009b). Andererseits sind es auch die Erfahrungen mit persönlichen Erträgen von (Weiter-)Bildung in Form beruflichen Aufstiegs und der Gestaltbarkeit der eigenen Erwerbsbiografie, die die Einstellungen gegenüber Weiterbildung prägen.

Neben den Erfahrungen in organisierten Bildungskontexten sind auch informelle Lernaktivitäten im Lebensverlauf bedeutsam für die Entwicklung von Lerngewohnheiten und -präferenzen, insbesondere als selbstgesteuertes Lernen zur Stärkung von Lernkompetenz und zum Ausbau von Lernstrategien beiträgt. Gleichzeitig erwarten gerade ältere Erwachsene ihre informell erworbenen Kenntnisse und Kompetenzen auch in formalisierten Weiterbildungsangeboten konstruktiv einbringen und reflektieren zu können (Laville & Volkoff 1998).

Ein eigenständiger Einfluss des Familienstands auf Weiterbildungsverhalten ließ sich zwar in repräsentativen Studien nicht nachweisen (Tippelt et al., 2009b), dennoch muss aufgrund verschiedener qualitativer Daten davon ausgegangen werden, dass das familiäre Umfeld in mehrfacher Hinsicht für Lern- und Bildungsprozesse im Erwachsenenalter bedeutsam ist. Insbesondere bei weitreichenden Bildungsentscheidungen (z.B. eine längerfristige berufliche Fortbildung) werden Familienangehörige in verschiedenen Fällen in die Entscheidung einbezogen, gleichzeitig bieten die Familien selbst aber auch ein Lernfeld. Gerade im intergenerationellen Austausch in der Familie können ältere Erwachsene ihre Kompetenzen z.B. im Bereich der Mediennutzung erweitern (Schmidt-Hertha & Thalhammer, 2016), treten aber gleichzeitig auch als Lehrende auf und erfahren u.U. dort auch Wertschätzung für ihr Erfahrungswissen oder reaktivieren ihr eigenes Schulwissen durch die Hausaufgabenbetreuung von Kindern und Enkelkindern (Friebe et al., 2014).

Grundsätzlich sind das soziale Umfeld und die verschiedenen Netzwerke, in welchen sich ältere Erwerbstätige beruflich und privat bewegen, wichtige Impulsgeber für Lernaktivitäten, indem sie Zugang zu (neuen) Themenfeldern eröffnen oder die Realisierung lang gehegter Bildungsinteressen ermöglichen. Aus interessenstheoretischer Perspektive ist davon auszugehen, dass das soziale Umfeld einerseits wesentlich zur Entwicklung neuer Interessen beiträgt und diese Interessensgenerierung andererseits in jeder Lebensphase möglich ist (Grotlüschen, 2010). Soziale Beziehungen ermöglichen ein In-Kontakt-Kommen mit dem Interessengebiet und sind somit Voraussetzung für die Erschließung neuer Interessensgebiete und den Anstoß neuer Lernprozesse. Interessant sind in diesem Kontext auch Befunde, die darauf verweisen, dass außerberufliches Engagement (z.B. in Vereinen, Verbänden, Ehrenämtern) sich ebenso wie gesellschaftlich-kulturelle Teilhabe positiv auf berufliche Weiterbildungsbeteiligung auswirkt (Tippelt et al., 2009b) und eine beruflich wie außerberuflich aktive Lebensführung – insbesondere im Hinblick auf Bildungsteilhabe – sich positiv auf die Gesundheit auswirkt (Kalache, Barreto & Keller, 2005). Mit dem „Modell des aktiven Alterns“ – das 2012 mit dem „European Year of Active Ageing and Solidarity of Generations 2012“ auch auf politischer Ebene nachdrücklich unterstützt wurde – wurde den positiven Effekten von Aktivitäten im höheren Lebensalter auch theoretisch-konzeptionell Rechnung getragen.

Sowohl informelle insbesondere aber im formellen Sektor gemachte Bildungserfahrungen sind auch generationenspezifisch und durch die sich für eine Kohorte ergebenden Bildungschancen und Arbeitsmarktperspektiven geprägt. Während die heute über 60-Jährigen noch wenig von der Bildungsexpansion profitierten und für das Gros der Hauptschulabschluss mit anschließender Berufsausbildung der Einstieg in teilweise sehr steile berufliche Karrieren waren, sind die Bildungsverläufe der nachfolgenden Generation der Babyboomer wie kaum eine andere durch den Ausbau höher Bildungsgänge einerseits und starke Verdrängungs- und Selektionseffekte andererseits bestimmt. Ob bei Übergängen in weiterführende Bildungsgänge oder in berufliche Positionen, ob auf dem Arbeitsmarkt oder im Bildungssystem, wurden aufgrund der quantitativen Stärke der jeweiligen Jahrgänge starke Selektionsmechanismen wirksam und ein ausgeprägter Wettbewerb um Bildungs- und Arbeitsmarktchancen spürbar.

3.4 Erfahrungslernen und Expertise-Erwerb

Mit der Intensivierung und methodischen Weiterentwicklung von gerontologischen Forschungsarbeiten in der zweiten Hälfte des 20. Jahrhunderts veränderte sich das Grundverständnis von Alterungsprozessen und das lange Zeit dominierende Defizitmodell wurde von einem Kompetenzmodell des Alterns bzw. theoretischen Ansätzen zu erfolgreichen Altern (vgl. Tippelt, 1992; Rowe & Kahn, 1998) oder aktivem Altern (Kalache, Barreto & Keller, 2005) abgelöst. In diesem neuen Verständnis verbindet sich einerseits die Erkenntnis, dass Lebensphasen in der zweiten Lebenshälfte nicht an den Attributen der Entwicklung im jungen Erwachsenenalter zu messen sind, sondern ihre ganz eigenen Entwicklungsgewinne zeigen und andererseits bestimmte Entwicklungsanforderungen mit sich bringen, deren Bewältigung das alternde Individuum herausfordert und gleichzeitig daran wachsen lässt. Eine besondere Bedeutung kommt dabei Anregungs- und Anforderungsstrukturen zu, wie sie beispielsweise am Arbeitsplatz vorzufinden sind. Komplexe Arbeitsplätze, die nur wenige monotone und stark routinisierte Tätigkeitselemente enthalten, bieten dabei günstige Voraussetzungen für die Entwicklung von Expertise in der zweiten Erwerbslebenshälfte (BMFSFJ, 2005, S. 131 ff.). Die vor diesem theoretischen Hintergrund vorangetriebenen Forschungsarbeiten geben u.a. Hinweise für die Ausgestaltung von Bildungs- und Qualifizierungsangeboten für die zweite Lebenshälfte, die darauf abzielen, die besonderen Potenziale Älterer gezielt zu aktivieren (siehe dazu auch Kapitel 7).

Eine in der Literatur nur randständig erwähnte aber im Interview mit einer Expertin deutlich hervorgehobene Lernsituation sind berufliche oder private Krisen, deren Bewältigung mit weitreichenden Bildungsprozessen einhergehen kann. Dabei spielt auch die rückblickende Bewertung eine wesentliche Rolle, d.h. die Frage, ob der Bewältigungsprozess als Lern- oder Bildungsprozess rekonstruiert wird, beeinflusst die zukünftige Einstellung gegenüber Lernen und Bildung (vgl. auch Schmidt, 2009).

> „Aber ich glaube, eine wichtige Frage ist nochmal, ob man das im Nachhinein als etwas Unausweichliches sieht, das gar nichts Positives hat, oder ob man solche Krisen auch wirklich anerkennt – im Nachhinein zumindest – als eine dramatische Situation, aus der man überhaupt irgendetwas Positives gewinnen kann. Ich glaube, das prägt dann schon die individuelle Lernerfahrung ganz entscheidend" (ExpBWP).

3.5 Alterssensible Lernszenarien

Aus den kognitiven Potenzialen Älterer lassen sich nur sehr bedingt Implikationen für die Bildungspraxis ableiten, da sich die Gruppe der älteren Erwachsenen und auch die etwas stärker eingegrenzte Gruppe der älteren Erwerbstätigen vor allem durch ihre Heterogenität auszeichnet. Daher müssen didaktische Konzepte zunächst immer an die jeweiligen Kontextbedingungen und vor allem die Lerngewohnheiten der Lernenden adaptiert werden.

> „In other words, people develop different skills at different points in life and, at the same time, people become more and more different. These conclusions suggest that a life-course perspective on human resource development (HRD) should be differential across domains of expertise, individual biographies and age groups" (Lahn, 2003, p. 128).

Grundsätzlich ist die Anbindung neuen Wissens an das Vorwissen der Älteren wesentlich, was die Aktivierung und auch Wahrnehmung dieses Vorwissens voraussetzt. Dies deckt sich auch mit den Erfahrungen in Großbetrieben, wie in einem der Experteninterviews deutlich wird.

> „Bei Älteren geht es halt eher um das Thema Erfahrungswissen. Und wie ich das nutzen kann und letztendlich auch aufbauen und fördern kann“ (ExpGU2).

Daneben gilt es die älteren Lernenden von den Lernzielen zu überzeugen bzw. diese eigene Ziele entwickeln zu lassen. Gerade mit Blick auf die angestrebten Lernergebnisse lassen sich Erwachsene mit zunehmendem Alter immer weniger bevormunden (Laville & Volkoff, 1998).

Aufgrund der Bedeutung der sozialen Kontakte für Lernfähigkeit und -bereitschaft Älterer (Tietgens, 1992; Jennings & Darwin, 2003) scheint überdies eine Einbettung von Lernprozessen in einen sozialen Kontext sinnvoll, wobei eine innere Differenzierung von Lerngruppen aufgrund des unterschiedlichen Vorwissens und der heterogenen Lernerfahrungen nicht nur naheliegend, sondern essentiell sein dürfte. Einer höheren Störanfälligkeit im Lernprozess, möglichen Lernängsten sowie Problemen mit Zeitdruck ist ebenfalls Rechnung zu tragen, da diese Phänomene gerade bei älteren Lernenden häufiger zu beobachten sind (Röhr-Sendlmeier, 1990, S.105). Der Experte ExpGero2 verweist zudem auf erhöhte Probleme beim Auffinden und Identifizieren von Objekten in einer großen Gruppe ähnlicher Objekte im Alter hin:

> „Also Ältere sind störanfälliger und sie finden Zielreize nicht so schnell. (…) Zielreize, also das ist ein Suchproblem. Also wir haben da sehr viel Eigenforschung dazu gemacht. Also ich gebe Ihnen ein Beispiel: Sie haben ein Auto, einen grauen VW, und Sie müssen ihn auf einem riesen Parkplatz finden. Und es gibt viele graue Autos da und viele VWs, und Sie müssen Ihren da finden. Dann brauchen Ältere doppelt so lang und vertun sich ständig, sind verzweifelt. Diese Suche fällt Älteren immens

> schwer. Das lässt schon mit 50 deutlich nach. Weil sie sozusagen die Verlagerung der Aufmerksamkeit - das können die nicht. Das kann man abfangen, indem man das zu Suchende hervorhebt“ (ExpGero2).

Aus diesem Grund sollte beispielsweise bei Textarbeiten, das Wesentliche stets hervorgehoben werden und die Textstruktur gut gegliedert sein.

4 Weiterbildungsbeteiligung Älterer national und international

Zur Teilnahme von Älteren an Weiterbildung insgesamt und zu deren berufsbezogener Weiterbildung gibt es nur wenige aussagefähige quantitativ-empirische Studien. Im Folgenden werden einige zentrale Befunde zu diesem Themengebiet verdichtet und zusammengefasst. Gegenstand dieses Kapitels ist dabei die Beteiligung an Weiterbildung. Informelle Lernprozesse von Älteren werden in diesem Bericht an anderer Stelle behandelt (vgl. Kapitel 6). Die Differenzierungen in den vorliegenden empirischen Studien beziehen sich, den Analysemöglichkeiten bei Querschnittserhebungen entsprechend (Eckert & Schmidt-Hertha, 2011), auf Altersgruppen und nicht auf Kohorten.

In den letzten Jahren werden insbesondere in der europäischen Perspektive, Teilnahmequoten an Weiterbildung zunehmend auch als Benchmarks für die Leistungsfähigkeit nationaler Bildungssysteme herangezogen. Es wäre jedoch eine Verkürzung, eine hohe Weiterbildungsbeteiligung per se bereits als unmittelbare Erfolgskennziffer anzusehen, wie u. a. einige Beispiele von fragwürdigen Weiterbildungsangeboten in den neuen Bundesländern während der Umbruchsituation im Zuge der deutschen Vereinigung verdeutlicht haben. Letztlich stellt sich hier die Frage nach geeigneten Erfolgskennziffern in der Weiterbildung, bei der noch erheblicher Klärungsbedarf besteht (Kuwan, 2004).

4.1 Reflektion zur Messung der Lernbeteiligung Erwachsener im europäischen Vergleich

Beim Lernen Erwachsener wird seit dem AES 2007 zwischen formalem Lernen (FED), non-formalem Lernen (NFE) und informellem Lernen differenziert. Während in einer nationalen Perspektive eine differenzierende Betrachtung dieser drei Sektoren möglich und sinnvoll erscheint, stellt sich dies im europäischen Vergleich teilweise anders dar (vgl. zum Folgenden Behringer, Kuwan & Schönfeld, 2013, S. 333f.).

Einer der zentralen Indikatoren im europäischen Vergleich des Lernens Erwachsener ist eine ***aggregierte Teilnahmequote***, die das informelle Lernen nicht einbezieht, aber sowohl die Beteiligung an formalem als auch an non-formalem Lernen umfasst. Anders als in der nationalen Betrachtung wird hier also die Beteiligung an formalem und non-formalem Lernen zu einem Indikator zusammengefasst.

Für dieses Vorgehen gibt es gute Gründe. Der Hauptgrund dafür ist, dass die Zuordnung von Lernaktivitäten zum formalen oder non-formalen Lernen zwischen europäischen Ländern variieren kann. Identische Lernaktivitäten können deshalb in einigen Ländern der formalen Bildung zugeordnet werden, während sie in anderen als non-formales Lernen gelten (vgl. Behringer, Kuwan & Schönfeld, 2013, S. 334).

Neben diesen konzeptionellen Schwierigkeiten bei der Abgrenzung von FED und NFE im europäischen Vergleich zwischen Ländern, gibt es auch erhebungsbedingte Probleme. So zeigte sich bei den Interviews im Rahmen des AES 2011/2012 in einigen Ländern, dass es den Befragten Schwierigkeiten bereitet hatte, zwischen FED und NFE zu differenzieren. Deshalb ist nicht sicher, ob die Zuordnung von Lernaktivitäten zu den Bereichen FED und NFE in der Interviewsituation innerhalb der Länder immer einheitlich erfolgt ist. Auch dies spricht dafür, diese beiden Bereiche im europäischen Vergleich gemeinsam zu betrachten.

Quantitative Analysen zum Lernen Erwachsener, auch im europäischen Vergleich, stützen sich meist auf Teilnahmequoten, also den Prozentanteil der Lernenden an der jeweils betrachteten

Gruppe. Deshalb erscheinen zunächst einige grundsätzliche Anmerkungen zur Aussagekraft dieses Indikators erforderlich (Kuwan, 2013, S. 195f).

Tabellarische Unterschiede von Teilnahmequoten an Weiterbildung sind dann besonders schwierig zu interpretieren, wenn Einflussfaktoren stark korrelieren (Kuwan, 2013). Mit Blick auf die Weiterbildungsteilnahme von Älteren sind vor allem die Korrelationen mit den Merkmalen „Bildungsabschluss" und „Erwerbsbeteiligung" bedeutsam. So variieren die Anteilswerte von Personen mit Abitur zwischen jüngeren und älteren Altersgruppen erheblich. Dies gilt auch für die Erwerbsquoten.

Die zentrale bildungspolitische Bedeutung von Teilnahmequoten besteht darin, durch differenzierte Analysen Probleme anschaulich darzustellen. Dadurch lassen sich Aufmerksamkeitsfelder identifizieren und, darauf aufbauend, in einem zweiten Schritt weiterführende Untersuchungen mit Anregungspotenzial für bildungspolitische Programme konzipieren.

Insbesondere bei länderübergreifenden vergleichenden Analysen ist in den letzten Jahren allerdings zu erkennen, dass Teilnahmequoten zunehmend auch als Erfolgskennziffern oder Benchmarks verwendet werden. Es wäre jedoch eine Verkürzung, eine hohe Weiterbildungsbeteiligung per se bereits als positiv anzusehen. Hier stellt sich letztlich die Frage nach geeigneten Erfolgskennziffern für das Lernen Erwachsener, bei der noch erheblicher Klärungsbedarf besteht. Bei den im Folgenden dargestellten Zielvorgaben und Benchmarks ist dieser Hintergrund zu berücksichtigen.

Zielgrößen für Teilnahmequoten an Weiterbildung wurden sowohl auf nationaler und europäischer Ebene formuliert. Die genannten Zielwerte und die herangezogenen Datenquellen unterscheiden sich dabei erheblich. Auf nationaler Ebene haben Bund und Länder beim Bildungsgipfel im Oktober 2008 das vom Bundesministerium für Bildung und Forschung formulierte und auch vom Innovationskreis Weiterbildung unterstützte Ziel übernommen, bis zum Jahre 2015 für die Erwerbsbevölkerung eine Teilnahmequote von 50% anzustreben (vgl. Bundesregierung & Regierungschefs der Länder, 2008). Nach den Ergebnissen des AES 2014 ist dieses Ziel mit einer bundesweiten Teilnahmequote von 51% bei den 18- bis 64-Jährigen inzwischen erreicht (Bilger & Strauß, 2014, S. 13ff).

Auf europäischer Ebene war im Jahr 2003 für die Teilnahmequote der Personen im erwerbsfähigen Alter an lebenslangem Lernen bis zum Jahr 2010 ein Zielwert von 12,5% vereinbart worden (Rat der Europäischen Union, 2003). Im Jahr 2009 wurde dieser Zielwert mit Blick auf das Jahr 2020 auf 15% erhöht, wobei als Datenquelle nicht der AES, sondern der Labour Force Survey (LFS) benannt wurde. Die europäischen Zielvorgaben, die sich nicht auf die einzelnen Mitgliedsstaaten, sondern auf die EU insgesamt beziehen, liegen damit weit unter den für Deutschland formulierten Zielvorgaben, die als Datengrundlage den AES benennen.

Die beiden Datenquellen variieren jedoch nicht nur hinsichtlich der für sie formulierten Zielvorgaben. Auch ***die Ergebnisse von LFS und AES unterscheiden sich*** substanziell. So weist der LFS für das Jahr 2012 europaweit eine niedrigere Beteiligung an lebenslangem Lernen aus als 2005. Die Teilnahmequote in Deutschland liegt im LFS unter dem europäischen Durchschnitt und die europäischen Zielvorgaben werden verfehlt. Der AES weist dagegen, wenn auch für einen anderen Zeitraum (zwischen 2007 und 2011), eine europaweit steigende Beteiligung aus. Die Beteiligung Deutschlands liegt 2011 im oberen europäischen Drittel und die Zielvorgaben werden erreicht.

Angesichts dieser zwischen AES und LFS stark divergierenden Ergebnisse ist es erforderlich, die Methodik der beiden Erhebungen etwas genauer zu betrachten. Weitere in dieser Studie berücksichtigte Erhebungen – wie PIAAC – orientieren sich stark an den Befragungsinstrumentarien des AES und kommen hinsichtlich der Beteiligungsquote daher zu ähnlichen (wenn auch nicht identischen) Ergebnissen wie der AES. Darüberhinausgehend erscheint auch die Frage bedeutsam, welche Erhebung unter Berücksichtigung empirischer Qualitätskriterien die Realität zutreffender abbildet. Um es vorwegzunehmen: Aus unserer Sicht fällt dieser Vergleich zugunsten des AES aus (vgl. näher Kapitel 4.2).

4.2 Nationaler und europäischer Kontext, Methoden und Inhalte des AES

In Deutschland lassen sich angebotsbezogene Datenquellen nicht zu einem Gesamtbild der Weiterbildungslandschaft aggregieren (Kuwan, Bilger, Gnahs & Seidel, 2006, S. 13f). Von daher stützen sich Aussagen zur bundesweiten Weiterbildungsbeteiligung auf repräsentative Bevölkerungsbefragungen.

Von 1979 bis 2006 wurden im Auftrag des damaligen Bundesministeriums für Bildung und Wissenschaft (BMBW) von Infratest Sozialforschung im Dreijahresturnus nationale Erhebungen im Rahmen des Berichtssystems Weiterbildung (BSW) durchgeführt, bei denen jeweils zwischen 3.500 und 8.000 Personen mündlich befragt wurden (Kuwan et al., 2006, S. 9ff). Bundesweit ermöglichte das BSW als einziges Instrument einen differenzierten Überblick über das bundesweite Weiterbildungsgeschehen im Zeitverlauf aus Sicht der (potenziellen) Weiterbildungsnachfrager. Der dabei zugrunde gelegte Weiterbildungsbegriff folgte der Definition des Deutschen Bildungsrates (Deutscher Bildungsrat, 1970, S. 197).

Das heute weitgehend akzeptierte Konzept des „Lebenslangen Lernens“ (Dohmen, 1996; Pätzold, 2010) beinhaltet ein erweitertes Verständnis vom Lernen Erwachsener, das neben dem formalen Lernen und der organisierten Weiterbildung auch vielfältige informelle Lernprozesse am Arbeitsplatz oder in der Freizeit umfasst. Um aussagekräftige empirische Ergebnisse zum Lernen Erwachsener zu erhalten, ist es deshalb erforderlich, einen möglichst großen Ausschnitt des gesamten Spektrums der verschiedenen Lernformen einzubeziehen. Dies ist im Rahmen des BSW schon frühzeitig geschehen. Dort wurde bereits im Jahr 1988 erstmals das informelle Lernen berücksichtigt und in den Folgeerhebungen weiter differenziert.

Nationale Erhebungen zum Lernen Erwachsener gab es auch in anderen europäischen Ländern. Vergleichende europaweite Analysen waren jedoch wegen unterschiedlicher Konzepte und Methoden auf der Basis nationaler Erhebungen nur in sehr begrenztem Umfang möglich. Vor diesem Hintergrund wurde von Eurostat in enger Kooperation mit den EU-Mitgliedsstaaten der Adult Education Survey (im Folgenden kurz AES) als gemeinsame Datenquelle für europaweit vergleichende Analysen konzipiert.[1] Der wesentliche Vorteil des AES gegenüber dem BSW besteht also nicht in einem Erkenntnisgewinn über die nationale Weiterbildungslandschaft, sondern darin, einen europäischen Vergleich des Lernens Erwachsener zu ermöglichen.

Aus diesem Grund wurde in Deutschland im Jahr 2007 die nationale Erhebung des Berichtssystems Weiterbildung in das Konzept des europäischen Adult Education Survey überführt. Um die im BSW ermittelten Zeitreihen seit 1979 fortführen zu können, fanden im Übergangsjahr 2006 zwei Erhebungen parallel statt, von

---

[1] Auch der Labour Force Survey (LFS) liefert auf europäischer Ebene Informationen zum Lernen Erwachsener, die jedoch aus unserer Sicht problematisch sind (vgl. die Ausführungen am Ende dieses Unterpunktes).

denen eine dem BSW-Konzept und eine dem AES-Konzept folgte (Rosenbladt & Bilger, 2008). Die Darstellung des Weiterbildungsbereichs im ersten Nationalen Bildungsbericht basiert zu einem erheblichen Teil auf Ergebnissen dieser beiden Erhebungen (Autorengruppe Bildungsberichterstattung, 2008), und in den folgenden Nationalen Bildungsberichten wurde der AES als Datenquelle zur Weiterbildungsbeteiligung herangezogen.

Die Teilnahmequoten an Weiterbildung insgesamt (43% im BSW vs. 44% im AES, vgl. von Rosenbladt & Bilger, 2008, S. 55) und auch die gruppenspezifischen Unterschiede der Weiterbildungsteilnahme stimmten im AES und BSW trotz der unterschiedlichen Messkonzepte weitgehend überein. Obwohl bei näherem Hinsehen auch einige Unterschiede zu erkennen waren[2], erschien es insgesamt möglich, die Zeitreihen für Deutschland mit den AES-Daten fortzuführen. Allerdings wurde auch die zentrale Bedeutung unterschiedlicher begrifflicher und methodischer Abgrenzungen für die empirisch ermittelte Weiterbildungsbeteiligung deutlich (vgl. hierzu: Gnahs, Kuwan & Seidel, 2008; Kuwan & Larsson, 2008), die weiter unten am Beispiel der beiden zentralen Datenquellen im europäischen Vergleich, dem AES und dem LFS, näher erläutert wird.

In der quantitativen Betrachtung der Weiterbildungsteilnahme bzw. der Beteiligung an non-formalem Lernen lassen sich sowohl im BSW als auch im AES drei Indikatoren unterscheiden: die Reichweite von Weiterbildung, gemessen in Teilnahmequoten oder hochgerechneten Teilnehmerzahlen; die Teilnahmefälle (Belegungen bzw. besuchte Weiterbildungsveranstaltungen) sowie der Zeitaufwand für Weiterbildung (Weiterbildungsvolumen).

---

[2] So lag z. B. der Anteil der berufsbezogenen Weiterbildung am gesamten Weiterbildungsgeschehen im AES höher als im BSW, während die Teilnahme an informellem beruflichen Lernen im BSW höher war.

Der bundesweite und auch im europäischen Vergleich am häufigsten verwendete Indikator "Teilnahmequote" gibt den Prozentanteil der Teilnehmenden an allen Personen der jeweils betrachteten Gruppe wieder. Damit ist auf einen Blick zu erkennen, welche Nationen oder Gruppen bei der Lernbeteiligung über- bzw. unterrepräsentiert sind. Wie in Kapitel 4.1 näher dargestellt, stützen sich europäische Vergleiche des Lernens Erwachsener im Allgemeinen auf einen integrierten Indikator, der die Teilnahme an formalem und non-formalem Lernen umfasst.

Die im AES behandelten Inhalte beziehen sich u.a. auf die Teilnahme an formalem, non-formalem und informellem Lernen und deren Einflussfaktoren, auf Veranstaltungsstrukturen wie z. B. Thema, Träger oder Form der jeweiligen Lernaktivität, auf Weiterbildungseinstellungen, Barrieren und Motive, Transparenz, Beratung, Kosten- Nutzen-Aspekte sowie auf soziodemografische und erwerbsbezogene Merkmale (Bilger et al., 2012).

Adult Education Survey (AES) und Labour Force Survey (LFS): Welche Datenquelle ist vorzuziehen?

Mit dem LFS steht auf europäischer Ebene eine Datenquelle zur Verfügung, die schon länger als der AES Fragen zur Aus- und Weiterbildung enthält. Bezugszeitraum des LFS sind die letzten vier Wochen vor der Erhebung. In Deutschland ist der LFS in den Mikrozensus integriert. Da sowohl der AES als auch der LFS als Datenquellen für europäische Benchmarks zum Lernen Erwachsener verwendet werden und die Ergebnisse der beiden Erhebungen erheblich voneinander abweichen (vgl. Kapitel 4.1), gehen wir im Folgenden etwas näher auf die Frage ein, ob sich Hinweise finden lassen, welche der beiden Datenquellen vorzuziehen ist.

Verglichen mit dem AES weist der LFS bei der Erfassung des Lernens Erwachsener einige konzeptionelle und methodische

Einschränkungen auf. So werden im LFS bestimmte Lernaktivitäten wie etwa das informelle Lernen oder auch das non-formale Lernen am Arbeitsplatz nicht erfasst (Behringer & Schönfeld, 2014, S. 382ff). Wegen des relativ kurzen Fragenprogramms zum Thema „Lernen von Erwachsenen“ bildet der LFS sowohl zu den Lernaktivitäten als auch bei den (potenziell) erklärenden Variablen deutlich weniger Merkmale als der AES ab und bietet dementsprechend geringere Analysemöglichkeiten.

Ein zweites Problem der LFS-Erhebungen besteht in den teilweise erheblichen konzeptionellen Veränderungen im Zeitverlauf, die bei Trendanalysen zu Brüchen führen können. Besonders bedeutsam erscheint hier die erweiterte Definition des Lernens ab 2003, in der nun explizit auch andere Lernformen wie z.B. Lehrgänge, Seminare, Konferenzen und Privatunterricht benannt werden. Mit dieser Änderung geht ein deutlicher Anstieg der Teilnahmequoten in den Erhebungen von 2003 und 2004 einher. Entsprechend wird diese Erhöhung weniger als eine reale Zunahme von Lernaktivitäten eingeschätzt, sondern überwiegend als ein Effekt der erweiterten Definition (Behringer & Pfeiffer, 2005). Auch nach 2005 hat es methodische Veränderungen gegeben, die zwar weniger gravierend waren, aber dennoch den Trendvergleich beeinträchtigen können.

Die gravierendsten Probleme des LFS betreffen aus unserer Sicht jedoch die Erhebungsphase und resultieren daraus, dass dort Proxy-Interviews akzeptiert werden, bei denen ein anderes Haushaltsmitglied den Fragebogen für die Zielperson beantwortet. Proxy-Interviews führen sowohl mit Blick auf das Lernverhalten, aber auch auf andere Variablen, zu teilweise erheblichen Fehlern und Unschärfen (vgl. zum Folgenden Kuwan & Larsson, 2008, S.24f). So zeigte eine norwegische Studie, dass selbst vergleichsweise „harte“ soziodemografische Merkmale wie die Frage, ob jemand erwerbstätig ist, nicht immer zuverlässig erfasst werden, weil z.B. Eltern von Studierenden die Erwerbsquote ihrer Kinder unterschätzen. Bei „weicheren“ Merkmale wie dem Lernen Erwachsener sind diese Probleme noch deutlich größer. So zeigten Evaluierungen in Kanada, dass Proxy-Interviews mit Blick auf das Lernverhalten zu so gravierenden Fehlern führten, dass im nationalen Adult Education and Training Survey (AETS) zum Lernen Erwachsener keine Proxy-Interviews mehr zugelassen wurden (Statistics Canada, 2001).

Aufgrund der o.g. Ergebnisse lautet deshalb die klare und eindeutige Empfehlung, in Erhebungen zum Lernen Erwachsener auf Proxy-Interviews zu verzichten (Kuwan & Larsson, 2008, S.25). Im LFS 2012 lag die Zahl der Proxy-Interviews in den meisten europäischen Ländern zwischen 20% und 50% (in Deutschland bei 26%), und in vier Ländern sogar über 50% (Behringer & Schönfeld, 2014, S. 384).[3] Das AES-Konzept sieht dagegen vor, auf Proxy-Interviews möglichst zu verzichten. Dennoch kamen sie im AES 2011 in sechs Ländern vor, und in Tschechien, Griechenland und Ungarn lag ihr Anteil bei einem Drittel oder mehr. Dies bedeutet, dass auch die AES-Ergebnisse für einige Länder nicht als gesichert gelten können. Im LFS werden jedoch in allen Ländern Proxy-Interviews durchgeführt, und ein Verzicht ist nicht in Sicht.

Aus den oben genannten Gründen, insbesondere wegen der generellen Verwendung von Proxy-Interviews, stützen sich in diesem Bericht die Ergebnisse zum Lernen Erwachsener nicht auf den Mikrozensus bzw. den Labour-Force-Survey, sondern auf den AES.

---

[3] Deutlich niedrigere Werte zeigten sich in den skandinavischen Ländern, in denen Personenregister der Einwohnermeldeämter zur Stichprobenziehung verwendet werden können.

Der Vollständigkeit halber sei abschließend noch erwähnt, dass in Europa mit dem ***Continuing Vocational Training Survey (CVTS)*** eine weitere wichtige Datenquelle zum Lernen Erwachsener, bzw. in diesem Fall zum Bereich der betrieblichen Weiterbildung, existiert. Im CVTS werden Unternehmen mit 10 und mehr Beschäftigten aus bestimmten Wirtschaftsbereichen befragt. Inhaltliche Schwerpunkte betreffen vor allem Angaben zu Art, Umfang und Kosten betrieblicher Weiterbildungsangebote, zu Strukturen der Teilnehmenden, zu betrieblichen Weiterbildungsstrategien sowie zu Weiterbildungsbarrieren.

Die CVTS-Erhebungen wurden 1993 und 1999 in 12 bzw. 25 Ländern auf freiwilliger Basis durchgeführt, während die Erhebungen von 2005 und 2012, die in 28 bzw. 29 Ländern erfolgten, verpflichtend waren. In der letzten Erhebung (CVTS4) wurden europaweit über 100.000 Unternehmen befragt. Wie im AES sind formales, non-formales und informelles Lernen einbezogen, allerdings in einer anderen Abgrenzung (näher Behringer, Käpplinger & Moraal, 2008). Weiterführende Informationen zur Methodik des CVTS finden sich in Behringer und Schönfeld (2014, S. 386ff).

4.3 Weiterbildungsbeteiligung nach Altersgruppen in Deutschland und im europäischen Vergleich

Die umfassendsten Ergebnisse zu diesem Thema liefern in Deutschland der Adult Education Survey (AES) und das Forschungsprojekt „Bildungsverhalten und -interessen Älterer“ (im Folgenden kurz „EdAge-Studie“), die beide im Auftrag des Bundesministeriums für Bildung und Forschung durchgeführt wurden.

Nach der *EdAge-Studie*[4] (Tippelt et al., 2009c) wiesen 2007 die 19- bis 24-jährigen, die 25- bis 34-jährigen und die 35- bis 44-jährigen Erwerbstätigen mit 55% jeweils die gleiche Teilnahmequote an Weiterbildung insgesamt auf (Tippelt et al., 2009b). Ein deutlicher Rückgang der Weiterbildungsbeteiligung war erst bei den über 55-jährigen Erwerbstätigen zu erkennen (Abb. 4).

Dagegen sanken die Teilnahmequoten der Nichterwerbstätigen mit zunehmendem Alter nahezu kontinuierlich. Die Teilnahmequoten der Erwerbstätigen lagen in allen betrachteten Altersgruppen deutlich über denen der Nichterwerbstätigen.

In der betrieblichen Weiterbildung zeichnete sich für Erwerbstätige ein ähnliches Bild ab wie bei der Weiterbildungsteilnahme insgesamt. Die Beteiligungsunterschiede an Weiterbildung insgesamt, zwischen Erwerbstätigen und Nichterwerbstätigen scheinen in erster Linie auf die betriebliche Weiterbildung zurückzuführen zu sein.

---

[4] Die quantitativen Ausführungen stützen sich auf Ergebnisse der telefonischen Befragung von ca. 4.900 Personen im Alter von 45 bis 80 Jahren, die in Verbindung mit dem Adult Education Survey (AES) 2007 von einem Forschungsverbund unter Leitung von Prof. Rudolf Tippelt (LMU München) durchgeführt wurde (Tippelt et al., 2009). Zu dem Forschungsverbund gehörten Prof. Rudolf Tippelt, Prof. Dr. Bernhard Schmidt-Hertha und das Team der LMU München, Kantar TNS sowie Helmut Kuwan – Sozialwissenschaftliche Forschung und Beratung München.

Abbildung 4: Teilnahmequoten an Weiterbildung insgesamt und an betrieblicher Weiterbildung nach Erwerbstätigkeit und Alter

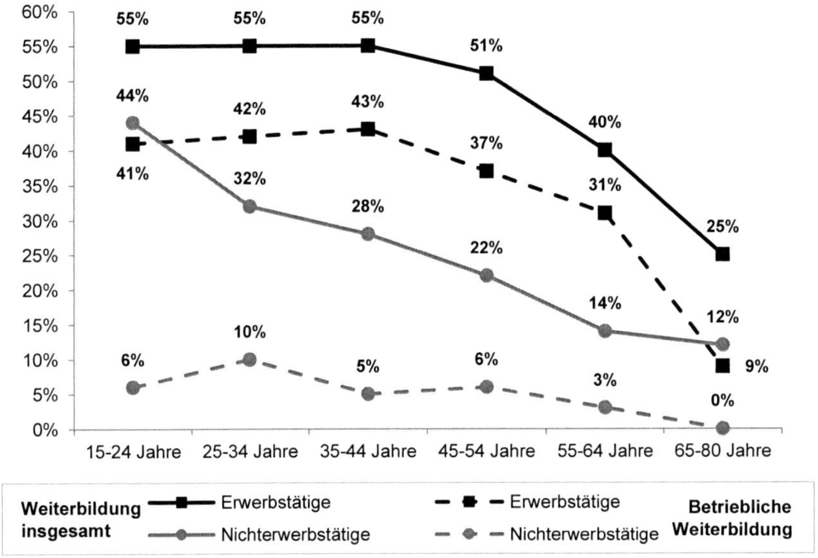

Quelle der Abbildung: nach Kuwan 2013, S. 197; Quelle der Daten: nach Tippelt et al., 2009c

Im *AES 2012*[5] war zu erkennen, dass sich insbesondere 60- bis 64-Jährige deutlich seltener an Weiterbildung insgesamt beteiligt haben als der Bevölkerungsdurchschnitt (32% vs. 49%, Leven et al., 2013). Allerdings zeigte sich seit 2007 für diese Gruppe ein weit überdurchschnittlicher Anstieg der Teilnahmequoten, der vor allem auf die betriebliche Weiterbildung zurückzuführen war (vgl. näher Kapitel 4.3.1).

Die Weiterbildungsbeteiligung der 55- bis 59-Jährigen lag im AES 2012 bei 44% und damit um fünf Prozentpunkte unter dem

[5] Im Rahmen des von einem Projektverbund unter Leitung von Kantar TNS durchgeführten AES 2012 wurden rd. 7.000 Personen im Alter von 18 bis 64 Jahren mündlich befragt (Bilger et al., 2013).

Bevölkerungsdurchschnitt. Der Abstand ist damit deutlich geringer als bei den 60- bis 64-Jährigen. Die Teilnahmequote der 50- bis 54-Jährigen entspricht dem Bevölkerungsdurchschnitt (vgl. Tabelle 1).

Auch in der *betrieblichen Weiterbildung von Erwerbstätigen* (zur begrifflichen Abgrenzung der betrieblichen Weiterbildung im AES 2012 vgl. Behringer, Bilger & Schönfeld, 2013, S. 139ff.) weisen 60- bis 64-jährige eine niedrigere Teilnahmequote auf als die Gesamtheit der Erwerbstätigen (37% vs. 46%), doch ist die Abweichung vom Durchschnitt aller Erwerbstätigen um einiges geringer als bei der Beteiligung der Bevölkerung an Weiterbildung insgesamt (9 vs. 17 Prozentpunkte).

Für 55- bis 59-jährige Erwerbstätige war im AES 2012 in der betrieblichen Weiterbildung kein nennenswerter Unterschied zum Durchschnitt der Erwerbstätigen mehr zu erkennen (Differenz: plus ein Prozentpunkt). 2012 setzte demnach bei der Beteiligung von Erwerbstätigen an betrieblicher Weiterbildung nach Altersgruppen ein deutlicher Rückgang erst bei den 60- bis 64-Jährigen ein. Bemerkenswert erscheint außerdem, dass auch die jüngste Altersgruppe, die 18- bis 24- jährigen Erwerbstätigen, eine unterdurchschnittliche Teilnahmequote an betrieblicher Weiterbildung aufweist.

Tabelle 1: Weiterbildungsbeteiligung 2012 insgesamt und bei Erwerbstätigen nach Alter

	Teilnahmequoten in %	
	Weiterbildung insgesamt	Betriebliche Weiterbildung
Insgesamt		
18- bis 24- Jährige	49	23
25- bis 29- Jährige	50	36
30- bis 34- Jährige	52	41
35- bis 39- Jährige	50	37
40- bis 44- Jährige	53	41
45- bis 49- Jährige	54	42
50- bis 54- Jährige	49	38
55- bis 59- Jährige	44	34
60- bis 64- Jährige	32	18
Alle	***49***	***35***
Erwerbstätige		
18- bis 24- Jährige	52	41
25- bis 29- Jährige	56	47
30- bis 34- Jährige	60	51
35- bis 39- Jährige	55	44
40- bis 44- Jährige	57	47
45- bis 49- Jährige	58	48
50- bis 54- Jährige	53	45
55- bis 59- Jährige	55	47
60- bis 64- Jährige	46	37
Alle Erwerbstätigen	***56***	***46***

Quelle: Leven et al., 2013, S. 84 / AES 2012; eigene Darstellung

Der AES enthält auch Informationen über den Zeitaufwand für die Beteiligung an Weiterbildung pro teilnehmender Person. Interessant sind dabei insbesondere die Ergebnisse für den Zeitaufwand von Erwerbstätigen in der betrieblichen Weiterbildung nach Altersgruppen. Hier fällt auf, dass die 60- bis 64-jährigen erwerbstätigen Teilnehmenden mit durchschnittlich 26 Stunden deutlich weniger Zeit aufwenden als Erwerbstätige aus anderen Altersgruppen. 55- bis 59- jährige Erwerbstätige liegen dagegen mit durchschnittlich 47 Stunden noch innerhalb der Spannweite der übrigen Altersgruppen, die von 42 bis 77 Stunden reicht. Den Höchstwert von durchschnittlich 77 Stunden pro Teilnehmenden erreichen die 25- bis 29- jährigen Erwerbstätigen (Leven et al., 2013).

4.3.1 Trend der Weiterbildungsteilnahme nach Altersgruppen in Deutschland

Die folgenden Ausführungen beziehen sich entweder auf Zusatzauswertungen im Datensatz zum deutschen AES 2011/2012[6] oder auf europäisch vergleichende Betrachtungen auf Basis des europäischen AES 2011/2012.

Zwischen 1979 und 2014 hat sich in Deutschland die Teilnahme an ***Weiterbildung insgesamt*** von 23% auf 51% mehr als verdoppelt (BMBF, 2015, S. 13). Dabei lassen sich unterschiedliche Phasen erkennen. Nach dem Ausgangswert von 23% im Jahr 1979 zeigt sich zunächst eine uneinheitliche Entwicklung (Zunahme in 1982, Rückgang in 1985), auf die eine Phase des deutlichen und kontinuierlichen Anstiegs bis auf den Wert von 48% im Jahre 1997 folgt. Daran schließt sich ein Rückgang bis auf 41% im Jahr 2003 an, und auch die Teilnahmequote von 2007 verbleibt trotz eines leichten Anstiegs noch um fünf Prozentpunkte unter der von 1997. Erst ab 2012 wird das Niveau von 1997 wieder erreicht[7] und in 2014 übertroffen. 2014 wird erstmals das Ziel der Qualifizierungsoffensive, die eine Beteiligung von mindestens 50% anstrebt, mit dem Wert von 51 % erreicht (BMBF, 2015, S. 13).

---

[6] Während in Deutschland vom AES 2012 gesprochen wird, hat sich auf europäischer Ebene die Bezeichnung „AES 2011" durchgesetzt. Vor diesem Hintergrund sprechen wir in Anlehnung an dem Vorschlag von Behringer und Schönfeld vom AES 2011/2012 (Behringer & Schönfeld, 2014, S. 381, Fußnote 1).

[7] Differenzen von nur einem Prozentpunkt interpretieren wir bei der gegebenen Stichprobengröße nicht als Abweichung.

Obwohl die Daten der BSW- und AES-Erhebungen prinzipiell auch einen Zeitvergleich der Weiterbildungsbeteiligung nach Altersgruppen von 1979 – 2014 zulassen, kann dies auf Basis der vorliegenden Veröffentlichungen nicht geleistet werden, weil diese unterschiedlich abgegrenzten Altersgruppen verwenden. Aus diesem Grund haben wir im AES 2011/2012 Zusatzauswertungen für die im BSW verwendeten Altersgruppen (unter 35 Jahre[8]; 35 – 49 Jahre; 50 – 64 Jahre (Kuwan et al., 2006, S. 90)) durchgeführt, um den 1979 begonnenen Trendvergleich fortführen zu können. Der AES 2011/2012 wurde dabei als Datengrundlage ausgewählt, weil die Stichprobengröße mehr als doppelt so hoch war wie bei der nationalen AES-Zusatzerhebung von 2014 und weil für 2011/2012 umfangreiche europäische Vergleichszahlen vorliegen, was bei der nationalen Zusatzerhebung von 2014 nicht der Fall ist. Datenbasis der nachfolgend genannten Zahlenwerte ist also für 1997 – 2007 das BSW und für 2012 der AES.

Nach Altersgruppen differenziert (eigene Auswertungen im Datensatz des AES 2011/2012), lag 2012 die bundesweite Teilnahmequote der 50- bis 64-Jährigen an Weiterbildung insgesamt bei 42% und damit um sieben Prozentpunkte unter dem Bevölkerungsdurchschnitt von 49%. Die Teilnahmequoten der 19- bis 34-Jährigen und 35- bis 49-Jährigen waren mit 51% bzw. 52% etwas überdurchschnittlich.

Im Trendvergleich sind die Teilnahmequoten an Weiterbildung insgesamt in allen drei o.g. Altersgruppen zwischen 1979 und 2012 deutlich angestiegen. Wie Abbildung 5 zeigt, fällt die Zu-

---

[8] Genau genommen beziehen sich die BSW-Daten für diese Altersgruppe auf 19–bis 34-Jährige, während es im AES 18- bis 34-Jährige sind.

nahme in der mittleren und älteren Altersgruppe um einiges stärker aus als in der jüngsten, und insbesondere die Gruppe der 50- bis 64-Jährigen hat erheblich aufgeholt.

Abbildung 5: Teilnahme an Weiterbildung insgesamt nach Altersgruppen 1979 – 2012 im Bundesgebiet

Teilnahmequoten in %

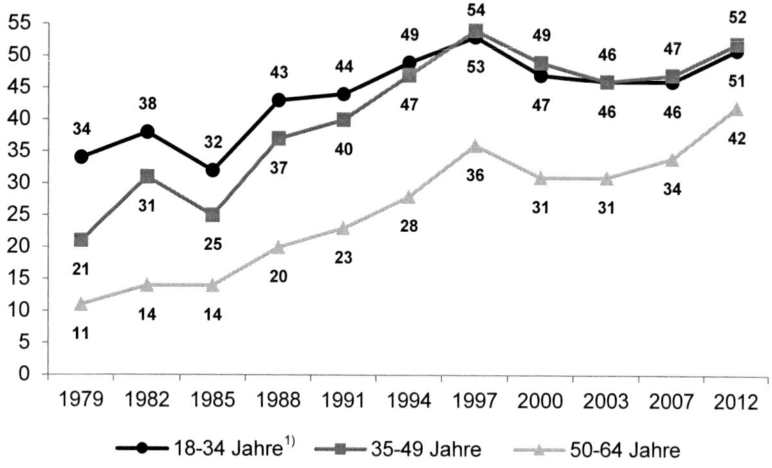

1) Ab 2012, zuvor 19- bis 34-Jährige.
Quellen: 1979 - 2007 Berichtssystem Weiterbildung (nach Kuwan et al., 2006, S. 90; Ronsenbladt & Bilger, 2008, S. 226f); 2012 nach Adult Education Survey 2012, eigene Berechnungen.

Der Aufholprozess der 50- bis 64-Jährigen wird besonders in der relationalen Betrachtung deutlich, also im Verhältnis der altersspezifischen Teilnahmequoten von 2012 zu den jeweiligen Ausgangsquoten in 1979. Dabei liegt

- die Teilnahmequote der 19- bis 34-Jährigen an Weiterbildung insgesamt im Jahr 2012 etwa 1,5-mal so hoch wie 1979,
- die der 35- bis 49-Jährigen etwa 2,5-mal so hoch und
- die der 50- bis 64-Jährigen etwa 3,8-mal so hoch.

In der stärker differenzierenden Betrachtung für insgesamt neun Altersgruppen zeigte sich im AES 2011/2012 zwischen 2007 und 2012 für die Gruppe der 60- bis 64-Jährigen ein weit überdurchschnittlicher Anstieg der Teilnahmequoten um 14 Prozentpunkte, während in der Gesamtbevölkerung im gleichen Zeitraum lediglich ein Zuwachs von 5 Prozentpunkten zu erkennen war (Leven et al., 2013, S. 84f). Damit verzeichnete zwischen 2007 und 2012 die Gruppe der 60- bis 64-Jährigen von allen betrachteten Altersgruppen den deutlichsten Anstieg der Weiterbildungsbeteiligung.

In der Differenzierung nach Weiterbildungsbereichen sind längerfristige Trendanalysen von 1979 bis 2012 nicht möglich, da die verschiedenen Weiterbildungsbereiche im BSW und im AES konzeptionell unterschiedlich erfasst wurden (vgl. Kapitel 4.1) und sich die vorliegenden Daten von 1979 – 2007 auf das BSW und ab 2007 auf den AES stützen.

Ein Trendvergleich der Weiterbildungsbeteiligung in Deutschland nach Altersgruppen kann im AES für die Jahre 2007, 2010 und 2012 erfolgen. Dagegen ist dies auf Basis der veröffentlichten Ergebnisse für die nationale Zusatzerhebung von 2014 nicht möglich, weil da dort andere Altersgruppen ausgewiesen werden (neun Altersgruppen im AES 2011/2012 vs. fünf Altersgruppen in der nationalen AES-Erhebung von 2014). Deshalb konzentrieren wir uns im Folgenden auf die Entwicklung zwischen 2007 und 2012. In der sektoral differenzierenden Betrachtung zeigt sich dabei sowohl für die betriebliche Weiterbildung insgesamt als auch für nicht unmittelbar berufsbezogene Weiterbildung ein Anstieg um sechs bzw. vier Prozentpunkte, während die individuelle berufsbezogene Weiterbildung in etwa stagniert (4% vs. 3%).[9]

---

[9] Differenzen der Teilnahmequoten um einen Prozentpunkt interpretieren wir bei den gegebenen Stichprobengrößen nicht als Veränderung.

Die eingangs vorgestellten Differenzen der altersspezifischen Teilnahmequoten an Weiterbildung im AES lassen sich vor allem durch die ***betriebliche Weiterbildung*** erklären (zur begrifflichen Abgrenzung im AES 2011/2012 vgl. Behringer et al., 2013, S. 139ff.). Deshalb betrachten wir im Folgenden dieses Segment etwas näher (vgl. hierzu Leven et al., 2013, S. 83ff), wobei sowohl für die jüngste als auch für die älteste Altersgruppe Kontextfaktoren zu berücksichtigen sind. So haben manche Personen der ältesten Gruppe durch den Übergang in den Ruhestand den Zugang zu betrieblicher Weiterbildung weitgehend verloren, während er bei einigen aus der jüngsten Gruppe noch nicht gegeben ist. Wenn der Einflussfaktor „Erwerbsbeteiligung" in altersspezifischen Analysen zur Weiterbildungsbeteiligung nicht berücksichtigt wird, kann dies zu Scheineffekten führen. Deshalb betrachten wir im Folgenden die Beteiligung an betrieblicher Weiterbildung ausschließlich für die Gruppe der ***Erwerbstätigen***.

60- bis 64-jährige Erwerbstätige weisen eine niedrigere Teilnahmequote an betrieblicher Weiterbildung auf als die Gesamtheit der Erwerbstätigen (37% vs. 46%), doch ist die Abweichung in diesem Segment nur etwa halb so groß wie beim Vergleich der Beteiligung aller 60- bis 64-Jährigen an Weiterbildung insgesamt mit der Gesamtbevölkerung (9 vs. 17 Prozentpunkte). Auch die Abweichungen der Teilnahmequoten der jüngsten Altersgruppe vom Bevölkerungsdurchschnitt werden deutlich geringer, wenn man nur die Beteiligung Erwerbstätiger an betrieblicher Weiterbildung betrachtet (Leven et al., 2013, S. 83ff). Am höchsten liegt die Teilnahmequote an betrieblicher Weiterbildung bei den 30- bis 34-jährigen Erwerbstätigen (51%).

Für 55- bis 59-jährige Erwerbstätige zeigt sich im AES 2011/2012 bei der Beteiligung an betrieblicher Weiterbildung kein nennenswerter Unterschied zum Durchschnitt der Erwerbstätigen (Differenz: plus ein Prozentpunkt). 2007 war ihre Beteiligung noch unterdurchschnittlich gewesen (Differenz: minus vier Prozentpunkte). 2012 setzte demnach ein deutlicher Rückgang der Beteiligung an betrieblicher Weiterbildung erst bei den 60- bis 64-Jährigen ein. Insgesamt sind altersspezifische Differenzen der Weiterbildungsbeteiligung in Deutschland also maßgeblich durch unterschiedliche Erwerbsquoten der betrachteten Altersgruppen bedingt.

Im Trendvergleich zeigen sich für die betriebliche Weiterbildung von Erwerbstätigen ähnliche Tendenzen wie für die Weiterbildungsteilnahme insgesamt. Zwischen 2007 und 2012 hat der Abstand der 60- bis 64-Jährigen vom Durchschnitt aller Erwerbstätigen deutlich abgenommen; die Differenz sank von 18 auf 9 Prozentpunkte (Leven et al., 2013, S. 84). Dies legt die Vermutung nahe, dass der Aufholprozess vor allem bei den 60- bis 64-Jährigen Erwerbstätigen seit 2007 weiter an Dynamik gewonnen hat.

Anders stellt sich die Situation mit Blick auf den nach Altersgruppen differenzierten ***Zeitaufwand*** von erwerbstätigen Teilnehmenden an betrieblicher Weiterbildung dar. Hier wenden die 60- bis 64-Jährigen mit durchschnittlich 26 Stunden deutlich weniger Zeit auf als Erwerbstätige aus anderen Altersgruppen. Dagegen liegen 55- bis 59-jährige Erwerbstätige mit durchschnittlich 47 Stunden noch innerhalb der Spannweite der übrigen Altersgruppen, die von 42 bis 77 Stunden reicht.

Besonders hoch liegt der Zeitaufwand für betriebliche Weiterbildung in den jüngeren Altersgruppen. Den Höchstwert von durchschnittlich 77 Stunden pro Teilnehmenden erreichen die 25- bis 29-jährigen Erwerbstätigen, gefolgt von den 18- bis 24-jährigen Erwerbstätigen mit durchschnittlich 74 Stunden (Leven et al., 2013, S. 86ff).

Diese Ergebnisse verdeutlichen, dass ältere Erwerbstätige in erheblichem Umfang in die betriebliche Weiterbildung einbezogen sind. Mit Blick auf die dafür aufgewendete Zeit bestehen dagegen große altersspezifische Unterschiede, was dafür spricht, dass Betriebe erwartungsgemäß mehr in die Weiterbildung jüngerer Beschäftigter investieren.

4.3.2 Lernen Erwachsener nach Altersgruppen im europäischen Vergleich

Deutschland liegt mit einer Teilnahmequote der 25- bis 64-Jährigen von 50% im vorderen Mittelfeld der europäischen Länder, ähnlich wie z.B. Frankreich oder Österreich. Spitzenreiter ist Schweden mit einer Teilnahmequote von 72%, gefolgt von Ländern wie Luxemburg, der Schweiz, den Niederlanden sowie Norwegen und Dänemark, die mit Teilnahmequoten zwischen 59% und 70% ebenfalls überdurchschnittlich hohe Werte aufweisen. Insgesamt ist die Beteiligung Erwachsener an Aus- und Weiterbildung in Europa vor allem in skandinavischen und einigen westeuropäischen Ländern überdurchschnittlich, während sich am unteren Ende der Rangreihe vor allem osteuropäische Länder (Ausnahme: Estland) befinden. Am niedrigsten liegt die Beteiligung in Rumänien.

Ein Zeitvergleich zwischen 2007 und 2011/2012 ist mit einigen Unsicherheiten verbunden (Behringer, Schönfeld & Kuwan, 2013, S. 336ff). Insgesamt sprechen die Ergebnisse jedoch für einen deutlichen europaweiten Anstieg des Lernens Erwachsener. In 13 Ländern sind Zunahmen zu erkennen, die in einigen Staaten zehn Prozentpunkte oder mehr betragen. Rückgänge zeichnen sich in zehn Staaten ab, darunter fast alle osteuropäischen Länder.

Wie u.a. die bundesweiten Analysen im Rahmen des AES oder BSW gezeigt haben, gibt es erhebliche Unterschiede der Bildungsbeteiligung mit Blick auf soziodemografische oder beschäftigungsbezogene Merkmale wie z.B. Alter, Bildung oder Erwerbsbeteiligung. Anhand der AES-Daten können entsprechende Abweichungen auch im europäischen Vergleich analysiert werden. In diesem Punkt betrachten wir ausschließlich altersspezifische Unterschiede.

Die folgenden Ausführungen stützen sich im Wesentlichen auf die Analysen im Bericht zum deutschen AES 2011/2012 (Behringer et al., 2013, S. 332 – 342). Die altersspezifischen Teilnahmequoten werden dabei nicht einfach in ihrer absoluten Höhe verglichen, sondern als relative Unterschiede zu einer Referenzgruppe. Für die jüngste und älteste Gruppe lassen sich dadurch mit Blick auf die mittlere Altersgruppe als Referenzgruppe anschauliche Quoten bilden. Liegt der Wert im Vergleich zur Referenzgruppe bei 100, so ist die Beteiligung beider Gruppen identisch. Bei einem Wert über 100 liegt die Beteiligung höher als in der Vergleichsgruppe und bei einem Wert unter 100 niedriger.

Diese Ergebnisdarstellung folgt dem Grundgedanken der Analysen, die von Rosenbladt (2010) vorgenommen hat, allerdings mit zwei Modifikationen. Bezugsgröße unserer Analysen ist nicht der nationale Durchschnitt, sondern die Teilnahmequote einer Referenzkategorie, um zu vermeiden, dass die betrachtete Altersgruppe die Bezugsgröße beeinflusst; zudem bietet dies den Vorteil einer größeren Anschaulichkeit, weil ein Vergleich mit einer anderen Altersgruppe erfolgt. Zum zweiten bezieht sich die von uns verwendete Teilnahmequote aus den in Kapitel 4.1 erläuterten Gründen auf die Beteiligung an formalem und non-formalem Lernen.

Im Folgenden werden für die jüngste und älteste Gruppe (25- bis 34- Jährige bzw. 55- bis 64-Jährige) relative Beteiligungsquoten im Vergleich zur mittleren Altersgruppe der 35- bis 54-Jährigen ausgewiesen. Im europäischen Vergleich lassen sich dabei als Erstes zwei Grundmuster erkennen, die für alle hier betrachteten[10] europäischen Länder gelten:

- Die Teilnahmequote der 25- bis 34-Jährigen[11] liegt durchgängig höher als die der Referenzgruppe;
- Die Teilnahmequote der 55- bis 64-Jährigen liegt durchgängig niedriger als die der Referenzgruppe;

Im europäischen Durchschnitt liegt die Beteiligung der jüngeren Altersgruppe um 14 Prozent höher als die der mittleren Altersgruppe (relative Teilnahmequote 114, vgl. Abbildung 6). Die Abweichung der ältesten Altersgruppe von der Referenzgruppe ist wesentlich größer und liegt bei minus 38 Prozent (relative Teilnahmequote: 62).

---

[10] Nicht einbezogen werden die drei Länder Tschechien, Griechenland und Ungarn, in denen die Rate der Proxy-Interviews bei einem Drittel oder mehr lag (Behringer & Schönfeld, 2014, S. 385 sowie Kapitel 4.1 dieses Buches).

[11] Die Tabellen zum europäischen Vergleich beziehen sich auf die Altersgruppe der 25- bis 64- Jährigen.

Abbildung 6: Beteiligung an formalem und non-formalem Lernen im europäischen Vergleich nach Altersgruppen

Basis: Bevölkerung im Alter von 25 bis 64 Jahren; relative Teilnahmequoten (Index, 35 bis 54 Jahre = 100); Länder geordnet nach der Rangreihe der Gesamtbeteiligung

Relative Teilnahmequoten

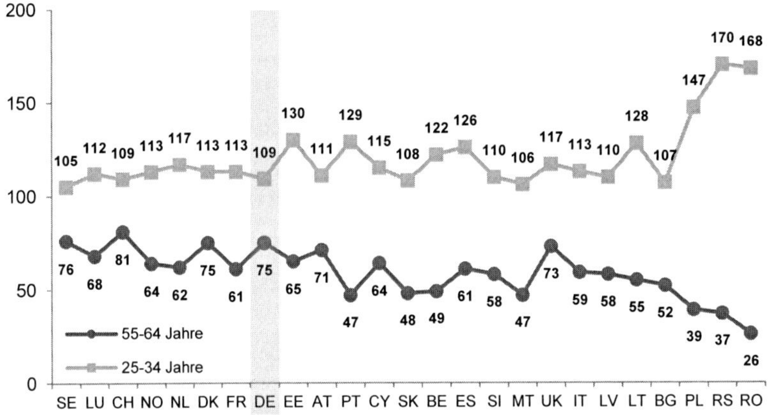

Quelle: nach EUROSTAT, AES 2011/2012, Stand: 22.8.2013; ohne Länder mit einem proxy-Interview-Anteil von einem Drittel oder mehr (Griechenland, Ungarn, Tschechien); Länderkürzel nach ISO 3166

In einigen Staaten übertrifft die Beteiligung der jüngeren Altersgruppe die der mittleren lediglich um weniger als 10 Prozent. Hierzu gehören u.a. Schweden, Bulgarien, Malta, die Slowakei, die Schweiz sowie Deutschland. Besonders hoch sind die relativen Teilnahmequoten der jüngsten Altersgruppe dagegen in Serbien (170), Rumänien (168), Polen (147) sowie Spanien und Portugal (130 bzw. 129).[12]

[12] Um Missverständnisse zu vermeiden, sei nochmals betont, dass die hohe relative Teilnahmequote der Jüngeren nur eine überdurchschnittliche Beteiligung an Aus- und Weiterbildung ***im jeweiligen Land*** anzeigt. Wenn die Gesamtbeteiligung in diesem Land europaweit unterdurchschnittlich ist, kann es trotzdem vorkommen, dass auch die Beteiligung der Jüngeren in diesem Land unter dem europäischen Durchschnitt liegt.

Ältere sind mit einer relativen Teilnahmequote von 70 oder mehr in folgenden Staaten besonders stark in die Aus- und Weiterbildung einbezogen: Schweiz (81), Schweden (76) Dänemark und Deutschland (jeweils 75), Großbritannien (73) und Österreich (71). Besonders niedrig liegt ihre relative Teilnahmequote dagegen in Polen (39), Serbien (37) und Rumänien (26).

Insgesamt sind die o.g. Ergebnisse zwar heterogen, aber einige verallgemeinerbare Befunde scheinen sich dennoch abzuzeichnen. Demnach gehört Deutschland gemeinsam mit Schweden, der Schweiz und Österreich zu den europäischen Ländern, in denen die Einbeziehung der hier betrachteten drei Altersgruppen in die Aus- und Weiterbildung am gleichmäßigsten erfolgt. Besonders stark ausgeprägt sind altersspezifische Unterschiede der Lernbeteiligung dagegen in Serbien, Rumänien oder Polen.

Darüber hinaus scheint sich als weitere Tendenz abzuzeichnen, dass in Ländern mit europaweit überdurchschnittlichen Teilnahmequoten auch die Beteiligungsunterschiede zwischen den Altersgruppen tendenziell kleiner sind. Dagegen sind in den Ländern mit den europaweit niedrigsten Teilnahmequoten auch die Unterschiede zwischen den Altersgruppen stark ausgeprägt (Behringer et al., 2013, S. 339f).

Abschließend ist zu berücksichtigen, dass auch in der europäischen Perspektive erhebliche Wechselwirkungen zwischen der Arbeitsmarktsituation und dem Lernen Erwachsener bestehen. In Ländern mit einer unterdurchschnittlichen Erwerbsbeteiligung der Älteren ist deren Zugang zur betrieblichen Weiterbildung weitgehend versperrt oder massiv erschwert. Aus diesem Grund wäre es wünschenswert, differenzierende Analysen nach Alter und Erwerbsbeteiligung, wie sie für Deutschland durchgeführt wurden, auch auf der europäischen Ebene vorzunehmen. Entsprechende Auswertungen stehen jedoch derzeit nicht zur Verfügung.

Analoge Überlegungen gelten auch für die jüngste Altersgruppe. So können ungünstige Bedingungen auf dem Arbeitsmarkt dazu führen, dass eine verlängerte Ausbildungszeit attraktiver erscheint als Arbeitslosigkeit, was längere Ausbildungszeiten und, damit einhergehend, eine höhere Lernbeteiligungsquote der jüngsten Altersgruppe im europäischen Vergleich verursachen kann (Behringer et al., 2013, S. 340).

4.4 Bildungsinteressen und Weiterbildungsbarrieren im europäischen Vergleich

Bei der Suche nach Ansatzpunkten zur Erhöhung der Weiterbildungsteilnahme sind zunächst multivariate Analysen zu der Frage erforderlich, welche Einflussfaktoren eine Weiterbildungsbeteiligung erschweren oder begünstigen. Darüber hinaus sind auch Informationen über die subjektiven Einschätzungen der Individuen wichtig, welche Weiterbildungsmotive und -barrieren für sie bedeutsam sind.

Ergebnisse aus quantitativen Erhebungen zum Thema „Weiterbildungsbarrieren" geben einen Überblick über die Häufigkeiten von Hindernissen und zeichnen so die Konturen eines Gesamtbildes. Insofern liefern sie erste Hinweise auf Ansatzpunkte für eine Erhöhung der Weiterbildungsbeteiligung. Für Informationen zur gezielten Ansprache bestimmter Gruppen in ihren spezifischen Lebenssituationen sind jedoch vertiefende qualitative Studien erforderlich, die aber keine gesicherten Informationen zu quantitativen Strukturen ermöglichen. Für empirische Untersuchungen zum Themengebiet „Weiterbildungsbarrieren und Teilnahmemotive" bietet sich somit eine Kombination qualitativer und quantitativer Methoden an.

Entsprechend werden auch in diesem Kapitel quantitative und qualitative Ergebnisse vorgestellt. Die quantitativen Befunde stützen sich vor allem auf Ergebnisse des Adult Education Surveys (AES) 2012, in dem rd.7.000 Personen im Alter von 18 - 64 Jahren mündlich befragt wurden, weil diese für das Bundesgebiet repräsentative Studie besonders vielfältige und differenzierte Informationen zu diesem Thema enthält (Kuwan & Seidel, 2013).

4.4.1 Nicht realisierte Wünsche nach einer Weiterbildungsteilnahme[13]

Bei der Analyse, inwieweit Wünsche zur Beteiligung an Bildungs- oder Weiterbildungsmaßnahmen nicht realisiert werden konnten (Kuwan & Seidel 2013), erscheint es erforderlich, zwischen Teilnehmenden und Nichtteilnehmenden an Weiterbildung zu differenzieren. In der bevölkerungsbezogenen Betrachtung lassen sich somit vier Gruppen unterscheiden:

- Die beiden größten Gruppen in der Bevölkerung sind *Teilnehmende ohne weiteren Teilnahmewunsch* sowie *Nichtteilnehmende ohne Teilnahmeabsicht* mit nahezu identischen Anteilswerten (41 % bzw. 40 %);
- Etwa jede achte 18- bis 64-jährige Person (13%) gehört zur Gruppe der Teilnehmenden, die im letzten Jahr gerne an weiteren Weiterbildungsmaßnahmen teilgenommen hätten. Noch kleiner ist mit einem Anteilswert von 5 % die Gruppe der Nichtteilnehmenden, die gerne an einer bestimmten Weiterbildungsmaßnahme teilgenommen hätten (Rest: keine Angabe).

[13] Die Frageformulierung im AES bezieht sich genau genommen auf Bildungs- und Weiterbildungsmaßnahmen. Da eine Weiterbildungsbeteiligung sehr viel häufiger vorkommt als eine Beteiligung an formaler Bildung wird im Folgenden zur sprachlichen Vereinfachung der Begriff „Weiterbildungsteilnahme“ verwendet.

Gruppenspezifische Unterschiede bei der Realisierung von Weiterbildungswünschen

Personen, die häufiger als andere eine Beteiligung an Weiterbildung gewünscht, aber nicht realisiert haben, gehören meist solchen Gruppen an, die sich überdurchschnittlich an Weiterbildung beteiligen, wie z.B. Erwerbstätige mit Hochschulabschluss, Selbständige, usw. Auch die Unterschiede mit Blick auf das Merkmal „Alter" folgen diesem Muster; entsprechend weisen die jüngste und älteste Altersgruppe, also 18- bis 24-Jährige sowie 60- bis 64-Jährige, sowohl bei den Teilnahmequoten an Weiterbildung als auch bei den nicht realisierten Weiterbildungswünschen im Vergleich zu den anderen Altersgruppen unterdurchschnittliche Werte auf.

Vor allem für eine Gruppe lassen die AES-Daten jedoch auch Abweichungen von diesem Grundmuster erkennen. Dabei handelt es sich um Arbeitslose, die als Gruppe eine unterdurchschnittliche Teilnahmequote aufweisen, aber überdurchschnittlich häufig über einen nicht realisierten Weiterbildungswunsch berichten. Die entsprechenden Anteilswerte der Arbeitslosen liegen sowohl bei Teilnehmenden als auch in der Gruppe der Nichtteilnehmenden höher als bei den Erwerbstätigen. Hier zeigt sich ein erstes Indiz für überdurchschnittliche Probleme von Arbeitslosen bei der Realisierung ihrer Weiterbildungsabsichten.

Einen Hinweis auf die Bedeutung des informellen Lernens liefert das Ergebnis, dass Nichtteilnehmende, die im letzten Jahr informell gelernt haben, weit häufiger einen Weiterbildungswunsch äußern als Personen, die dies nicht getan haben. Möglicherweise haben manche Befragte versucht, ihre nicht realisierten Lernbedürfnisse informell wahrzunehmen. Diese Befunde sprechen dafür, informelles Lernen und Weiterbildung soweit möglich integriert zu betrachten.

4.4.2 Weiterbildungsbarrieren

Der Begriff "Weiterbildungsbarrieren" wird im AES 2012 wie folgt verstanden: "*Obstacles in adult learning are influencing factors reducing the probability of adults to participate in adult learning activities*" (Kuwan & Larsson, 2008, S.58). Für die Analyse von Barrieren ist eine inhaltliche Strukturierung der vielfältigen Einzelaspekte hilfreich. Im Rahmen einer OECD-Studie für 14 Länder wurden in einer heuristischen Verdichtung sieben zentrale Dimensionen von Weiterbildungsbarrieren ermittelt (Kuwan & Larsson, 2008, S. 58f), die im AES 2012 wie folgt übersetzt wurden:

- *„(1) Allgemeine Weiterbildungseinstellungen bzw. fehlende Nutzenerwartung*
- *(2) Hemmende Lerndispositionen (z.B. Angst vor Misserfolg, fehlende Selbstwirksamkeit)*
- *(3) Lernpräferenzen (z.B. für informelles Lernen, gegen formal-organisiertes Lernen)*
- *(4) Hemmende persönliche Lebenssituation (z.B. familiäre Verpflichtungen, gesundheitliche Einschränkungen)*
- *(5) Hemmendes Lernumfeld (beruflich bzw. privat)*
- *(6) Angebotsbezogene Weiterbildungsbarrieren (z.B. zeitliche Organisation von Angeboten, Kosten, regionale Angebotsdichte, Erreichbarkeit)*
- *(7) Weiterbildungstransparenz, Beratungs- und Unterstützungsbedarf“ (Kuwan & Seidel 2013, S.212).*

Bei der Frage zu den Weiterbildungsbarrieren[14], die sich im AES 2012 erstmals an die Gesamtbevölkerung richtete, konnten die

[14] Die Frageformulierung im AES bezieht sich auf Bildungs- und Weiterbildungsmaßnahmen, meist jedoch auf Weiterbildung. Zur sprachlichen Vereinfachung wird deshalb der Begriff „Weiterbildungsbarrieren“ verwendet.

Befragten 15 inhaltliche Aspekte als zutreffend oder nicht zutreffend einstufen, wobei Mehrfachnennungen möglich waren (zur empirischen Erfassung vgl. Kuwan & Seidel, 2013, S. 212ff). Mit Abstand am häufigsten galten bei den 18- bis 64-Jährigen fehlender privater oder beruflicher Weiterbildungsbedarf (58 % bzw. 44 %) als Gründe für eine Nichtteilnahme. Auch familiäre und berufliche Verpflichtungen spielen eine wichtige Rolle und wurden jeweils von etwa jeder fünften befragten Person als zutreffende Weiterbildungsbarriere bezeichnet.

Deutlich seltener genannt wurden Barrieren wie zu hohe Weiterbildungskosten, ein persönlicher Beratungsbedarf, fehlende Unterstützung des Arbeitgebers, das Fehlen geeigneter Angebote, gesundheitliche Einschränkungen sowie Angst vor Misserfolg. In der inhaltlichen Strukturierung beziehen sich die am häufigsten genannten Weiterbildungsbarrieren somit auf die beiden Dimensionen *„Allgemeine Weiterbildungseinstellungen bzw. fehlende Nutzenerwartung"* und *„Hemmende persönliche Lebenssituation"*.

Der AES 2012 ermöglicht nicht nur altersspezifisch differenzierende Analysen zu verschiedenen Weiterbildungsbarrieren, sondern enthält darüber hinaus auch ein Einzelitem, das danach fragt, ob Alter subjektiv als eine Weiterbildungsbarriere angesehen wird. Die Antwortvorgabe *„In meinem Alter lohnt sich Weiterbildung nicht mehr"* fand im AES 2012 bei 8 % der 18- bis 64-Jährigen Zustimmung. Altersgründe nahmen damit unter den Barrieren einen hinteren Mittelplatz ein (Rangplatz 10 von 15).

Für 9 % der Befragten spielten Weiterbildungsbarrieren anscheinend keine größere Rolle. Sie sahen keine der vorgegebenen Barrieren für sich als zutreffend an und nennen auch keine andere.

Bei einer *Priorisierung von Weiterbildungsbarrieren* stehen ebenfalls fehlender Bedarf, familiäre Verpflichtungen oder berufliche Termine mit großem Abstand an erster Stelle. Fast zwei von drei Befragten sehen einen dieser Aspekte als wichtigsten Grund für eine Nichtteilnahme an Weiterbildung an. Die neun verbleibenden Barrieren liegen in der Priorisierung bei Anteilswerten von 5 % oder darunter.

Bei der Interpretation dieser Ergebnisse ist allerdings zu beachten, dass es manchen Befragten besonders schwerfallen dürfte, Angst vor Misserfolg in einem mündlichen Interview als wichtigste Barriere zu benennen. Insbesondere für bildungsferne Gruppen scheint Angst vor Misserfolg nach den Ergebnissen qualitativer Studien häufig eine zentrale Weiterbildungsbarriere darzustellen (Kuwan, 2005).

Gruppenspezifische Differenzierungen von Weiterbildungsbarrieren

Besonders deutliche gruppenspezifische Unterschiede zeigen sich bei den Merkmalen Erwerbsbeteiligung, Schulabschluss, Alter, Geschlecht, Migrationshintergrund und großstädtische vs. ländliche Regionen (Kuwan & Seidel, 2013). Exemplarisch werden im Folgenden neben dem Alter auch die Merkmale „Schulabschluss" und „Erwerbsbeteiligung" betrachtet, weil sich hier erhebliche Wechselwirkungen mit dem Merkmal „Alter" ergeben.

Mit Blick auf Weiterbildungsbarrieren stellt das Merkmal „*Schulabschluss*" eine der Schlüsselvariablen dar. Befragte mit niedrigem Schulabschluss glauben weit häufiger als schulisch höher Qualifizierte, keinen Bedarf an Weiterbildung zu haben. Erwartungsgemäß ist ihre Skepsis gegenüber einem Lernen, das dem in der Schule ähnelt, deutlich größer als bei Befragten mit hohem Schulabschluss. Ähnliches gilt für Zweifel, die Anforderungen in einer Weiterbildung zu erfüllen. Fehlende Teilnahmevoraussetzungen und den Wunsch nach einer persönlichen Beratung zu Weiterbildung nennen Befragte mit niedrigem Schulabschluss viel häufiger als diejenigen mit Abitur. Auch mangelnde Unterstützung des Arbeitgebers bezeichnen sie öfter als diejenigen mit hohem Schulabschluss als zutreffende Barriere.

Anders als bei einigen anderen Merkmalen bleiben Zusammenhänge mit dem Schulabschluss auch dann bestehen, wenn man nur die Gruppe der Erwerbstätigen betrachtet.

Bemerkenswert erscheint in diesem Kontext auch, dass auf der Ebene allgemeiner Einschätzungen die Zustimmungswerte der Befragten mit niedrigem Schulabschluss zu dem Postulat des Lebenslangen Lernens ähnlich hoch ausfallen wie bei anderen Gruppen, doch erfolgt bei dieser Gruppe ein Transfer auf die eigene Lebenssituation nicht in gleichem Maße. Noch immer scheinen manche Befragte aus dieser Gruppe der Ansicht zu sein: *„Weiterbildung ist wichtig, aber nicht für mich“* (Kuwan, 1990, S. 13). Dies bedeutet auch, dass bei Ansätzen zur Erhöhung der Weiterbildungsbeteiligung für Personen mit niedrigem Schulabschluss andere Bedingungen gelten als bei aktiven, eigeninitiierten Nachfragenden. Zur Ansprache von bildungsfernen Gruppen sind niedrigschwellige, aktivierende Konzepte und Anstöße von außen erforderlich (Schmidt, 2009).

In Abhängigkeit von der *Erwerbsbeteiligung* sind ebenfalls große Unterschiede zu erkennen. Arbeitslose äußern häufiger als Erwerbstätige Zweifel, die Anforderungen in einer Weiterbildung zu erfüllen und sind gegenüber einem Lernen, das dem in der Schule ähnelt, deutlich skeptischer. Auch fehlende persönliche Weiterbildungsberatung und die meisten angebotsbezogenen Barrieren wie z.B. zu hohe Kosten, das Fehlen geeigneter Angebote oder nicht vorliegende Teilnahmevoraussetzungen stufen sie deutlich häufiger als zutreffend ein. Interessanterweise finden sich ähnliche Befunde auch in anderen Ländern (z.B. Billet & Pavlova, 2005 für Australien). Fehlenden Bedarf nennen Arbeitslose dagegen seltener als die Erwerbstätigen.

Auch Altersgründe sehen Arbeitslose häufiger als eine auf sie zutreffende Weiterbildungsbarriere an als Erwerbstätige (15 % vs. 6 %), obwohl sich das Durchschnittsalter beider Gruppen nur um ein Jahr unterscheidet. Diese Abweichung dürfte nicht nur ein Indiz für unterschiedliche Altersbilder von Arbeitslosen und Erwerbstätigen sein, sondern ist auch dadurch beeinflusst, dass im Allgemeinen die Arbeitsmarktchancen älterer Arbeitslosen stärker beeinträchtigt sind als die älterer Erwerbstätiger (Brauer & Clemens, 2010). Insgesamt wird höheres Alter vor allem in Kombination mit anderen Faktoren wie niedriger Schulbildung, gesundheitlichen Einschränkungen, oder Arbeitslosigkeit zur Weiterbildungsbarriere.

Vor allem für die Gruppe der Arbeitslosen zeigen sich zudem auch deutliche Ost-West-Unterschiede. So sehen Arbeitslose in den neuen Ländern insbesondere ein Fehlen geeigneter Angebote sowie fehlende persönliche Beratung sehr viel häufiger als zutreffende Weiterbildungsbarrieren an als die in den alten Ländern. Bei Erwerbstätigen lassen sich dagegen nur leichte Abweichungen erkennen. Dies sind weitere Indizien für die schwierige Situation von Arbeitslosen, vor allem in den neuen Ländern.

Altersspezifische Unterschiede zeichnen sich meist besonders deutlich zwischen Befragten aus der jüngsten und der ältesten Altersgruppe ab, deren biografische Situationen sich stark unterscheiden. So nennen 55- bis 64-Jährige weit häufiger als die 18- bis 24-Jährigen einen fehlenden beruflichen oder privaten Bedarf an Weiterbildung. Kostengründe sehen dagegen 18- bis 24-Jährige etwas häufiger als Weiterbildungsbarriere an als die älteste Altersgruppe.

Ein Zusammenhang mit dem Alter in Interaktion mit dem Geschlecht zeigt sich für die Weiterbildungsbarriere „familiäre Verpflichtungen“, die den mit Abstand deutlichsten geschlechtsspezifischen Unterschied bei den Einschätzungen zu Barrieren aufweist. Vor allem die 25- bis 34-jährigen und 35- bis 44-jährigen Frauen nennen familiäre Verpflichtungen überdurchschnittlich häufig als Weiterbildungsbarriere. Anscheinend verändern sich geschlechtsspezifisch geprägte Aufgabenverteilungen bei Kindererziehung, Haushaltsarbeiten und Pflege nur langsam. Befragte in den neuen Bundesländern sehen darin seltener eine auf sie zutreffende Barriere als diejenigen in den alten Ländern.

Wie erwähnt, enthält der AES auch ein Einzelitem, das auf die empirische Erfassung von Altersgründen als eine Weiterbildungsbarriere abzielt. *„In meinem Alter lohnt sich Weiterbildung nicht mehr“* findet nicht nur in der Gruppe der 55- bis 64-Jährigen Zustimmung (24%). Auch 10 % der 45- bis 54-Jährigen und 3 % der 35- bis 44-Jährigen teilen diese Einschätzung; in der jüngsten Altersgruppe spielt sie dagegen erwartungsgemäß keine Rolle.

Weiterhin fällt auf, dass Befragte mit niedrigem Schulabschluss Altersgründe wesentlich öfter als eine auf sie zutreffende Weiterbildungsbarriere ansehen als diejenigen mit Abitur (15% vs. 2%). Das um fünf Jahre höhere Durchschnittsalter der Befragten mit niedriger Schulbildung kann diese Abweichung nur teilweise erklären. Noch bedeutsamer dürften Unterschiede im Altersbild zwischen Befragten mit niedriger und hoher Schulbildung sein (Tippelt et al., 2009c; Schmidt-Hertha & Mühlbauer, 2012).

Darüber hinaus gibt es einige nur auf den ersten Blick altersspezifische Abweichungen, die in der Gesamtbevölkerung relativ deutlich ausgeprägt zu sein scheinen, aber einer differenzierenden Betrachtung nicht standhalten und die hier nicht im Einzelnen vorgestellt werden. Hierzu gehören insbesondere Unterschiede, die sich einebnen, wenn man den Effekt der altersspezifisch variierenden Erwerbsquoten berücksichtigt und nur noch die Gruppe der Erwerbstätigen betrachtet. Dies betrifft z.B. die Barrieren „fehlende Unterstützung des Arbeitgebers" und „berufliche Termine". Allerdings scheinen hier auch branchenspezifische Unterschiede wirksam zu werden. Zumindest identifiziert eine Befragung in der Elektro- und Elektronikindustrie die fehlende Unterstützung durch Arbeitgeber als eine zentrale Weiterbildungsbarriere älterer Arbeitnehmer/innen (Hönig & Stummer, 2011).

Der AES 2012 ermöglicht erstmals auch eine vergleichende Betrachtung von *Weiterbildungsbarrieren aus der Sicht von Teilnehmenden und Nichtteilnehmenden.* [15] Nichtteilnehmende stimmen allen genannten Barrieren häufiger zu als Teilnehmende. Deutlich häufiger als die Teilnehmenden nennen sie vor allem folgende Barrieren: Angst vor Misserfolg, eine Ablehnung schulischen Lernens, fehlende persönliche Beratung, familiäre Verpflichtungen, fehlende Unterstützung des Arbeitgebers, Kostenaspekte, gesundheitliche Einschränkungen sowie Altersgründe. Ihr Alter sehen fast nur Nichtteilnehmende als Weiterbildungsbarriere an (17% vs. 1%).

Die differenzierende Betrachtung von Teilnehmenden und Nichtteilnehmenden verdeutlicht auch, dass die vergleichsweise niedrigen Anteilswerte angebotsbezogener Barrieren in der bevölkerungsbezogenen Betrachtung letztlich daraus resultieren, dass

[15] Als Teilnehmende gelten dabei entsprechend der europäischen Vorgaben alle Befragten, die sich in den letzten 12 Monaten an FED- oder Weiterbildungsaktivitäten beteiligt haben.

viele Befragten keine Teilnahme beabsichtigen und deshalb angebotsbezogene Barrieren für sie weitgehend irrelevant sind. Dagegen nennen *Nichtteilnehmende mit Weiterbildungsabsicht* überdurchschnittlich oft angebotsbezogene Barrieren, insbesondere zu hohe Weiterbildungskosten. Diese sonst eher im Mittelfeld rangierende Barriere ist in dieser Gruppe die am häufigsten genannte (48% vs. 14% in der Gesamtbevölkerung). Angebotsbezogene Barrieren, insbesondere zu hohe Kosten oder das Fehlen geeigneter Angebote, sind also vor allem für Nichtteilnehmende mit Teilnahmeabsicht sehr bedeutsam.

Im Unterschied dazu geben *Nichtteilnehmende ohne Teilnahmeabsicht* am häufigsten fehlenden Weiterbildungsbedarf als Grund für die Nichtteilnahme an. Dieses Ergebnis korrespondiert mit dem Befund einer im Auftrag der Expertenkommission Lebenslanges Lernen durchgeführten Befragung zur Nichtteilnahme an Weiterbildung, in der vor allem die Einschätzung, für die berufliche Tätigkeit sei keine Weiterbildung erforderlich, als Begründung der Nichtteilnahme diente (Schröder, Schiel & Aust, 2004).

Insgesamt lassen sich somit deutliche gruppenspezifische Unterschiede der Einschätzungen von Weiterbildungsbarrieren erkennen, wobei zwischen verschiedenen Faktoren erhebliche Wechselwirkungen bestehen können. Auch der Einfluss des Merkmals „Alter“ ist stark durch die Kombination mit anderen Merkmalen beeinflusst. Höheres Alter wird insbesondere in Verbindung mit fehlender Erwerbstätigkeit, gesundheitlichen Einschränkungen oder einer niedrigen schulischen Qualifikation zur Weiterbildungsbarriere.

Vor diesem Hintergrund erscheint es erforderlich, bei der Suche nach Ansätzen zur Erhöhung der Weiterbildungsbeteiligung auch die Arbeitsmarktpolitik mit zu berücksichtigen, die hier z. B. durch eine Erhöhung oder Verringerung der Erwerbsbeteiligung von Älteren Einfluss ausüben kann. Ansätze, die einer frühzeitigen Ausgliederung älterer Arbeitnehmer/innen aus dem Erwerbsleben entgegenwirken, begünstigen mittelbar auch deren berufsbezogene Weiterbildungsbeteiligung (Husemann, 2002; Buck, Kistler & Mendius, 2002).

Im Rahmen der Erwerbstätigkeit können kombinierte Arbeits- und Lernprozesse die Chancen erhöhen, formal niedrig qualifizierte Erwerbstätige zu erreichen, da diese häufig über informell erworbene berufliche Kompetenzen verfügen. Erfolgsversprechende Ansätze (Kuwan, 2012) sind hier z. B. Kompetenzdokumentationen oder die abschlussorientierte Anerkennung von Kompetenzen, etwa im Rahmen einer arbeitsintegrierten, modularen beruflichen Nachqualifizierung, die u.a. auch ein wesentlicher Bestandteil des Programms „Perspektive Berufsabschluss“[16] ist.

4.4.3 Weiterbildungsmotive

Im AES 2012 richtete sich die Frage nach den Teilnahmemotiven ausschließlich an Teilnehmende an Weiterbildung. Bezugseinheit der Analysen sind nicht Personen, sondern besuchte Veranstaltungen (Teilnahmefälle), da eine Person in einem Jahr an mehreren Weiterbildungsveranstaltungen aus unterschiedlichen Motiven teilnehmen kann. Bei der Nennung von Teilnahmemotiven waren Mehrfachnennungen möglich.

Als Motiv für eine Weiterbildungsteilnahme wurde bei 60% der besuchten Veranstaltungen die Antwortvorgabe „um meine berufliche Tätigkeit besser ausüben zu können“ genannt. Mit etwas Abstand folgten thematisches Interesse und der Erwerb von Alltagskompetenzen (44% bzw. 43%).

---

16 http://www.perspektive-berufsabschluss.de

Die Zustimmungswerte zu den übrigen Antwortvorgaben lagen niedriger. Verbesserte berufliche Chancen als Teilnahmemotiv nannten die Befragten bei fast jeder dritten besuchten Veranstaltung und bei immerhin etwa jeder vierten eine Teilnahmeverpflichtung, also letztlich eine Reaktion auf gesetzliche Vorgaben oder Anweisungen von Dritten. Die Sicherung des Arbeitsplatzes wurde bei etwa jeder fünften besuchten Veranstaltung als zutreffendes Motiv eingestuft.

Drei weitere Teilnahmemotive folgten mit Anteilswerten zwischen 12% und 16%: ein Zertifikat bzw. einen Prüfungsabschluss erwerben, die Aussichten auf einen Arbeitsplatz verbessern sowie Leute kennen lernen und Spaß haben. Das Schlusslicht bildeten die Motive, eine ehrenamtliche Tätigkeit besser ausführen zu können oder sich selbständig zu machen.

Das auf den ersten Blick möglicherweise etwas irritierende „Motiv" einer (subjektiv empfundenen) Teilnahmeverpflichtung war bereits in früheren Untersuchungen zu erkennen. So fand im Rahmen der Studie „Kosten und Nutzen beruflicher Weiterbildung" des Bundesinstituts für Berufsbildung die Aussage „An Weiterbildung nehme ich nur teil, wenn ich dazu gezwungen bin" die Zustimmung von 19% der Nichtteilnehmenden und immerhin 8% der Teilnehmenden an Weiterbildung (Beicht, Schiel & Timmermann, 2004). Dies unterstreicht nochmals, dass eine Teilnahme an Weiterbildung nicht nur dem Modell einer freiwilligen Teilnahme aus eigenem Interesse folgt, sondern auch als Reaktion auf äußeren Druck stattfindet.

Gruppenspezifische Unterschiede

Teilnahmemotive können zwischen verschiedenen Personengruppen, aber auch zwischen Weiterbildungssegmenten variieren. Die folgenden Ausführungen beziehen sich auf Unterschiede zwischen Personengruppen.

Befragte mit niedriger Schulbildung äußerten im AES 2012 vor allem das Motiv der Arbeitsplatzsicherung sowie eine Teilnahmeverpflichtung häufiger als Befragte mit Abitur. Bei Befragten mit niedrigem Schulabschluss stand eine subjektiv empfundene Teilnahmeverpflichtung damit auf Rangplatz 3 der Teilnahmemotive.

Arbeitslose nannten erwartungsgemäß sehr viel häufiger als Erwerbstätige die verbesserten Aussichten auf einen Arbeitsplatz und bessere berufliche Chancen als Teilnahmemotive. Darüber hinaus gaben sie auch häufiger eine Teilnahmeverpflichtung an.

Altersspezifische Unterschiede der Motivlagen zeigten sich wiederum am deutlichsten zwischen der jüngsten und der ältesten Altersgruppe. 18- bis 24-Jährige nannten die folgenden Teilnahmemotive wesentlich häufiger als 55- bis 64-Jährige: verbesserte berufliche Chancen, verbesserte Aussichten auf einen Arbeitsplatz, Erwerb eines Zertifikats bzw. eines Prüfungsabschlusses sowie der Wunsch sich selbständig zu machen.

55- bis 64-Jährige gaben auf den ersten Blick häufiger als die jüngere Gruppe als Teilnahmemotiv an, die berufliche Tätigkeit besser ausüben zu können. Dieser Effekt kehrte sich jedoch um, wenn man nur Erwerbstätige der jüngeren und älteren Altersgruppe vergleicht. Die anderen zuvor genannten altersspezifischen Grundtendenzen blieben dagegen auch innerhalb der Gruppe der Erwerbstätigen bestehen.

4.4.4 Weiterbildungswünsche und deren Realisierung im europäischen Vergleich

Im AES 2011 / 2012 wurde erstmals europaweit erhoben, ob Wünsche zur Beteiligung an Bildungs- oder Weiterbildungsmaßnahmen nicht realisiert werden konnten. Dabei unterscheiden sich die Fragen an Teilnehmende und Nichtteilnehmende in der Formulierung und in ihrem Verbindlichkeitsgrad (Kuwan & Seidel, 2013, S. 210). Ein Trendvergleich mit früheren AES-Ergebnissen ist nicht möglich, da sich sowohl die Frageformulierung als auch die Grundgesamtheit gegenüber der letzten Erhebung geändert hat.

Die Ergebnisse des AES 2011/2012 für Deutschland sind für die Gruppe der 18- bis 64-Jährigen an anderer Stelle dargestellt (Kuwan & Seidel, 2013, S. 210ff). Einen europäischen Vergleich, wenn auch in begrenztem Umfang, ermöglicht erstmals eine neuere Cedefop-Studie. Im europäischen Vergleich wird dabei die Altersgruppe der 25- bis 64-Jährigen betrachtet.

Insgesamt lassen sich in der Bevölkerung mit Blick auf eine gewünschte Weiterbildungsteilnahme vier Gruppen unterscheiden (Cedefop, 2015, S. 113ff):

- Die europaweit quantitativ bedeutsamsten Gruppen bilden die *Nichtteilnehmenden ohne Teilnahmeabsicht*. Fast jeder zweite Befragte in Europa gehört zu dieser Gruppe (48%).
- Etwas mehr als jede/r Vierte (27%) gehört zur Gruppe der *Teilnehmenden ohne weiteren Teilnahmewunsch.*
- Quantitativ deutlich schwächer besetzt sind die beiden verbleibenden Gruppen, also die Teilnehmenden, die gerne an weiteren Weiterbildungsmaßnahmen teilgenommen hätten sowie die Nichtteilnehmenden mit einem Teilnahmewunsch.

Die europaweiten Anteilswerte dieser beiden Gruppen sind mit 13% bzw. 12% nahezu identisch.

Die Anteilswerte dieser Teilgruppen variieren zwischen verschiedenen europäischen Ländern erheblich. Nicht berücksichtigt werden von uns in der folgenden Darstellung diejenigen Länder, deren Ergebnisse aus methodischen Gründen nicht vergleichbar erscheinen[17] sowie die bildungspolitisch vergleichsweise weniger problematische Gruppe der *Teilnehmenden ohne weiteren Teilnahmewunsch.*

Teilnehmende mit Teilnahmewunsch finden sich nach den Ergebnissen der Cedefop-Studie besonders häufig in Luxemburg, Dänemark, Norwegen, Zypern, Schweden und der Slowakei. Die entsprechenden Anteilswerte liegen zwischen 27% (Slowakei) und 43% (Luxemburg) und damit zwischen zwei- und dreimal so hoch wie im europäischen Durchschnitt, während der Wert für Deutschland diesem in etwa entspricht. Insgesamt finden sich die höchsten Anteilswerte dieser Gruppe somit vor allem in Ländern, deren Lernbeteiligung über dem europäischen Durchschnitt liegt.

Bildungspolitisch noch bedeutsamer erscheinen die *Nichtteilnehmenden mit Teilnahmewunsch.* Besonders deutlich über dem europäischen Durchschnitt liegt der Anteil dieser Gruppe in Zypern (25%) und Italien (18%). Zu den Ländern mit vergleichsweise niedrigen Anteilen (5% - 8%) gehören neben Schweden, Norwegen, Bulgarien und Portugal auch Österreich und Deutschland (6%); damit finden sich hier sowohl Länder mit hoher als auch mit niedriger Gesamtbeteiligung.

---

[17] Hier gehören Irland und Belgien, deren Ergebnisse bei diesem Themenfeld in der Cedefop-Studie als nicht vergleichbar bezeichnet werden (Cedefop, 2015, S. 115) sowie die Länder Griechenland, Ungarn und Tschechien, in denen der Anteil der Proxy-Interviews im AES bei 30% oder mehr liegt.

Die aus bildungspolitischer Sicht wohl schwierigste Gruppe bilden die *Nichtteilnehmenden ohne Teilnahmeabsicht*, weil hier Ansatzpunkte zur Erhöhung der Lernbeteiligung besonders schwer zu finden sind. Forschungsergebnisse sprechen dafür, dass insbesondere für bildungsferne Erwerbstätige, die überdurchschnittlich häufig dieser Gruppe angehören, Anstöße von außen in der Arbeitsumgebung besonders wichtig sind (Kuwan, 2006). In einigen osteuropäischen Ländern wie Bulgarien, Polen und Litauen erreichen die Nichtteilnehmenden ohne Teilnahmeabsicht bevölkerungsbezogen einen Anteil von rund zwei Dritteln (zwischen 63% und 68%). Am anderen Ende der europäischen Skala stehen die Länder, in denen der Anteil dieser Gruppe bei etwa einem Drittel oder weniger liegt. Hierzu gehören neben den vier skandinavischen Ländern auch Estland, Zypern, die Niederlande und die Schweiz sowie Luxemburg, das hier mit 15% europaweit mit einigem Abstand den niedrigsten Wert erreicht. Deutschland liegt mit einem Anteil von 44% etwas unter dem europäischen Durchschnitt.

Analysen im Rahmen des deutschen AES haben gezeigt, dass nicht realisierte Weiterbildungswünsche stark mit Faktoren wie Bildung, Erwerbstätigkeit und teilweise auch Alter zusammenhängen (Kuwan & Seidel, 2013, S. 211f). Besonders häufig hatten in Deutschland Arbeitslose Wünsche nach Weiterbildung geäußert, die nicht realisiert werden konnten. Solche gruppenspezifischen Differenzierungen wären auch im europäischen Vergleich von Interesse und könnten möglicherweise zu einem besseren Verständnis der o.g. Länderunterschiede beitragen. Entsprechende Ergebnisse für Europa liegen bislang jedoch nicht vor.

4.4.5 Weiterbildungsbarrieren im europäischen Vergleich

Zu diesem Thema liegen im europäischen Vergleich nur begrenzte Informationen vor. Einige Befunde enthält wieder die erwähnte neuere Cedefop-Studie, auf die sich die folgenden Ausführungen hauptsächlich stützen (Cedefop, 2015, S. 113ff). Den Ergebnissen dieser Studie zufolge beziehen sich die beiden europaweit am häufigsten genannten Weiterbildungsbarrieren auf fehlende Zeit infolge familiärer Verpflichtungen oder beruflicher Termine. Jeweils etwa jede/r fünfte 25- bis 64-Jährige in Europa (21% bzw. 18%) stuft diese Barrieren als für sich zutreffend ein (Mehrfachnennungen möglich). An dritter Stelle folgen in der europaweiten Betrachtung Kostengründe, die etwa jede/r Achte nennt (13%).

Mit Anteilswerten von um die 8% liegen einige andere Barrieren europaweit im Mittelfeld. Dazu gehören die Ansicht, eine Weiterbildungsberatung zu benötigen, fehlende Unterstützung des Arbeitgebers sowie Altersgründe oder gesundheitliche Einschränkungen, die europaweit in einer gemeinsamen Kategorie abgebildet wurden und deshalb nicht als Einzelaspekte unterscheidbar sind[18]. Noch seltener finden andere Aspekte Zustimmung, wie eine zu große Entfernung zum Weiterbildungsanbieter (6%), fehlende Teilnahmevoraussetzungen (4%) oder fehlender Zugang zu Computer oder Internet zum Fernlernen (2%).

Die Cedefop-Studie ermöglicht auch einen ersten ***Ländervergleich*** für ausgewählte Weiterbildungsbarrieren (Cedefop, 2015, S. 117ff). Ausgewiesen sind dort Ergebnisse für die europaweit am häufigsten genannten Weiterbildungsbarrieren (s. oben) sowie für die Kategorie „health or age". Vergleicht man zunächst die

---

[18] Da die europäisch vorgegebene Kategorie „Your Health or Age" zwei inhaltliche Dimensionen enthält, wurden im deutschen AES seit 2010 hierzu zwei getrennte Antwortvorgaben gebildet (Kuwan & Seidel, 2013, S. 214).

Anteilswerte in ***Deutschland*** **und** ***Europa***, so entspricht lediglich der deutsche Anteilswert der Kostenaspekte in etwa dem europäischen Durchschnitt. Die anderen drei Barrieren nennen Befragte in Deutschland häufiger (vgl. Tabelle 2). Die mit vier Prozentpunkten vergleichsweise besonders deutliche Differenz bei dem Item „health or age" sollte dabei allerdings nicht überinterpretiert werden. Hier ist zu vermuten, dass die unterschiedlich exakte methodische Umsetzung im deutschen und europäischen AES die Ergebnisse beeinflusst hat, auch wenn die Formulierung in beiden Varianten inhaltlich das gleiche erfasst.[19]

Im europäischen Ländervergleich insgesamt ist vor allem eine Überprüfung zweier möglicher Zusammenhänge von Interesse:

- Liegen in Ländern mit hohen Teilnahmequoten die Anteilswerte der genannten Weiterbildungsbarrieren niedriger?
- Nennen Befragte aus skandinavischen Ländern, in denen besonders große Anstrengungen zur Förderung der Weiterbildungsteilnahme unternommen werden, seltener Weiterbildungsbarrieren?

---

[19] Erfahrungen in verschiedenen empirischen Kontexten belegen, dass sich bereits geringe Modifikationen von Fragen- oder Antwortkategorien auf die ermittelten Ergebnisse auswirken können. Zudem spricht „Tacit knowledge" der Verfasser aus zahlreichen empirischen Studien dafür, dass eine trennscharfe Erfassung inhaltlicher Aspekte in mehreren Einzelkategorien zu höheren Anteilswerten führen kann als eine unpräzisere Sammelkategorie, die auf die gleichen Inhalte abzielt.

Tabelle 2: Ausgewählte Weiterbildungsbarrieren bei 25- bis 64-Jährigen in Europa und Deutschland im AES 2011/2012

Weiterbildungsbarrieren *(Die Vorgaben wurden nach der Häufigkeit der Barrieren in der europäischen Gesamtbevölkerung geordnet).*	Anteilswerte in %	
	Europäischer Durchschnitt	Deutschland
No time because of family responsibilites. *Meine familiären Verpflichtungen haben mir für Weiterbildung keine Zeit gelassen.*	21	23
Training conflicted with the work schedule. *Meine beruflichen Termine haben mir für Weiterbildung keine Zeit gelassen.*	18	21
Training was too expensive. *Ich hätte gerne etwas gemacht, aber es war mir zu teuer.*	13	13
Health or age *Im deutschen AES zwei Kategorien:* *- In meinem Alter lohnt sich Weiterbildung nicht mehr.* *- Meine Gesundheit erlaubt mir solche Aktivitäten nicht.*	9	13

Quelle: Cedefop, 2015, S. 116; eigene Darstellung

Da sich im europäischen Vergleich für die vier o.g. Weiterbildungsbarrieren teilweise sehr unterschiedliche Muster erkennen lassen, betrachten wir im Folgenden die einzelnen Aspekte getrennt. *Familiäre Verpflichtungen* als Weiterbildungsbarrieren werden in Dänemark und Norwegen um einiges seltener genannt als im europäischen Durchschnitt (Differenz: neun bzw. sieben Prozentpunkte), aber die Werte von Schweden sind nur leicht unterdurchschnittlich, und die Finnlands liegen etwas höher. Deutlicher ausgeprägt ist hier ein anderes Muster: Bei den Ländern mit den höchsten Anteilswerten handelt es sich jeweils um Mittelmeerländer. Befragte in Zypern, Italien und Spanien nennen diese

Weiterbildungsbarriere besonders häufig; die Differenz zum europäischen Durchschnitt beträgt 15 Prozentpunkte für Zypern und jeweils 10 Prozentpunkte für Italien und Spanien. Abweichungen nach unten zeigen sich vor allem für Portugal, die Slowakei, Bulgarien und Frankreich, in denen weniger als ein Drittel des europäischen Durchschnittswertes erreicht wird. Anders als bei den Abweichungen nach oben lässt sich an dieser Stelle kein gemeinsames Merkmal erkennen.

Berufliche Termine nennen die 25- bis 64-Jährigen in Finnland mit 31% deutlich häufiger als dies im europäischen Durchschnitt der Fall ist (Differenz: 13 Prozentpunkte). Die Anteilswerte der anderen skandinavischen Länder sind in etwa durchschnittlich. Besonders selten stufen die Befragten in Portugal mit 2% diese Barriere als zutreffend ein. Starke Ausreißer im europäischen Vergleich wie dieser Wert sind erfahrungsgemäß häufig auf Besonderheiten in der jeweiligen nationalen Erhebung zurückzuführen, so dass dieser Anteilswert u.E. unter Vorbehalt zu sehen ist. Tendenziell wird diese Barriere in Ländern mit unterdurchschnittlicher Weiterbildungsteilnahme seltener genannt als im europäischen Durchschnitt, doch gibt es auch einzelne Ausnahmen.

Kostengründe gelten im europäischen Vergleich besonders oft in Italien, Estland, Lettland und den Niederlanden als Barriere. Die entsprechenden Anteilswerte liegen in diesen Ländern jeweils zwischen sechs und neun Prozentpunkten über dem europäischen Durchschnitt. Drei von vier skandinavische Länder (Ausnahme: Dänemark) weisen hier mit Differenzen von drei bzw. vier Prozentpunkten etwas unterdurchschnittliche Werte auf, wobei diese Abweichungen nach unten bei weitem nicht die Größenordnung von Ländern wie der Slowakei, Belgien (jeweils neun Prozentpunkte) Portugal oder Spanien (acht bzw. sieben Prozentpunkte) erreichen.

Mit Blick auf *Alters- und Gesundheitsgründe* als Weiterbildungsbarrieren ergibt sich für die skandinavischen Länder ein uneinheitliches Bild. Finnland liegt hier deutlich über dem europäischen Durchschnitt, der Wert Schwedens ist etwa durchschnittlich und der in Dänemark und Norwegen leicht unterdurchschnittlich. Auch hier sind die Unterschiede bei manchen anderen Ländern wesentlich größer. Dies gilt sowohl für die Abweichungen nach oben, wo Spanien oder die Niederlande fast doppelt so hohe Werte aufweisen wie der europäische Durchschnitt, als auch für die nach unten, wo die Werte von Bulgarien, Irland, Portugal und Lettland weniger als halb so hoch sind wie der europäische Durchschnitt.

Auch zu ***gruppenspezifischen Differenzierungen*** finden sich in der Cedefop-Studie einige Anhaltspunkte, wobei die Analysen allerdings, verglichen mit denen im deutschen AES, stark eingeschränkt sind. So werden für Ältere („older adults") und Niedrigqualifizierte („low qualified adults") die europaweiten Anteilswerte der Weiterbildungsbarrieren nur grafisch dargestellt. Eine genaue Abgrenzung der Gruppe „older adults" findet sich dort nicht, ebenso fehlen genaue Prozentangaben zu den Weiterbildungsbarrieren. Von daher sind diese Befunde eher im Sinne einer ersten Annäherung zu verstehen, die zwar keine prozentgenauen Aussagen, aber eine Wiedergabe von Größenordnungen und Tendenzen ermöglicht.

Ältere stufen die meisten Weiterbildungsbarrieren seltener als für sich zutreffend ein als der Durchschnitt aller Befragten in Europa (Cedefop, 2015, S. 116). Nur bei zwei Barrieren stellt sich dies anders dar. Der größte Unterschied zeigt sich erwartungsgemäß bei Altersgründen oder gesundheitlichen Einschränkungen („health or age"), die Ältere etwa doppelt so oft wie der Durchschnitt aller Befragten nennen. Auch einen fehlenden Zugang zu

Internet oder Computer mit Blick auf Fernlernen stufen Ältere etwas öfter als Barriere ein, doch ist diese Abweichung eher graduell.

Diesen Ergebnissen zufolge, nennen Ältere auch eine fehlende Unterstützung des Arbeitgebers seltener als die Gesamtheit der Befragten. Bei der Interpretation ist jedoch zu berücksichtigen, dass die Erwerbsquoten der Älteren unterdurchschnittlich sind. Deshalb lässt dieses Ergebnis noch keine Rückschlüsse auf die Qualifizierungsstrategien der Betriebe zu. Hierzu wäre es erforderlich, die Gruppe der Erwerbstätigen gesondert zu betrachten. Entsprechende Differenzierungen werden im Cedefop-Bericht allerdings nicht vorgenommen.

Formal Niedrigqualifizierte, definiert als Befragte mit einem ISCED-Wert von 0 – 2 (Cedefop, 2015, S.117), stufen mit einem Anteilswert von 7% vor allem fehlende Teilnahmevoraussetzungen öfter als andere Gruppen als Weiterbildungsbarriere ein. Dieser Wert liegt etwa doppelt so hoch wie bei den Befragten mit mittlerer Qualifikation (ISCED 3 oder 4) und fast dreimal so hoch wie bei den höher Qualifizierten (ISCED 5 oder 6). Für diese Gruppe liegt der Anteil derer, die fehlende Teilnahmevoraussetzungen als eine für die zutreffende Barriere ansehen, vor allem in drei europäischen Ländern besonders hoch: Rumänien (27%), Litauen (17%) und Deutschland (16%) (Cedefop, 2015, S. 117).

4.5 Bildungsinteressen und Weiterbildungsbarrieren aus Expertensicht

Die Expertengespräche ermöglichen eine Spiegelung der quantitativen Ergebnisse aus Expertensicht, darüber hinaus aber auch inhaltliche Vertiefungen in einer stärker umsetzungsorientierten Perspektive. Die folgende Darstellung greift aus der Vielfalt der in den Gesprächen mit den Experten/innen in Deutschland angesprochenen inhaltlichen Aspekte vor allem diejenigen heraus, die Ansatzpunkte für einen Abbau von Weiterbildungsbarrieren und zur Erhöhung der Teilnahmemotivation bei älteren Erwerbspersonen liefern. Die Strukturierung folgt dabei den in Kapitel 4.4.2 vorgestellten inhaltlichen Dimensionen und berücksichtigt dabei auch die Teilnahmemotive.

Die befragten Experten/innen sind mehrheitlich der Ansicht, dass bei den meisten von Älteren genannten Weiterbildungsbarrieren nicht primär das Alter, sondern andere Faktoren im Vordergrund stehen, die mit dem Alter korrelieren. Bedeutsamer als das Alter wird vor allem die Zeit eingeschätzt, wie lange jemand nicht mehr in Bildungsprozessen oder Lernaktivitäten aktiv war. Je länger diese Zeiten der Lernentwöhnung waren, umso höher wird die Barriere vor neuen Lernprozessen, vor allem vor langfristigen Bildungsblöcken.

Allgemeine Weiterbildungseinstellungen bzw. fehlende Nutzenerwartung

Wie die AES-Ergebnisse gezeigt haben, wird als Grund für eine Nichtteilnahme an Weiterbildung mit Abstand am häufigsten fehlender Weiterbildungsbedarf genannt. Inwieweit ältere Erwerbspersonen für sich einen Bedarf an beruflicher Weiterbildung sehen, hängt entscheidend von zwei Faktoren ab:

1. dem betrieblichen Lernumfeld (vgl. weiter unten);
2. der subjektiv wahrgenommenen beruflichen Perspektive.

Die befragten Experten/innen stimmen überein, dass sich die subjektiv wahrgenommenen beruflichen Perspektiven jüngerer und älterer Erwerbspersonen entsprechend ihrer berufsbiografischen Ausgangssituation deutlich unterscheiden. Jüngere haben im

Durchschnitt noch wesentlich mehr Berufszeit vor sich und denken deshalb oft langfristiger als Ältere. Dadurch sind Jüngere stärker an Aufstiegsweiterbildung interessiert als Ältere, und ihre regionale Mobilität ist größer. Sie sind meist auch eher als Ältere dazu bereit, Neues auszuprobieren.

Im Unterschied dazu ist ein konkreter, unmittelbarer Nutzen für die eigene berufliche Tätigkeit für Ältere wichtiger als für Jüngere. Ältere Erwerbstätige möchten genau wissen, welchen Nutzen ihnen eine Teilnahme an Weiterbildung mit Blick auf die verbleibenden Berufsjahre bringt. Ein vorrangiges Ziel für sie ist es, arbeitsfähig zu bleiben. Entsprechend interessieren sie sich vor allem für Anpassungsweiterbildung zum Erhalt ihrer Qualifikation.

Eine klare berufliche Perspektive spielt deshalb für ältere Erwerbspersonen bei der Entscheidung über eine Weiterbildungsteilnahme meist eine wichtigere Rolle als das Alter. Wer das Gefühl hat, schon auf dem Abstellgleis zu sein, hat meist auch keine Motivation mehr zu Weiterbildung (ExpAV1)[20]. Um eine Weiterbildungsteilnahme von älteren Erwerbstätigen zu fördern, ist es deshalb besonders wichtig, dass Unternehmen den Älteren signalisieren, gebraucht zu werden, die berufliche Perspektive mit ihnen besprechen und ihnen das Gefühl geben, dass der Betrieb mit ihnen plant (ExpPF2, ExpUB2).

Hemmende Lerndispositionen (z.B. Angst vor Misserfolg, fehlende Selbstwirksamkeit)

Angst vor Misserfolg ist nach Ansicht einiger Experten/innen eine zentrale und häufig unterschätzte Weiterbildungsbarriere, insbesondere bei bildungsfernen Personen. Dies gilt vor allem für

[20] Im Folgenden sind in Klammern exemplarisch Expert/innenen benannt, die die jeweiligen Thesen besonders deutlich vertreten haben.

bildungsferne ältere Erwerbspersonen mit längerer Lernabstinenz (ExpSoz, ExpAV1, ExpUB2).

Vor diesem Hintergrund ist es besonders hilfreich, wenn im Betrieb erfolgreiche Qualifizierungsansätze für Personen aus dieser Gruppe existieren (ExpPF1, ExpAV1). Solche Beispiele können auf das unmittelbare Umfeld der Erwerbstätigen ausstrahlen, die sich erfolgreich weiter qualifiziert haben, und dort Ängste abbauen:

> „Ich muss die ersten zwei, drei 48-Jährigen in einer Teilqualifizierung haben und die müssen im Unternehmen gut darüber berichten. Da muss ich als Mitarbeiter denke(n): Hoppla, der hat das, das müsste ich vielleicht auch (können). Dieses Best-Practice im Unternehmen ist aus meiner Sicht durch nichts zu ersetzen, dann entsteht eine Nachfrage. Das kann ich akademisch noch zehnmal erzählen. Ich muss es am Beispiel im Unternehmen vorexerzieren. Die müssen aus der eigenen Gruppe, im eigenen Unternehmen Beispiele sehen, dass es klappt, dass man plötzlich als Facharbeiter tatsächlich Fuß fasst, obwohl man zehn Jahre als An- und Ungelernter tätig war" (ExpAV1).

Eine Expertin weist darauf hin, dass auch die Angst, bei einer Weiterbildungsteilnahme im Leistungsvergleich mit Jüngeren nicht zu bestehen, gerade für ältere Führungskräfte und gut bezahlte Fachkräfte eine Weiterbildungsbarriere sein kann (ExpUB2). Ähnlich wie für die Angst vor Misserfolg bei bildungsfernen Gruppen gilt auch hier, dass diese Bedenken nicht unmittelbar kommuniziert werden:

> „Niemand wird hingehen und sagen: Ich verdiene dreimal so viel wie mein Kollege hier, aber ich habe total Angst, dass öffentlich wird, dass ich nicht mehr so leistungsfähig bin wie er, weil ich mit ihm zusammen eine Maßnahme besuche. Also auch darauf werde ich Rücksicht nehmen müssen" (ExpUB2).

Nach Ansicht der Expertin kann diesen Ängsten durch eine entsprechende Gestaltung von Weiterbildungsangeboten begegnet werden, die dann allerdings auch klar kommuniziert werden muss.

> „Wir haben die Aufgaben so gestrickt, dass…die Teilnehmer das Gefühl hatten: ‚Ich profitiere auch von dem, was der andere jetzt mit einbringt!‘ und nicht das Gefühl hatten: ‚Jetzt schleppen wir den noch mit!‘. Weil das ist das schlimmste Gefühl, vor allen Dingen für denjenigen, der sich schwächer fühlt. Ich denke, dass es Aufgabe von Veranstaltungen, die das Lernen von Älteren unterstützen (ist), Zugangswege zu finden, wo ich Wertschätzung nicht nur auf das Papier schreibe, sondern auch erfahrbar mache“ (ExpUB2).

Die Lernpräferenzen Älterer folgen keinem generalisierbaren Muster. Im Grunde genommen lautet nicht nur in der schulischen Pädagogik, sondern auch bei der Weiterbildung Älterer das Schlüsselwort „Individualisierung“. Dabei geht es darum, Stärken von Einzelnen zu fördern und Schwächen abzubauen. Dieser Ansatz ist durchgängig im Bildungssystem von großer Bedeutung und gerade auch für das Lernen Älterer.

Berufliches oder privates Lernumfeld

Die Ausführungen der Experten beziehen sich im Wesentlichen auf das betriebliche Lernumfeld, dem sie übereinstimmend eine herausragende Bedeutung für die Weiterbildung älterer Erwerbstätiger attestieren. Besonders wichtig ist dabei einer lernförderlichen Arbeitsgestaltung (Lange et al., 2010).

> „Die kognitiv anregenden Arbeitsumgebungen sind überhaupt nicht hoch genug einzuschätzen. Vor allen Dingen für (den) Erhalt der Qualifikation. Man darf die Frage ja nicht nur so stellen, dass man sagt, (was muss man tun) damit die Älteren noch besser qualifiziert werden. Man muss ja die Frage genauso stellen:

Was tun Unternehmen, um die Qualifikation ihrer älteren Mitarbeiter zu erhalten? Da kommen Sie auf die Frage der Aufstiegswege oder der Besetzungsform für attraktive Stellen. Haben Ältere genau die gleichen Chancen noch einen attraktiven Job zu kriegen, der sie auch fordert? Die Anreize, die in der Arbeitsbeziehung bzw. in der Betriebssituation selbst liegen, die muss man stärken“ (ExpSoz).

Nach Einschätzung einiger Experten/innen hat sich das Altersbild in Betrieben erheblich gewandelt. Ein Experte weist darauf hin, dass früher schon Personen ab 40 Jahren zu den Älteren gerechnet wurden; diese Grenze habe sich mindestens um zehn Jahre nach hinten verschoben, und die Vorstellung, mit 55 Jahren in Ruhestand gehen zu können, sei sowohl bei Betrieben als auch bei Erwerbstätigen nur noch selten anzutreffen (ExpAV1).

Auch engagierte Interessensvertretungen der Arbeitnehmer/innen können das betriebliche Lernumfeld beeinflussen (ExpSoz). Ein hoher gewerkschaftlicher Organisationsgrad im Betrieb oder aktive Betriebsräte können zu einer Sensibilisierung für Qualifizierungsfragen beitragen und betriebliche Qualifizierungsstrategien beeinflussen (Buss & Kuhlmann, 2013).

Einige Experten/innen weisen auch darauf hin, dass eine hohe Identifikation mit dem Unternehmen, die aus langjähriger Beschäftigung im Unternehmen und einer dort praktizierten Wertschätzungskultur entsteht, gerade bei älteren Erwerbstätigen die Motivation zur Teilnahme an Weiterbildung erhöhen kann (ExpAV1, ExpUB2).

Angebotsbezogene Aspekte

Einen Schwerpunkt der Ausführungen der Experten/innen zum Thema „Barrieren“ bilden die angebotsbezogenen Weiterbildungsbarrieren. Der Zielsetzung der qualitativen Analyse entsprechend, zielt die folgende Darstellung vor allem darauf ab, nicht nur Barrieren zu verdeutlichen, sondern möglichst auch Ansatzpunkte zur Erhöhung der Weiterbildungsteilnahme älterer Erwerbspersonen aufzuzeigen.

Als Erstes ist dabei zu erkennen, dass ***berufsbegleitende Angebote*** für Erwerbstätige neue Optionen schaffen, weil eine Bildungsbeteiligung ohne Aufgabe der Erwerbstätigkeit möglich wird. Dies betrifft nicht nur die herkömmliche Weiterbildung, sondern auch Abschlüsse oder Teilqualifikationen an Hochschulen, wie u.a. das Beispiel Bayerns zeigt. Dort gibt es erst seit fünf Jahren berufsbegleitende Bachelorstudiengänge an staatlichen Hochschulen. Inzwischen können schon 30 Studiengänge berufsbegleitend studiert werden. Das berufsbegleitende Angebot erleichtert gerade Älteren die Teilnahme, und dies geschieht auch vermehrt:

> „Da waren die Hochschulen auch ganz überrascht. Die haben alle nur gedacht da kommen Leute maximal bis 35. Aber es kommen Ältere, die alle im Beruf stehen. Da habe ich den Eindruck, dass es hier neue Optionen gibt. Früher hatte jeder im Kopf, ich muss für das Studium eine Auszeit nehmen. Ja und wer soll mit 48 drei Jahre für das Studium aussetzen? Jetzt kann er das berufsbegleitend machen. Da beginnt etwas, das in der Öffentlichkeit noch gar nicht so groß diskutiert wird“ (ExpAV1).

Lang dauernde, nicht berufsbegleitende Lernprozesse bergen nach Ansicht einiger Experten/innen für Erwerbstätige die Gefahr eines großen biografischen Bruchs, weil man einige Jahre nicht erwerbstätig sein kann. Für Personen, die dann bei der Prüfung scheitern, waren dies verschenkte Jahre. Insofern können ***modularisierte, kürzere Angebote*** dazu beitragen, Lernbarrieren zu verringern. Solche Lernangebote können Mitarbeiter/innen entweder zum Facharbeiterabschluss über externe Prüfungen führen oder An- und Ungelernten Teilqualifikationsoptionen vermitteln.

Individualisierte Module, die möglichst nahe am Kenntnisstand einer Person sind, bieten zudem eine hohe Wahrscheinlichkeit, dass erste Lernschritte mit Erfolg abgeschlossen werden. Wenn dies geschieht, sind anschließend auch meist die Lernbarrieren geringer.

Die Motivation zur Beteiligung an modularisierten Weiterbildungsangeboten wird bei Erwerbstätigen wesentlich durch die berufliche Verwertbarkeit beeinflusst. Wichtig ist deshalb, dass Teilqualifikationen nicht nur betriebsspezifisch sind und dass eine Durchgangsoption zur Externenprüfung besteht.

Ein konkretes Beispiel für Teilqualifikationen, die gerade auch für ältere Erwerbstätige bedeutsam sein können, ist die Förderung der Agentur WeGebAU (vgl. näher Kapitel8). Im Rahmen dieses Programms wurden allein in Bayern seit 2007 fast 15.000 Teilqualifizierungszertifikate vom Verband für Bildung und Erziehung (VBE) vergeben. Auch wenn Teilqualifikationen deutlich häufiger vermittelt wurden, haben immerhin über 500 Teilnehmende eine Externenprüfung abgeschlossen.

Modularisierte Angebote gewinnen auch in Kooperation mit Hochschulen an Bedeutung. So wie An- und Ungelernte mit Teilqualifizierungen Facharbeiter/innen entlasten können, so können Facharbeiter/innen mit Teilqualifikationen Ingenieure/innen entlasten (vgl. näher Kapitel 8). Europäische Impulse wie der Bologna-Prozess oder das Kredit-Punkte-System, aber auch die demografische Entwicklung, fördern diese Tendenz.

Die skizzierten Modularisierungskonzepte ähneln vom Grundgedanken her dem Ansatz der „Perspektive Berufsabschluss“. In der

Akzeptanz modularer Qualifizierungsangebote sind nach Einschätzung der befragten Experten/innen keine wesentlichen Unterschiede zwischen Älteren und Jüngeren zu erkennen.

Befürworten Ältere eher *altershomogene oder altersheterogene Lerngruppen*? Angebote, die sich speziell an Ältere richten, finden meist keine große Resonanz (ExpPol, ExpHWK):

> „Also eine Sache, die uns aufgefallen ist, ist, wenn man irgendwie Themen anbietet für Ältere: Da kommt keiner“ (ExpHWK).

Entsprechend sind die meisten Experten/innen der Ansicht, dass Ältere bei vielen Themengebieten altersheterogene Gruppen bevorzugen. Als Ausnahmen nennen einige Experten/innen spezielle IT-Qualifikationen, insbesondere interaktive Internetanwendungen sowie spezifische technologische Qualifikationen (ExpSoz, ExpPF2, ExpUB2; Schmidt & Tippelt, 2009).

Betriebliche oder betriebsnahe Experten berichten übereinstimmend, dass das Merkmal „Alter“ keine entscheidende Einflussgröße für den Zugang zu ihren Weiterbildungsangeboten ist. Entsprechend stelle das Alter in diesem Kontext auch keine wesentliche Weiterbildungsbarriere dar.

> „Wir unterscheiden grundsätzlich beim Thema Qualifizierung nicht nach alt und nicht alt. Weil wir feststellen, es gibt auch schon Jüngere, die haben schon Lernentwöhnung… Man (kann) das nicht nur am Alter festmachen“ (ExpGU2).

> „Wir machen keinen demografischen Bias…Bei (unseren) Trainings, da findest du einen 50-Jährigen, weil es ihn interessiert oder weil er es machen soll, genauso wie einen 25-Jährigen, also da ist keine Selektion nach demografischen Variablen“ (ExpPF2).

> „Die Leute werden älter. Aber die Konsequenz davon für (unser Unternehmen) ist nicht so sehr altersbezogen. Ich glaube, dass man sich eher Gedanken machen müsste, Lebensphasen bezogen… Das … ist aussagekräftiger, als nur auf (das) pure biologische Alter zu gehen“ (ExpGU1).

Weiterbildungstransparenz, Beratungs- und Unterstützungsbedarf

Wichtig ist, dass Unternehmen den Älteren signalisieren, gebraucht zu werden und ihnen erklären, welche Qualifizierungsoptionen bestehen. Generell ist bei An- und Ungelernten mehr Überzeugungsarbeit zu leisten, weil sie bisher meist wenig Bildungserfolge hatten. Besonders schwierig ist die Ansprache bildungsferner älterer Erwerbspersonen, die längere Zeiten nicht in Lernprozesse eingebunden waren. Gerade für diese Gruppe, die einen deutlich stärkeren Beratungsbedarf als Informationsbedarf aufweist, ist eine persönliche Ansprache besonders wichtig, um sie für Qualifizierungsmaßnahmen zu gewinnen (vgl. Kapitel 7).

> „Da können wir im Netz noch so viel publizieren, können Bücher voll schreiben, ganze Regalwände vollstellen. Das mag für die Entscheider wichtig sein, das mag für die wichtig sein, die Beratung anbieten, aber (es) ersetzt auf gar keinen Fall die Face-to-Face Geschichte (bei älteren Erwerbstätigen)“ (ExpAV1).

Motive - aus internationaler Expertensicht

Auch viele ältere Arbeitnehmer/innen haben berufliche Teilnahmemotive. Geht es um informelles oder non-formales Lernen ist beispielsweise die Verbesserung der eigenen beruflichen Fähigkeiten und Kompetenzen bedeutsam. Bezogen auf Weiterbildung können ein Positions- oder Arbeitgeberwechsel Motive darstellen. Seine Arbeit weiterhin ausüben zu können und produktiv zu bleiben, sind ebenfalls Teilnahmeargumente (ExpNL, ExpN1,

ExpCedefop). Ältere Arbeitslose dagegen wollen durch Weiterbildungen wieder in den Arbeitsmarkt integriert werden. Darüber hinaus können auch die eigene Kompetenzentwicklung sowie der persönliche Nutzen Weiterbildungsmotive sein (ExpNL, ExpN1).

Nach Ansicht der meisten nationalen und auch internationalen Experten/innen unterscheiden sich die Teilnahmemotive von jüngeren und älteren Erwerbstätigen teilweise erheblich. So beteiligen sich Ältere seltener an zeitaufwändigen, mit Zertifikaten verbundenen Maßnahmen (ExbGB), und eine starke Aufstiegsorientierung als Teilnahmemotiv ist vor allem bei Jüngeren zu finden (ExpA). Entsprechend geht eine Weiterbildungsförderung, die sehr stark das Aufstiegsmotiv in den Vordergrund rückt, nach Ansicht einiger Experten/innen an den Interessen älterer Erwerbstätiger weitgehend vorbei:

> „Es ist doch noch alles sehr davon beseelt, dass wir weiterbilden, damit man beruflich aufsteigt. Man kann aber auch weiterbilden, um sich einfach auch einen Arbeitsplatz zu sichern oder zu sagen, jetzt habe ich ja lange genug danach geschaut, dass ich beruflich aufsteige, jetzt ist es auch mal gut. Jetzt bin ich, wo ich bin. Und das ist, glaube ich, noch nicht so angekommen. Und ich glaube, dass Personalpolitik in Österreich immer noch sehr stark für Jüngere gemacht wird, also für Leute zwischen 25 und 35“ (ExpA).

Ein weiteres Teilnahmemotiv, das bei Älteren eine große Rolle spielen kann, besteht darin, berufliches Wissen im Rahmen von Weiterbildung an andere weiter zu geben. In einer Studie in Großbritannien war dieses Teilnahmemotiv von 50- bis 65-Jährigen mit Abstand am Häufigsten genannt worden:

> “We surveyed 5000 people over 50, looking at their attitudes to learning, the benefits they got from learning, why they did it and so on. And the really startling thing about that was the reason for people between 50 and 65, by far the way the most important

> reason, benefit of participating in learning was to pass on my skills and knowledge to other people. We said, (…): 'How have you benefitted from adult education?' 'I have benefitted from adult education by telling other people things they don't know.' - which was not what we expected at all" (ExpGB).

Für manche älteren Arbeitnehmer/innen ist jedoch weniger die berufliche als vielmehr die allgemeine Weiterbildung von Bedeutung, da sie sich ihrer Arbeit gegenüber nach den vielen langen Jahren weniger verpflichtet fühlen und nun der Ansicht sind, dass es eher in Ordnung ist, wenn sie eine Weiterbildung rein aus persönlichen Interessen oder Nutzen besuchen. Außerdem nehmen manche Ältere lieber an allgemeiner Weiterbildung teil, weil es dort seltener Druck in Form von Leistungsprüfungen gibt (ExpDK1). Auch die Identifikation mit der Weiterbildung stellt ein Weiterbildungsmotiv dar:

> „Also Identifikation ist ja mehr als Nutzen, also das ist ja ganz viel. Dass man etwas lernt, das man nutzen kann aber das heißt auch, dass man sich dann damit identifiziert, dass man sich damit emotional verbindet, dass man das als ein gutes Leben sieht" (ExpDK2).

Wie kann die Weiterbildungsteilnahme Älterer in Europa gefördert werden?

Wird davon gesprochen, wie man die Weiterbildungsteilnahme fördern kann, muss darauf geachtet werden, über welche Zielgruppe man spricht, da es keinen allgemeingültigen Ansatz gibt:

> "If you look at different generations (…) people that are now around retirement (…) tend to use the opportunities that internet gives them while people that are just let's say 10 or 15 years older many of them are not connected, they are not used to (it). Even within small cohort changes you can have big differences. So I think it's even dangerous if you trying to put them all in one pot

and say this is the group for older workers. Even within the group of older workers you have differences (…) in terms of background, education level, generation where you have to take these things into account because just doing things without ensuring motivation, without ensuring commitment and without ensuring that what is meant being useful then you (are) getting nowhere" (ExpCedefop).

Grundsätzlich sollte das berufsbezogene Lernen älterer Erwerbstätiger sehr stark mit der Arbeit verbunden werden und am Besten in der Arbeitssituation stattfinden. Darüber hinaus sollte in Unternehmen sichergestellt werden, dass ein Wissensaustausch zwischen unterschiedlichen Personengruppen stattfindet. Ferner braucht es Personen, entweder innerhalb eines Unternehmens oder als Berater, welche die Arbeitnehmer/innen motivieren an Weiterbildung teilzunehmen, beispielsweise in dem sie darauf hinweisen, dass Lernen nicht bedeutet ein Buch auswendig zu lernen, in einem Klassenzimmer zu sitzen oder Hausaufgaben machen zu müssen. Stattdessen können sie aufzeigen, dass Lernen mit dem Arbeiten verbunden ist und dass technische Entwicklungen vieles möglich machen, wie z.B. das Finden von Informationen im Internet. Diese Einstellung, dass etwas nicht unmöglich ist, sondern nur etwas Anstrengung benötigt, ist für viele sehr wichtig.

Wird sichergestellt, dass Lernen im Arbeitsprozess stattfindet und das Gelernte unmittelbar in der Arbeit umgesetzt wird, gibt man den Menschen bereits auf einer niedrigeren Schwelle Lernmöglichkeiten (ExpN2, ExpCedefop). Schließlich macht es kaum Sinn jemanden in eine Weiterbildung zu schicken, wenn das neu gewonnene Wissen danach nicht angewandt wird. Ferner sollte darüber nachgedacht werden, was die individuelle Bedeutung von Weiterbildung für den Einzelnen ist und welche anderen individuellen Weiterbildungsbedürfnisse über den Arbeitskontext hinaus wichtig und vielleicht auch in anderen Sektoren nützlich sind.

Dies gilt sowohl für die nationale als auch die europäische Ebene. Dazu bedarf es Daten, um herauszufinden welche Bedürfnisse es gibt und welche Ansätze dazu angemessen wären (ExpCedefop). Generell sollte das ganzheitliche Bild älterer Arbeitnehmer/innen betrachtet werden wie z.B. ihre Gesundheit (ExpN2), so dass auch ihre Affinitäten, Interessen und Lebensphasen berücksichtigt werden. Außerdem müssen Vorurteile gegenüber Älteren abgebaut werden. Des Weiteren ist es förderlich, wenn in Gruppen gelernt wird (ExpN1) und das neue Wissen an der Expertise, den Erfahrungen und den Bedürfnissen Älterer anknüpft (ExpNL).

Generell müsste ein System entwickelt werden, welches die Lernmöglichkeiten für ältere Erwerbstätige ausweitet, sie unterstützt und beispielsweise auch Vereinbarungen mit dem/der Arbeitgeber/in im Sinne von Teilzeitarbeit für sie bereithält. Zudem bedarf es einem breiteren Zugang zu Lernaktivitäten. Darüber hinaus sollte es Personen geben, welche einerseits am Arbeitsplatz direkt und andererseits im Weiterbildungssystem älteren Arbeitnehmer/innen zur Seite stehen und sie beraten. Sowohl die Berater/innen also auch Dozenten/Dozentinnen und das Bildungssystem allgemein sollten gegenüber älteren Personen stärker sensibilisiert werden und ihre Stärken und Schwächen kennen (ExpS). Dazu sollten sie mehr darüber erfahren, was in den Köpfen Älterer vor sich geht, wie sie sich fühlen und wie sie die Welt sehen, um so attraktive Weiterbildungsangebote zu schaffen (ExpDK1, ExpCedefop). Eine Methode dafür wäre z.B. altershomogene Gruppen zu bilden, die sich darüber austauschen, welche Erfahrungen und Probleme sie beim Älter werden feststellen und dass daraufhin mit jüngeren Kollegen/innen oder Vorgesetzten besprechen, so dass diese eine Ahnung davon bekommen, und lernen, wie sie damit umgehen können (ExpNL). Schließlich sollten nach Ansicht mancher Experten/innen Ältere von ihrem/ihrer Arbeitgeber/in und dem System ermutigt werden, auch noch nach dem

55. Lebensjahr weiter zu lernen ohne Gebühren und Kosten auf sich nehmen zu müssen:

> „So maybe one of (...) their challenges would be to convince older learners that they are ok, that maybe someone should tell older learners that exactly these things, that maybe you are a little bit more tired, maybe you want to work part-time, maybe you don't know a lot about computers and stuff, but on the other hand you have a lot of qualifications that employers would like to see. Reliability and stability and all these things maybe. Or maybe to share some statistics with them to show why it is that there are some companies that they really base themselves on older learners and older workers "(ExpDK1).

Allerdings können gut gemeinte Finanzierungsmechanismen auch negative Auswirkungen besitzen. So nennt der Experte ExpCedefop ein Beispiel, bei dem zur Förderung der Weiterbildungsteilnahme eine Finanzierungsmaßnahme eingeführt wurde, wonach nur Arbeitnehmer/innen ab 40 Jahren von der Regierung finanziell unterstützt wurden. Eine Konsequenz daraus war jedoch auch, dass manche Unternehmen mit ihren Weiterbildungsmaßnahmen so lange warteten bis die Mitarbeiter jeweils 40 Jahre alt waren. Mitarbeiter/innen unter 40 Jahren wurden in keinerlei Weiterbildungsmaßnahme geschickt, womit es trotz Förderung zu keinem Anstieg der Weiterbildungsbeteiligung kam.

Darüber hinaus wird auch auf eine generelle Gefahr hingewiesen, die bei finanziellen Unterstützungen einer Weiterbildungsteilnahme besteht: das hohe Risiko erheblicher Mitnahmeeffekte. Mögliche Nebenwirkungen sollten bei der finanziellen Förderung von Individuen oder Betrieben also immer mitbeachtet werden (ExpCedefop, ExpA). Im Rahmen einer Meta-Analyse vorhandener Studien in Österreich, bei der auch Expertengespräche geführt wurden, attestierten die Experten/innen der Bildungsberatung für Ältere eine größere Bedeutung als Finanzierungsaspekten, und auch die Kompetenzerfassung gilt als Chance (Litschel et al., 2016, S. 99ff).

Auf EU-Ebene ist es förderlich, wenn durch Kooperationen und Netzwerke ein Austausch von Erfahrungen hinsichtlich Good- aber auch Bad-Practice-Beispielen gibt. So kann der Prozess der Implementation altersgerechter Strategien vorangetrieben werden. In diesem Zusammenhang ist die EU als Kombination verschiedener Länder einzigartig, da es das Potenzial gibt, von vielen verschiedenen Erfahrungen zu lernen (ExpCedefop).

Barrieren

Oftmals ist die persönliche berufliche Perspektive der älteren Arbeitnehmer/innen selbst eine Weiterbildungsbarriere: Zum einen haben sie meistens vor, das Unternehmen oder den Beruf nicht mehr zu wechseln, weshalb sie keine neuen Zertifikate mehr benötigen, die ihre Qualifikationen nachweisen. Zum anderen haben sie häufig schon so viel Erfahrung gesammelt, dass sie nicht mehr das Bedürfnis spüren, noch mehr zu lernen (ExpN1, ExpGB). Zudem sehen sie oftmals keinen Sinn mehr darin, etwas Neues zu lernen, wenn nicht mehr genügend Zeit im Beruf bleibt, um das Wissen noch ausgiebig anzuwenden (ExpDK1). Ältere scheinen den Sinn von Veränderungen oder des Erlernens von Neuem stärker zu hinterfragen als Jüngere (Litschel et al., 2016, S. 29f).

Andererseits gibt es für manche ältere Erwerbstätige auch einen hohen Veränderungsdruck, insbesondere bei Tätigkeiten in einigen körperlich sehr anstrengenden Berufen, in denen man nicht ein Leben lang arbeiten kann (ExpA). Insgesamt scheinen die Flexibilität und Lernfähigkeit stärker von den Lerngewohnheiten und den Lernumgebungen abhängig zu sein als vom Alter.

Bei älteren Arbeitnehmer/innen mit niedrigem Bildungsniveau, sind gerade formal-organisierte Weiterbildungen eine Barriere. Denn im Gegenteil zu Höherqualifizierten, liegt bei ihnen das formale Lernsetting länger zurück und ist somit weniger vertraut (ExpN1, ExpCedefop). Dadurch trauen sich diese Älteren oftmals nicht mehr zu, etwas Neues lernen zu können und sind hinsichtlich der neuen (Lern-)Situation unsicher (ExpDK1). Zudem fühlen sich manche Ältere durch das Wissen und die Fähigkeiten Jüngerer bedroht und wollen deshalb keine Prüfungssituation gemeinsam mit ihnen eingehen (ExpNL, ExpDK1). Insgesamt sind die Einschätzungen zur Altersheterogenität in Maßnahmen jedoch sehr kontrovers. So finden sich auch Hinweise darauf, dass gerade altersgemischte Strukturen besonders motivierend wirken können (Litschel et al., 2016, S. 52).

Ebenso kann es eine Weiterbildungsbarriere sein, wenn kein Nutzen in der Weiterbildung gesehen wird (ExpN2, ExpDK1). Umfrageergebnisse des Barometers des Zentrums für Seniorenpolitik in Norwegen zeigen beispielsweise, dass viele ältere Arbeitnehmer/innen mit ihren Fähigkeiten und Kompetenzen so zufrieden sind, dass sie keinen Mehrwert in einer Weiterbildung sehen. Auch kann eine fehlende Identifikation mit dem Unternehmen oder der Weiterbildungsmaßnahme eine Weiterbildungsteilnahme verhindern (ExpN2, ExpDK2, ExpGB).

Jedoch stellen nicht nur persönliche Einstellungen ein Hindernis dar, auch die Einstellung der Vorgesetzten kann eine Weiterbildungsbarriere sein, wenn zum Beispiel Arbeitgeber/innen negative Einstellungen gegenüber älteren Arbeitnehmer/innen oder Weiterbildungen generell haben. Nicht zuletzt kann eine negative Einstellung des/der Arbeitgebers/Arbeitgeberin auf die Einstellung der älteren Person selbst abfärben: *„so he starts adjusting his behaviour to the attitude of the supervisor and this is the self-fulfilling prophecy“* (ExpNL). Ebenso können eine mangelnde

Arbeitsbefreiung oder anderweitig fehlende Unterstützungsstrukturen, z.B. für die Betreuung von Enkelkindern, ein Hindernis darstellen (ExpDK2). Gleichfalls sind intensive Arbeitsphasen eine Barriere, da es in diesen Phasen häufig keine Zeit für Weiterbildungen gibt (ExpS).

Einige Experten/innen weisen jedoch darauf hin, dass ältere Erwerbstätige meist durchaus in die betriebliche Weiterbildung einbezogen werden und manchmal eine Weiterbildungsteilnahme Älterer erst aufgrund von Anstößen des/der Arbeitgebers/Arbeitgeberin erfolgt. Weit schwerer wiegen hier die Probleme der älteren Arbeitslosen, die vom Segment der betrieblichen Weiterbildung weitgehend ausgeschlossen sind. Während Arbeitgeber/innen oder Vorgesetzte die Möglichkeit haben, die Leistungsfähigkeit älterer Erwerbstätiger im Prozess der Arbeit einzuschätzen, ist dies bei älteren Arbeitslosen zunächst nicht der Fall. Probleme mit Blick auf Altersdiskriminierung sind demnach weniger bei Beschäftigten als bei Neueinstellungen zu beobachten. Insbesondere für die Gruppe der älteren Arbeitslosen wirken sich stereotype Wahrnehmungen gravierend aus (ExpA, ExpGB):

> „Egal wie sie sich weiterbilden, egal wie sie sich bemühen, egal was sie machen, egal wie weit sie mit dem Gehalt runtergehen – ihnen (älteren Bewerbern) geht der Ruf voraus, sie wollen nicht arbeiten und warten auf die Pension, und das ist in Österreich wirklich ein massives gesellschaftliches Bild“ (ExpA).

> “Statistically the chances of meeting age discrimination in the workforce go up quite dramatically after 50. When an employer sees the five on your age on an application form, you are much more likely to be simply rejected. So age discrimination is a factor“ (ExpGB).

Neben persönlichen und betrieblichen Barrieren können auch Aspekte des Weiterbildungssystems selbst negative Auswirkungen haben. Zum Beispiel ist im Vergleich zu den anderen skandinavischen Ländern das (Weiter)Bildungssystem in Norwegen für die Nachfragenden kostenintensiver (ExpN2). Auch die Tatsache, dass nicht die richtige Weiterbildung verfügbar ist, da es einer ganz spezifischen Weiterbildung bedarf, kann ein Hinderungsgrund sein, ebenso die zeitliche Organisation von Weiterbildungsangeboten oder eine zu große Entfernung zum Veranstaltungsort. Neben fehlendem Geld stellt insbesondere für ältere, niedrigqualifizierte Arbeitnehmer/innen eine fehlende Kultur für lebenslanges Lernen eine hauptsächliche Barriere dar (ExpCedefop).

Grundsätzlich sollte im Kontext von Weiterbildungsbarrieren hinsichtlich „nicht teilnehmen wollen“ und „nicht teilnehmen können“ unterschieden werden (ExpN1). Denn nur, weil nicht an Weiterbildung teilgenommen wird, bedeutet das nicht, dass deshalb Barrieren vorhanden sind (ExpN2). Allerdings lassen qualitative Studien auch erkennen, dass gerade bei bildungsfernen Personen bei genauerem Hinsehen hinter der Aussage, nicht an Weiterbildung teilnehmen zu wollen, häufig Ängste vor Misserfolg stehen. Dies verdeutlicht erneut die Notwendigkeit, Barrieren vor dem Hintergrund der jeweiligen Lebenssituation zu sehen.

Abschließend soll hier nochmals betont werden, dass auch Maßnahmen außerhalb des Bildungsbereichs die Weiterbildungsbarrieren Älterer maßgeblich beeinflussen können. Hier sind vor allem die Arbeitsmarktpolitik, aber auch das Renten- und Sozialsystem sowie die Familienpolitik zu nennen. Besonders bedeutsam sind dabei die Arbeitsmarkt- und Rentenpolitik. Die Arbeitsmarktpolitik kann die Weiterbildungsbeteiligung Älterer durch Ansätze begünstigen, die einer frühzeitigen Ausgliederung aus dem Erwerbsleben entgegenwirken oder sie durch entgegengesetzte Ansätze erschweren. Entsprechend liegt ein Fokus in den neueren Länderberichten der OECD vor allem bei arbeitsmarktpolitischen Ansätzen, die darauf abzielen, den Verbleib älterer Menschen im Erwerbsleben zu fördern. Exemplarisch kann hier die Gesamtstrategie der Schweiz genannt werden, die vor allem auf drei Punkte abzielt (Düll & Sonnet, 2014, S.13f):

- eine Stärkung der Anreize für längeres Arbeiten,
- die Beseitigung von Hindernissen für die Rekrutierung Älterer am Arbeitsmarkt sowie
- eine Verbesserung der Beschäftigungsfähigkeit älterer Erwerbstätiger.

Ähnlich starke Wirkungen können auch von Änderungen im Renten- und Steuersystem ausgehen. So ist es in Großbritannien seit 2007 infolge eines Gesetzes gegen Altersdiskriminierung auch für über 65-Jährige möglich, ohne massive Einschränkungen bei der Rente oder erhebliche steuerliche Nachteilen erwerbstätig zu sein, was mit zu einer deutlichen Erhöhung der Erwerbsquote bei den über 65-Jährigen geführt hat:

> “If you want a definition of something which is age discrimination, let's say: because you are 65 you must stop work. So we said this is now illegal. You can't make anybody retire because of their age (…) But that does mean that people can go on working longer and that's one of the reasons why there's been a rapid growth of people over 65 still in the labour market in the UK” (ExpGB).

4.6 Zwischenfazit: Trends des Lernens älterer Erwerbspersonen in Europa

Ähnlich wie in Deutschland kommen auch europaweit verschiedene Datenquellen zur Entwicklung des Lernens Erwachsener zu unterschiedlichen Ergebnissen. Eine neuere Gegenüberstellung findet sich in der Cedefop-Studie von 2015. Um einen Vergleich europäischer Teilnahmequoten zu erleichtern, wird dort beim non-formalen Lernen (Weiterbildung) die Gruppe der Erwerbstätigen betrachtet. Dabei weist der AES europaweit einen Anstieg der Lernbeteiligung Erwachsener auf, wobei die bereits erwähnten methodischen Probleme des ***europäischen Trendvergleichs*** der AES-Daten von 2007 und 2011/2012 in einigen Ländern zu beachten sind. Nimmt man trotz dieser Vorbehalte einen Vergleich vor, so weist der AES für diesen Zeitraum einen Anstieg der Beteiligung Erwerbstätiger an non-formalem Lernen um rund sieben Prozentpunkte aus (34% vs. 41%; Cedefop, 2015, S. 200, Tabelle 15). Dagegen verzeichnet der LFS, für den infolge der zugelassenen Proxy-Interviews ein generelles methodisches Problem besteht, für diesen Zeitraum einen Rückgang.

Die in der Unternehmensbefragung CVTS beobachteten Veränderungen stimmen in der Tendenz mit denen der Bevölkerungsbefragung im AES überein. Für das Lernen Erwerbstätiger in Kursform und für deren betriebliches Lernen am Arbeitsplatz weist der CVTS zwischen 2005 und 2010 einen Zuwachs von fünf bzw. vier Prozentpunkten aus. Die Autoren/-innen der Cedefop-Studie gehen davon aus, dass ein Teil des Anstiegs im AES zwischen 2007 und 2011 methodenbedingt ist und ein Teil die reale Entwicklung widerspiegelt (Cedefop, 2015, S. 198). Anders als beim non-formalem Lernen stellt sich die Situation im Bereich des formalen Lernens dar, wo die Beteiligung stagniert.

Insgesamt sprechen sowohl die Ergebnisse des AES als auch des CVTS dafür, dass in Europa die Beteiligung Erwerbstätiger an non-formalem Lernen trotz der Wirtschaftskrise der letzten Jahre gestiegen ist. Im Bereich des formalen Lernens zeichnet sich dagegen eine Stagnation ab. Betrachtet man den aggregierten Indikator, die Beteiligung an formalem oder non-formalem Lernen, so ist eine steigende Tendenz zu erkennen.

Auch die ***Entwicklung gruppenspezifischer Unterschiede***, deren Verringerung ebenso ein europäisches Ziel ist wie die Erhöhung der Teilnahmequoten, lässt sich im Zeitverlauf betrachten. Im Trend zeigt sich für alle betrachteten Merkmale (Bildungsniveau nach ISCED, Alter und Erwerbsbeteiligung ja/nein) eine leichte Abnahme der gruppenspezifischen Unterschiede, die hier nicht im direkten Vergleich von Gruppen, sondern als Abweichung vom EU-Durchschnitt gemessen wird (Cedefop, 2015, S. 202). Die Entwicklung verläuft also insgesamt in die gewünschte Richtung, wenn auch in kleinen Schritten.

Um die Heterogenität beim Ländervergleich zur Entwicklung gruppenspezifischer Unterschiede zu verringern, wurde in der Cedefop-Studie für jedes Land eine summarische Kennziffer gebildet, die sich aus acht Einzelindikatoren zusammensetzt und so die Größe der Ungleichheiten in einer Zahl abbildet. Vom Grundgedanken her werden dabei die Werte der Einzelindikatoren addiert und anschließend durch acht geteilt (Cedefop, 2015, S. 202). Diese Kennziffer sollte nicht als Benchmark verstanden werden, sondern als ein Konstrukt, das darauf abzielt, länderspezifische Unterschiede zu strukturieren und dadurch zu verdeutlichen. Betrachtet wird dabei wieder das Segment der ***betrieblichen Weiterbildung Erwerbstätiger*** anhand der Daten des AES 2011/2012. Dabei lassen sich vier Ländergruppen unterscheiden (Cedefop, 2015, S. 203):

- *Gruppe 1: Länder mit eher hohen Teilnahmequoten und geringer Ungleichheit*
  Zu dieser Gruppe gehören die vier skandinavischen Staaten (Dänemark, Finnland, Schweden und Norwegen), einige mitteleuropäische Länder (Frankreich, Luxemburg, die Niederlande und Österreich) sowie einzelne andere Länder wie Estland oder Portugal. Auch ***Deutschland*** gehört zu dieser Gruppe.

- *Gruppe 2: Länder mit eher niedrigen Teilnahmequoten und niedriger Ungleichheit*
  Diese Gruppe wird von Bulgarien, Großbritannien, Italien und Spanien gebildet.
- *Gruppe 3: Länder mit eher hohen Teilnahmequoten und hoher Ungleichheit*
  Hierzu gehören Malta, Zypern und die Slowakei.
- *Gruppe 4: Länder mit eher niedrigen Teilnahmequoten und hoher Ungleichheit*
  Diese Kombination ist besonders problematisch, da sie von beiden europäischen Zielen abweicht. In dieser Gruppe finden sich vor allem Litauen, Polen und Rumänien. Auch Lettland und Slowenien gehören dazu, doch liegen die Teilnahmequoten dieser Länder bereits deutlich näher am EU-Durchschnitt.[21]

Wie diese Strukturierung verdeutlicht, gehen in den meisten Fällen höhere Teilnahmequoten auch mit niedrigeren Ungleichheiten einher und umgekehrt. Diese Tendenz ist jedoch nicht für alle Länder gültig. Offenbar gibt es jenseits des genannten Grundmusters eine Reihe weiterer Einflussfaktoren.

[21] Aus methodischen Gründen wurden in der Cedefop-Studie die Länder Belgien und Irland nicht in diese Klassifikation einbezogen. Wie erwähnt, weisen wir außerdem wegen der hohen Rate der Proxy-Interviews keine Zahlen für Griechenland, Tschechien und Ungarn aus.

5 Einflussfaktoren der Weiterbildungsbeteiligung

Multivariate Analysen ermöglichen es, die vielfältigen und heterogenen Einflussfaktoren der Weiterbildungsbeteiligung zu strukturieren und durch die Kontrolle mehrerer Merkmale Informationen über die Stärke von verschiedenen Einflussfaktoren der Weiterbildungsteilnahme zu erhalten. Darüber hinaus kann geprüft werden, ob Zusammenhänge bestehen bleiben, wenn mehrere Merkmale berücksichtigt werden. So erwies sich z. B. in Zusatzanalysen zum BSW VIII die auf den ersten Blick niedrigere Beteiligung von Frauen an beruflicher Weiterbildung bei genauerem Hinsehen als ein Scheineffekt, der auf unterschiedliche Lebenssituationen, u.a. mit Blick auf Art und Umfang der Erwerbsbeteiligung, zurückzuführen war. Letztlich geht es in multivariaten Analysen somit auch um die Identifikation „echter“ Einflussfaktoren.

Im Rahmen des AES wurden logistische Regressionen zur Bestimmung der zentralen Einflussfaktoren auf die Weiterbildungsteilnahme durchgeführt. Dieses Verfahren zielt auf die Schätzung von Chancen ab (Hartmann & Kuwan, 2011, S. 70ff). Dabei ist der Begriff „Chance“, anders als in der Alltagssprache, nicht unmittelbar mit dem der Wahrscheinlichkeit gleichzusetzen, sondern bezeichnet ein Verhältnis von Wahrscheinlichkeiten. Berechnet wird, um wie viel Prozent die Chance einer Gruppe auf eine Weiterbildungsteilnahme höher oder niedriger liegt als die einer definierten Referenzgruppe.

Teilnahme an Weiterbildung insgesamt

In den logistischen Regressionen mit Daten des AES 2010 erwiesen sich für die Teilnahme der Bevölkerung an Weiterbildung insgesamt vor allem folgende Einflussfaktoren als bedeutsam (Hartmann & Kuwan 2011, S.71ff.): Schulabschluss; beruflicher Abschluss; Erwerbsumfang und Stellung im Beruf.

Die Ergebnisse verdeutlichen, dass mit steigenden Bildungsabschlüssen auch die Chance auf eine Weiterbildungsbeteiligung steigt und belegen, dass Erwerbstätige – abgesehen von einzelnen Ausnahmen wie z.B. an- oder ungelernten Arbeiter/innen in Teilzeit – tendenziell erheblich höhere Weiterbildungschancen aufweisen als Arbeitslose. Insbesondere höhere Bildungsabschlüsse und die Einbindung in das Erwerbsleben erhöhen also, den Ergebnissen des AES 2010 zufolge, die Chance einer Weiterbildungsteilnahme deutlich.

Auch im *AES 2012* wurden die Effekte sozio-demografischer Merkmale geringer oder verschwanden ganz, wenn Merkmale des Erwerbsstatus berücksichtigt wurden (Kuper, Unger & Hartmann 2013). Der Einfluss des Merkmals „Alter" schwächte sich ebenfalls ab. Im Unterschied zum AES 2010 blieben allerdings die geringeren Chancen der 50- bis 64-Jährigen bei der Beteiligung an Weiterbildung insgesamt signifikant.

Die Weiterbildungsteilnahme insgesamt wird durch die Art der Einbindung in das Erwerbsleben stärker beeinflusst als vom Alter. Dieses Ergebnis steht im Einklang mit der zentralen Bedeutung betrieblicher Gelegenheitsstrukturen für die Weiterbildungsteilnahme.

Teilnahme abhängig Beschäftigter an betrieblicher Weiterbildung

Auf die betriebliche Weiterbildung entfielen im AES 2012 je nach inhaltlicher Abgrenzung ca. 64% oder 69% aller besuchten Weiterbildungsveranstaltungen (Bilger & Kuper, 2013, S. 36ff.). Sie war damit der mit Abstand quantitativ bedeutendste Weiterbildungssektor in Deutschland. Seit 2010 ist ihr Anteil an allen Weiterbildungsaktivitäten weiter gestiegen.

Den multivariaten Analysen zum AES 2010 zufolge, verlieren auch in der betrieblichen Weiterbildung, ähnlich wie bei der Weiterbildungsbeteiligung insgesamt, soziodemografische Merkmale, Ost-West-Unterschiede und das Merkmal „Alter" an Bedeutung, wenn Bildungs-, Erwerbs- und Interaktionseffekte berücksichtigt werden (Hartmann & Kuwan, 2011). Besonders bedeutsame Einflussfaktoren waren demnach auch hier schulische und berufliche Abschlüsse, der Erwerbsumfang und die berufliche Stellung. Darüber hinaus zeigen sich u.a. Brancheneffekte oder eine niedrigere Beteiligung von Erwerbstätigen in Kleinbetrieben mit weniger als 10 Beschäftigten.

Im *AES 2012* zeigten sich im Großen und Ganzen ähnliche Effekte, allerdings mit einer Ausnahme: 2012 war ein signifikanter Einfluss von schulischer oder beruflicher Bildung im Bereich der betrieblichen Weiterbildung nicht mehr zu erkennen[22]. Ein eigenständiger Einfluss des Merkmals „Alter" war in diesem Weiterbildungssegment auch 2012 nicht feststellbar.

Neben den o.g. sozio-demografischen und beschäftigungsbezogenen Merkmalen spielen bei der Teilnahme an betrieblicher Weiterbildung auch arbeitsplatzbezogene Faktoren eine wesentliche

[22] Dieses Ergebnis weicht von dem anderer Studien ab und erscheint erklärungsbedürftig.

Rolle. Im AES 2012 zeichnet sich ein negativer Effekt im Falle eines Berufswechsels ab und ein positiver, wenn Tätigkeiten abwechslungsreicher wurden (Kuper, Unger & Hartmann, 2013).

Der Einfluss arbeitsplatzbezogener Faktoren sowohl auf die Beteiligung an beruflicher Weiterbildung als auch an informellem beruflichen Lernen wurde in multivariaten Analysen zum BSW IX in einem vertiefenden Themenschwerpunkt näher untersucht (Kuwan, et al. 2006). Dabei zeigte sich, dass bei signifikanten Einflussfaktoren die Wirkungsrichtung in beiden Lernarten fast immer die gleiche war. Dies spricht dafür, dass es Faktoren gibt, die generell eher lernfördernd oder lernhemmend sind. Positive Einflüsse auf das berufliche Lernen zeigten sich z.B. u.a. bei

- Veränderungen von Arbeitsabläufen bzw. Arbeitsprozessen,
- Freiräumen beim Treffen von Entscheidungen,
- steigenden Qualifikationsanforderungen,
- der Einführung von neuen Dienstleistungen oder Produkten,
- einem Wechsel des Arbeitgebers sowie durch
- Aspekte der Institutionalisierung von Weiterbildung im Betrieb.

Die Ergebnisse der in diesem Kapitel vorgestellten multivariaten Analysen beziehen sich auf sehr vielfältige Aspekte. Der Übersichtlichkeit halber sollen deshalb abschließend die zentralen inhaltlichen Quintessenzen mit Blick auf die entscheidenden Einflussfaktoren der Weiterbildungsteilnahme in drei Thesen zusammengefasst werden.

1. ***Höhere Schulabschlüsse bzw. berufliche Bildungsabschlüsse erhöhen die Chance einer Weiterbildungsteilnahme deutlich. Die Basis für Nähe oder Distanz zu Weiterbildung wird bereits in Schule und Berufsausbildung geschaffen.***

2. ***Das Merkmal „Alter" verliert seine Erklärungskraft für die Weiterbildungsteilnahme ganz oder teilweise, wenn andere Merkmale wie z.B. der Erwerbstatus berücksichtigt werden. Die Weiterbildungsteilnahme insgesamt und insbesondere die betriebliche Weiterbildung werden durch die Art der Einbindung in das Erwerbsleben wesentlich stärker beeinflusst als durch das Alter.***
3. ***Beschäftigungsbezogenen Einflussfaktoren wie Betriebsgröße, Branche oder Zugehörigkeit zum öffentlichen Dienst, aber auch unmittelbar arbeitsplatzbezogenen Faktoren kommt ebenfalls großer Einfluss auf die Teilnahme an betrieblicher Weiterbildung zu. Dieses Ergebnis steht im Einklang mit der entscheidenden Rolle betrieblicher Gelegenheitsstrukturen für die Weiterbildungsteilnahme.***

5.1 Beschäftigungs- und arbeitsplatzbezogene Einflussfaktoren der Weiterbildungsbeteiligung

Neben den o.g. Merkmalen spielen bei der Teilnahme an betrieblicher Weiterbildung auch beschäftigungs- und arbeitsplatzbezogene Faktoren eine wesentliche Rolle. Dies gilt sowohl für die berufliche Position im Betrieb als auch für Merkmale wie Betriebsgröße, Wirtschaftszweig oder Branche (vgl. zum Folgenden Behringer et al., 2013, S.155ff.). Da die Verteilung von Erwerbstätigen aus verschiedenen Altersgruppen auf die genannten Merkmale variieren kann, werden die zentralen Zusammenhänge zwischen beschäftigungsbezogenen Faktoren und der Weiterbildungsteilnahme kurz dargestellt.

Mit Blick auf *Berufsstatusgruppen* bestätigt der AES 2012 das schon seit Längerem bekannte Bild: Arbeiter/innen beteiligen sich sehr viel seltener als die Gruppe der Beamten an betrieblicher Weiterbildung (32% vs. 76%); Die Gruppe der Angestellten liegt dazwischen.

In der Feindifferenzierung nach beruflicher Position ist die Spannweite bei den Beamt/innen relativ gering. Große Unterschiede zeigen sich dagegen innerhalb der beiden anderen Gruppen. Höhere Angestellte wie z.B. Abteilungsleiter/innen oder Geschäftsführer/innen weisen mehr als doppelt so hohe Teilnahmequoten auf als ausführende Angestellte. Bei den Arbeitern/innen wird nur etwa jeder sechste Un- oder Angelernte in die betriebliche Weiterbildung einbezogen, und selbst bei Facharbeiter/innen liegt die Teilnahmequote noch deutlich unter dem Durchschnitt aller Erwerbstätigen.

Der AES 2012 zeigt erneut, dass die Beteiligung an betrieblicher Weiterbildung von abhängig Beschäftigten mit der Betriebsgröße steigt. Dieser Zusammenhang erweist sich auch in den meisten multivariaten Analysen als signifikant (vgl. Autorengruppe Bildungsberichterstattung 2012, anders jedoch Schmidt, 2007, S. 268f).

Darüber hinaus unterscheidet sich auch die Beteiligung an betrieblicher Weiterbildung zwischen Beschäftigten aus verschiedenen Branchen erheblich. Überdurchschnittlich hohe Teilnahmequoten weisen insbesondere die Beschäftigten in den Sektoren Erziehung und Unterricht (71%), Gesundheits- und Sozialwesen sowie Finanz- und Versicherungsdienstleistungen (jeweils 63%) auf, während unterdurchschnittliche Teilnahmequoten vor allem im Gastgewerbe (21%), den sonstigen wirtschaftlichen Dienstleistungen (30%) sowie im Baugewerbe und Handel (jeweils 36%) zu finden sind. Ähnliche Unterschiede zeigen sich, bei teilweise etwas anderen Brancheneinteilungen, auch im CVTS oder im IAB-Betriebspanel.

Neben den o.g. Merkmalen spielen bei der Teilnahme an betrieblicher Weiterbildung auch arbeitsplatzbezogene Faktoren eine wesentliche Rolle. Soweit hierzu quantitative Ergebnisse vorliegen, unterstreichen sie die große Bedeutung einer lernförderlichen oder lernhemmenden Arbeitsumgebung (Baethge & Baethge-Kinsky, 2004; Kuwan et al., 2006). Vertiefende Ergebnisse zum Einfluss arbeitsplatzbezogener Rahmenbedingen auf die Weiterbildungsbeteiligung liefert insbesondere der entsprechende Themenschwerpunkt zum BSW XI, in dem ca. 7.000 Personen mündlich befragt wurden (Kuwan et al. 2006).

Diesen Ergebnissen zufolge haben Institutionalisierung und Planung von Weiterbildung einen positiven Einfluss auf die Teilnahme Erwerbstätiger an beruflicher Weiterbildung. Aspekte wie z. B. eine regelmäßige Weiterbildungsplanung, Betriebsvereinbarungen zur Weiterbildung, betriebliche Weiterbildungsangebote oder eine für Bildung zuständige betriebliche Einheit wirken sich demnach positiv auf die Teilnahme an beruflicher Weiterbildung und an informellem Lernen im Betrieb aus. Darüber hinaus wurden einige andere lernfördernden Einflussfaktoren am Arbeitsplatz identifiziert, die in den folgenden Kapiteln näher dargestellt sind.

5.2 Kompetenzen und Qualifizierung

PIAAC (*Programme for the International Assessment of Adult Competencies*) wurde 2008 von der Organisation für wirtschaftliche Zusammenarbeit und Entwicklung (OECD) mit dem Ziel initiiert, zentrale Grundkompetenzen in der erwachsenen Bevölkerung zu erheben. Ähnlich wie PISA, soll auch PIAAC in regelmäßigen Rhythmen (alle 10 Jahre) wiederholt werden, wobei es sich bei der aktuellen Welle, PIAAC 2012, um den Startpunkt handelt. Als zentrale Grundkompetenzen werden konkret die Lesekompetenz, die alltagsmathematische Kompetenz und die technologiebasierte Problemlösekompetenz erfasst, „(...) von denen angenommen wird, dass sie für die erfolgreiche Teilhabe an der heutigen Gesellschaft von zentraler Bedeutung sind“ (Rammstedt, 2013, S.11). Ermittelt werden die Grundkompetenzen europaweit, so dass ein internationaler Vergleich der Schlüsselkompetenzen im Erwachsenenalter möglich ist. PIAAC zeichnet sich aber nicht nur allein durch die Erfassung der zentralen Grundkompetenzen aus, sondern zudem durch die umfassende Erhebung kognitiver Anforderungen, sowohl zu Hause als auch am Arbeitsplatz. Darüber hinaus liefert PIAAC weitere Informationen über Faktoren, die im Zusammenhang mit dem Erhalt und dem Erwerb der Grundkompetenzen stehen, wie beispielsweise die Weiterbildungsteilnahme in den letzten 12 Monaten. Schließlich ist es neben den genannten Kompetenzen gleichfalls die Weiterbildung, welche einen gesellschaftliche Partizipation fördert: „Wenn z.B. gesellschaftliche Inklusion die basale Beherrschung von Kulturtechniken (Lesen, Schreiben etc.) voraussetzt, um an gesellschaftlichen Diskursen teilzunehmen, dann leisten Bildungsangebote, die diese Kompetenzen stärken auch einen Beitrag zur Inklusion“ (Schmidt-Hertha, 2014).

Gerade angesichts des demografischen Wandels gewinnt die aktive gesellschaftliche Teilhabe Älterer und damit sowohl ihre Kompetenzentwicklung als auch ihre Weiterbildungsteilnahme an Bedeutung, weswegen sich dieses Kapitel zum einem der Analyse des Zusammenhangs zwischen den Kompetenzen älterer Erwerbspersonen und ihres Bildungsverhaltens widmet.

Zum anderen soll mit Hilfe der PIAAC-Daten ebenso die Bedeutung von Über- und Unterqualifizierung (Qualifikations-Mismatch) für das Bildungsverhalten näher untersucht werden. Denn durch den demografischen Wandel werden Qualifikations-Mismatches zunehmen, insbesondere, wenn Unternehmen weiterhin an einer jugendzentrierten Personal- und Unternehmensstrategie festhalten (Riechenhagen, 2006). Anstatt jüngere Fachkräfte zu rekrutieren und Ältere zu externalisieren, sollte daher vielmehr in die Beschäftigungsfähigkeit und Qualifizierung älterer Arbeitnehmer/innen investiert werden (Bellmann, Hilpert, Kistler & Wahse, 2003). Damit kommt der Weiterbildung zusätzlich eine wesentliche Rolle als „Mittler" zwischen Arbeitnehmer/in und Arbeitsmarkt bzw. Arbeitgeber/in zu (Hotz-Hart & Rohner, 2014). Inwiefern Weiterbildung in diesem Kontext von Über-, Unter- und adäquat Qualifizierten in Anspruch genommen wird und welche weiteren Effekte Über- oder Unterqualifizierung auf das Bildungsverhalten haben, soll im Folgenden dargelegt werden.

5.2.1 Kontext, Methoden und Inhalte von PIAAC

Für die Sekundäranalyse wurde ausschließlich der Scientific-Usefile der PIAAC-Daten für Deutschland betrachtet. Insgesamt nahmen 5465 Personen an der Erhebung teil. Aus dieser Gesamtstichprobe wurden für die Sekundäranalyse nur die erwerbstätigen Personen zwischen 50 und 65 Jahren ausgewählt. Damit verringert sich der Stichprobenumfang auf 1185 Personen, wovon 52% männlich und 48% weiblich sind. Im Durchschnitt sind die Personen ca. 56 Jahre alt.

Insgesamt nahmen 51% der älteren Arbeitnehmer/innen über 50 Jahren (n=1185) an einer non-formalen Weiterbildung in den letzten 12 Monaten vor dem Erhebungszeitpunkt teil. Unter non-formaler Weiterbildung werden hier Fernkurse, Seminare, Workshops sowie Privatunterricht und Weiterbildung am Arbeitsplatz („on the job training") gefasst. Wird also im Folgenden von *weiterbildungsaktiven Personen* oder nur von *Weiterbildung* bzw. *Weiterbildungsteilnahme* gesprochen, so ist das in Bezug auf die non-formale Weiterbildungsteilnahme in den letzten 12 Monaten vor dem Befragungszeitpunkt gemeint. Von den Teilnehmenden (n=602) haben 89 % aus berufsbezogenen Gründen an einer Weiterbildung teilgenommen.

Neben deskriptiven Verfahren wurden ebenfalls multivariate Analysen anhand von linearen und logistischen Regressionen durchgeführt. Dafür wurde mit dem Statistik-Programm IBM SPSS Statistics 23 gearbeitet. Für die linearen Regressionsanalysen wurde auf den IDB-Analyzer zurückgegriffen, sofern die zentralen Grundkompetenzen bei den Berechnungen miteingeschlossen wurden.

5.2.2 Bedeutung von Kompetenzen für aktuelles Bildungsverhalten

Die Bedeutung von Kompetenzen wurde bisher primär im Kontext des Arbeitsmarktes untersucht (z.B. Baethge & Arendts, 2009). Hier soll aber nun der Zusammenhang zwischen den zentralen Grundkompetenzen und dem Bildungsverhalten älterer Arbeitnehmer/innen im Fokus stehen. Wie bereits erwähnt, erfasst PIAAC die Lesekompetenz, die alltagsmathematische Kompetenz sowie die technologiebasierte Problemlösekompetenz. Unter letzterem wird die Kompetenz verstanden, Kommunikationshilfen, Netzwerke sowie digitale Technologien erfolgsbringend für die Suche, Vermittlung und Interpretation von Informationen zu nutzen. Die alltagsmathematische Kompetenz beschreibt dagegen die Fähigkeit, alltägliche mathematische Informationen zu verwenden und zu interpretieren, um so diversen mathematischen Anforderungen im Alltag erfolgreich zu begegnen. Die Lesekompetenz schließlich wird als das Verstehen, Nutzen und Interpretieren von geschriebenen Texten (z.B. Anleitungen, Briefe, E-Mails, etc.) verstanden (Rammstedt, 2013).

Weiterbildungsteilnahme

Werden die erreichten Durchschnittswerte der älteren Arbeitnehmer/innen in allen drei Kompetenzbereichen betrachtet, zeigt sich, dass Personen, die mindestens an einer non-formalen Weiterbildung in den letzten 12 Monaten teilgenommen haben, eine mittlere Lesekompetenz von 274 Punkten, eine mittlere alltagsmathematische Kompetenz von 280 Punkten und eine mittlere Problemlösekompetenz von 272 Punkten erzielen. Damit erreichen die weiterbildungsaktiven Personen nicht nur signifikant höhere Kompetenzmittelwerte hinsichtlich nicht-weiterbildungsaktiven Personen, sondern auch im Hinblick auf die Gesamtstichprobe der befragten über 50-Jährigen Arbeitnehmer/innen (*Lesekompetenz*: Nichteilnehmende 251 Punkte bzw. Gesamtstichprobe 263 Punkte; *Alltagsmathematische Kompetenz:* Nichtteilnehmende 256 Punkte bzw. Gesamtstichprobe 268; *technologiebasiertes Problemlösen:* Nichtteilnehmende 256 Punkte bzw. Gesamtstichprobe: 265 Punkte).

Mit Hilfe linearer Regressionsanalysen ist es darüber hinaus möglich, den Zusammenhang zwischen Weiterbildungsteilnahme und Kompetenzen tiefergehend zu analysieren. Dabei lässt sich beobachten, dass auch unter Kontrolle von Geschlecht, Alter und Bildungsniveau ein statistisch signifikant positiver Zusammenhang zwischen der Weiterbildungsteilnahme und den drei Kompetenzbereichen bestehen bleibt:

Tabelle 3: Lineare Regression zum Zusammenhang zwischen Weiterbildungsteilnahme und Kompetenzen (Abhängige Variablen)

	Abhängige Variablen		
	Lesekompetenz (n=1.140)	Alltags-mathematische Kompetenz (n=1.140)	Technologie-basiertes Problemlösen (n=863)
Prädiktoren	β s.e.	β s.e.	β s.e.
Alter	-0.05*	-0.06	-0.09*
Bildung (RK = niedrig)			
- Mittel	0.28***	0.38***	0.05
- Hoch	0.57***	0.67***	0.31***
Geschlecht	-0.06*	-0.20***	-0.08*
Teilnahme an non-formaler Weiterbildung (RK = keine Teilnahme)	0.15***	0.13***	0.10*
R^2	**0.019**	**0.27**	**0.12**

*p<0.05, **p<0.01, ***p<0.001

Zu ähnlichen Ergebnisse kommt die CiLL- Studie (*Competencies in Later Life*), welche eine Erweiterungsstudie von PIAAC darstellt und ebenfalls mit dem PIAAC-Instrumentarium erhoben wurde. Allerdings stehen hier Personen im höheren Lebensalter (66- bis 80- Jährige) im Fokus. Die Ergebnisse von CiLL zeigen, dass auch bei älteren Personen über 66 Jahren weiterbildungsaktive Personen signifikant höhere Kompetenzmittelwerte erreichen im Vergleich zu der Gesamtstichprobe und zu den Nicht-Weiterbildungsteilnehmern/innen (Gebrande & Friebe, 2015). Nichtsdestotrotz lassen sich keine Kausalaussagen machen. Dementsprechend können kompetentere Personen an Weiterbildung teilnehmen, obgleich ebenso weiterbildungsaktive Personen kompetenter sein können. Bereits belegt ist, dass berufliche Weiterbildung „in bedeutsamer Form“ die Kompetenzentwicklung von Mitarbeiter/innen fördert und damit zu einer besseren Bewältigung von anspruchsvollen kooperativen Arbeitsaufgaben befähigt (Kauffeld & Grote, 2002). Gleichzeitig kann aber auch das Erleben von Selbstbestimmung und Kompetenz bei z.B. beruflichen Weiterbildungsinhalten eine wichtige Rolle spielen (Schaper & Sonntag, 2007).

Betrachtet man im Rahmen logistischer Regressionsanalysen, die kognitiven Arbeitsplatzanforderungen sind es das *Lesen* ($p<0.01$) sowie die *Computernutzung am Arbeitsplatz* ($p<0.05$), die unter Kontrolle von Alter, Geschlecht und Bildung einen statistisch signifikanten Zusammenhang mit der Weiterbildungsteilnahme vorweisen. Das bedeutet, dass Personen die am Arbeitsplatz z.B. häufig Anleitungen, Mitteilungen, E-Mails oder wissenschaftliche Veröffentlichungen, Bücher/Handbücher sowie Diagramme, Pläne oder Schaubilder lesen, mit höherer Wahrscheinlichkeit an Weiterbildung teilnehmen, als Personen die hinsichtlich des Lesens am Arbeitsplatz kaum gefordert sind. Die in PIAAC erhobenen kognitiven Anforderungen können darüber hinaus als ein Indikator dafür betrachtet werden, inwiefern informelles Lernen am Arbeitsplatz bzw. zu Hause stattfindet (vgl. hierzu: Iller, Mayerl & Schmid, 2014). In diesem Kontext konnte bereits nachgewiesen werden, dass es zwischen der Teilnahme an informellen Lernen und der Partizipation an organisierter Weiterbildung einen positiven Zusammenhang gibt (Schmidt, 2009). Vor diesem Hintergrund erklärt sich der signifikante Zusammenhang zwischen der Leseanforderung am Arbeitsplatz und der Weiterbildungsteilnahme dahingehend, dass Personen, die sich durch häufige Leseanforderungen am Arbeitsplatz informell weiterbilden, sich auch eher dazu entscheiden, an einer non-formalen Weiterbildung teilzunehmen. Außerdem ist bereits belegt, dass arbeitsintegriertes

Lernen, den Abbau von Weiterbildungsbarrieren unterstützt (Bundesanstalt für Arbeitsschutz und Arbeitsmedizin [BAuA], 2011).

Weist die Leseanforderung am Arbeitsplatz einen positiven Zusammenhang mit der Weiterbildungsteilnahme auf, handelt es sich bei der Computernutzung am Arbeitsplatz um eine signifikant negative Korrelation. Ältere Arbeitnehmer/innen, die am Arbeitsplatz viel den Computer nutzen, nehmen also eher nicht an einer non-formaler Weiterbildung teil. Eine Erklärung hierfür liefert die Studie von Baethge und Baethge-Kinsky (2002). Es ließ sich beobachten, dass die Nutzung moderner Informations- und Kommunikationstechnologien unter anderem für die Ausprägung der Selbststeuerungsdisposition des Lernens verantwortlich ist: „Wer mit Computern oder an computergesteuerten Anlagen arbeitet legt zu 69% eine ausgeprägte Disposition zu selbstgesteuertem Lernen an den Tag (...)“ (Baethge & Baethge-Kinsky, 2002, S.71). Demnach steht die Arbeit mit modernen Informations- und Kommunikationstechnologien in einem engen Zusammenhang mit einer hohen Bereitschaft zu selbstgesteuertem Lernen (Baethge & Baethge-Kinsky, 2002). Auch Ergebnisse der EdAge-Studie lassen den Schluss zu, dass insbesondere Computernutzer Selbstlerner sind (Tippelt et al., 2009, zitiert nach Gebrande & Friebe, 2015, S.200). Da gerade ältere Beschäftigte oftmals einen informellen Lernweg bevorzugen (vgl. Zwick, 2012), könnte der negative Zusammenhang zwischen Computernutzung am Arbeitsplatz und Weiterbildungsteilnahme somit ein Indiz dafür sein, dass ältere Arbeitnehmer/innen, die am Arbeitsplatz häufig den Computer nutzen, eine non-formale Weiterbildungsteilnahme zu Gunsten des informellen Lernens ablehnen. Den Umgang mit Medien selbst wird dabei von Älteren ebenfalls über den informellen Lernweg bevorzugt erlernt: „(...) die Auseinandersetzung mit digitalen Medien bei älteren Erwerbstätigen (erfolgt) vor allem als reaktives und selbstgesteuertes Lernen (...), das in hohem Maße von vorangegangenen Lernerfahrungen und Lernanreizen am Arbeitsplatz abhängig ist“ (Schmidt-Hertha & Klein, 2015, S. 190).

Neben kognitiven Anforderungen erhebt PIAAC ebenfalls die nicht-kognitiven Anforderungen *Ermessensfreiheit, Einflussnahme, Lernen* und *Planen*. In der logistischen Regressionsanalyse zeigt sich jedoch, dass lediglich die *Einflussnahme* unter Kontrolle von Alter, Geschlecht und Bildung einen signifikant positiven Effekt auf die Weiterbildungsteilnahme hat ($p<0.001$). Wer also, andere Personen schult, unterrichtet, berät, oder Arbeitsplanungen für andere erstellt, nimmt eher an einer Weiterbildung teil. Ähnliche Ergebnisse zeigen multivariate Analysen des BSW IX, in denen der Einfluss arbeitsplatzbezogener Faktoren tiefergehend untersucht wurde (Kuwan et al., 2006).

Um den Zusammenhang zwischen Kompetenzen und Weiterbildungsteilnahme noch umfassender zu prüfen, wurden in einem nächsten Schritt relevante persönliche und arbeitsplatzbezogene Merkmale hinsichtlich der Weiterbildungsteilnahme zusätzlich aufgenommen. Dazu wurden zunächst ausgewählte Merkmale auf ihre Signifikanz hinsichtlich der Weiterbildungsteilnahme überprüft. Die Variablen wurden hierbei nach folgender thematischer Einteilung unter Kontrolle von Alter, Geschlecht und Bildung analysiert:

Tabelle 4: Übersicht signifikanter Merkmale hinsichtlich der Weiterbildungsteilnahme

Persönliches	Aktuelle Tätigkeit	Erwerbs-biografie	Kompetenz-anforderungen
- Gesundheit - Kulturelles Engagement* - Lernbereitschaft**	- Sektor* - Arbeitsvertragsform - Arbeitszufriedenheit - Alter seit dem bei Arbeitgeber tätig* - Anzahl Beschäftigter - Betrieb ist Teil einer größeren Organisation*** - Arbeitsstunden pro Woche** - Benötigter Abschluss für Ausübung der Arbeit** - Benötigte Arbeitserfahrung für Ausübung der Arbeit**	- Jahre bezahlter Arbeit über Lebensspanne*, - Anzahl verschiedener Firmen, für die in den letzten 5 Jahren gearbeitet wurde***	- Problemlösen: einfach* - Problemlösen: schwer* - Nicht genug herausgefordert sein - Mehr Training benötigt***

*p<0.05, **p<0.01, ***p<0.001

Anschließend wurden die signifikanten Variablen in ein logistisches Regressionsmodell eingefügt, um so die bedeutendsten Einflussfaktoren herauszufiltern. Das Ergebnis stellt sich wie folgt dar:

Tabelle 5: Logistische Regression verschiedener relevanter Merkmale hinsichtlich der Weiterbildungsteilnahme (AV) (n= 912)

Nagelgerkes R^2: 0.408	Regressions-koeffizient B	Standard-fehler	Exp(B)
Alter	**-0.054**	**0.027**	**0.948***
Geschlecht (RK=männlich)	**0.510**	**0.187**	**1.666****
Bildungsniveau (RK=niedrig)			
- Mittleres Bildungsniveau	0.176	0.362	1.193
- **Hohes Bildungsniveau**	**0.858**	**0.392**	**2.358***
Kulturelles Engagement (nie = RK)			
- Weniger als einmal im Monat	0.462	0.273	1.587
- Weniger als einmal in der Woche aber mindestens einmal im Monat	0.387	0.283	1.472
- Mindestens einmal in der Woche aber nicht täglich	0.194	0.266	1.214
- Täglich	0.040	0.584	1.041
Lernbereitschaft	0.103	0.106	1.109
Anzahl unterschiedlicher Arbeitgeber in den letzten 5 Jahren	-0.055	0.111	0.946
Jahre bezahlter Arbeit über Lebensspanne	0.010	0.013	1.010
Wirtschaftlicher Sektor (RK = Privat)			
- Öffentlicher Sektor	0.326	0.211	1.385
- Non-profit Sektor	0.015	0.360	1.015
Alter seitdem Erwerbstätiger bei derzeitigem Arbeitgeber arbeitet	**-0.019**	**0.008**	**0.981***
Betrieb ist Teil einer größeren Organisation	**0.785**	**0.173**	**2.193*****
Arbeitsstunden pro Woche	**0.018**	**0.007**	**1.018***
Um die Arbeit zufriedenstellend auszuführen reicht der dafür angeforderte Abschluss aus (RK=richtiger Abschluss)			
- **Ein niedrigerer Abschluss würde ausreichen**	**-0.443**	**0.223**	**0.642***
- Ein höherer Abschluss wäre benötigt	-0.214	0.333	0.807

(Weiterführung Tabelle 5)

	Regressions-koeffizient B	**Standardfeh-ler**	**Exp(B)**
Benötigte Arbeitserfahrung für die aktuelle Tätigkeit (RK = keine)			
- Weniger als 1 Monat	-0.524	0.376	0.592
- 1 bis 6 Monate	0.185	0.278	1.203
- **7 bis 11 Monate**	**-0.607**	**0.301**	**0.545***
- 1 oder 2 Jahre	0.173	0.265	1.189
- 3 Jahre und mehr	0.528	0.277	1.695
Umgang mit leichten Problemen am Arbeitsplatz (RK = nie)			
- Weniger als einmal im Monat	0.190	0.364	1.210
- Weniger als einmal in der Woche aber mindestens einmal im Monat	0.406	0.384	1.500
- Mindestens einmal in der Woche aber nicht täglich	0.285	0.332	1.330
- Täglich	0.564	0.300	1.757
Umgang mit komplexen Problemen am Arbeitsplatz (RK = nie)			
- Weniger als einmal im Monat	0.184	0.248	1.202
- Weniger als einmal in der Woche aber mindestens einmal im Monat	0.243	0.280	1.275
- Mindestens einmal in der Woche aber nicht täglich	0.153	0.278	1.166
- Täglich	0.017	0.353	1.017
Mehr Training benötigt	**1.369**	**0.184**	**3.931*****
Konstante	-2.009	0.640	0.134

*p<0.05, **p<0.01, ***p<0.001

Es lässt sich festhalten, dass es vor allem Merkmale der aktuellen Tätigkeit sind, die einen signifikanten Zusammenhang mit der Weiterbildungsteilnahme zeigen. Da hier der Zusammenhang aber zwischen Kompetenzen und Weiterbildungsteilnahme im Fokus steht, sollen im Folgenden die signifikanten Zusammenhänge zwischen den Arbeitsmerkmalen und der Weiterbildungsteilnahme nur kurz erläutert werden:

Ist der Betrieb Teil eines größeren Unternehmens, so ist die Chance 2-mal so groß, dass ältere Arbeitnehmer/innen an einer Weiterbildung teilnehmen. Dies ist darauf zurückzuführen, dass gerade große Betriebe wesentlich mehr Ressourcen haben, um Weiterbildungsmöglichkeiten anzubieten und zu schaffen (vgl. Kretschmer & Weber, 2012).

Ebenso ist die Wahrscheinlichkeit höher, dass ältere Arbeitnehmer/innen mit höheren Arbeitsstunden pro Woche an einer Weiterbildung teilnehmen. Dass der Erwerbsumfang ein relevanter Faktor hinsichtlich der Weiterbildungsteilnahme ist, belegten bereits Ergebnisse des AES (z.B. Hartmann & Kuwan, 2011).

Der statistisch signifikante negative Zusammenhang zwischen dem Alter seitdem beim derzeitigen Arbeitgeber gearbeitet wird und der Weiterbildungsteilnahme, deutet darauf hin, dass je älter die Person bei der Einstellung war, desto größer ist die Chance, dass sie nicht an einer Weiterbildung in den letzten 12 Monaten teilgenommen hat. Gleichzeitig kann der Zusammenhang auch dahingehend interpretiert werden, dass je länger eine Person schon im Betrieb ist, sie eher an einer Weiterbildung teilnimmt. Gründe hierfür können in dem damit einhergehenden langen und vertrauten Verhältnis zwischen Arbeitnehmer/in und Arbeitgeber/in liegen. Demnach ist der/die Arbeitgeber/in eher dazu bereit, in seine/ihre älteren Mitarbeiter/innen zu investieren, die er/sie bereits eine lange Zeit kennt.

Neben diesen arbeitsplatzbezogenen Faktoren zeigt sich des Weiteren, dass sobald ein niedrigerer Bildungsabschluss bzw. eine Arbeitserfahrung von sieben bis elf Monaten zur zufriedenstellenden Ausübung der Arbeit ausreicht, ältere Arbeitnehmer/innen eher nicht an einer Weiterbildung teilnehmen. Beides kann auf eine Unterforderung hinweisen, weshalb die älteren Arbeitnehmer/innen es nicht für nötig erachten, an einer Weiterbildung teilzunehmen, da sie sich selbst als kompetent genug bzw. überqualifiziert wahrnehmen. Hingegen zeigt sich, dass Personen, die glauben „mehr Training zu benötigen", nahezu eine viermal so hohe Chance haben an einer Weiterbildung teilzunehmen, als Personen die das nicht von sich behaupten. Dies wiederum könnte auf eine arbeitsplatzbezogene Überforderung zurückzuführen sein, die durch eine Weiterbildungsteilnahme zu kompensieren versucht wird. Der Zusammenhang zwischen Unter- und Überqualifizierung mit der Weiterbildungsteilnahme wird im folgenden Unterkapitel (5.3.3) näher betrachtet.

Wird nun der Zusammenhang zwischen den kognitiven Arbeitsanforderungen (Lesen, Computernutzung) und der Weiterbildungsteilnahme unter zusätzlicher Kontrolle der hier relevanten Arbeitsmerkmale und nicht-kognitiven Arbeitsanforderungen untersucht, stellt sich heraus, dass sowohl das Lesen ($p<0.01$), als auch die Computernutzung ($p<0.05$) am Arbeitsplatz signifikante Prädiktoren bleiben. Die kognitiven Kompetenzanforderungen am Arbeitsplatz verlieren somit auch unter Berücksichtigung anderer relevanter (Arbeits-)Merkmale ihre Bedeutung für die Weiterbildungsteilnahme nicht.

Stundenzahl non-formaler Weiterbildung und Lernbereitschaft

Um die Beziehung zwischen den zentralen Grundkompetenzen und dem Weiterbildungsverhalten noch tiefer zu analysieren wurden des Weiteren lineare Regressionsanalysen mit der Stundenzahl non-formaler Weiterbildung oder der Lernbereitschaft als abhängige Variable gerechnet. In einer linearen Regressionsanalyse zeigt sich, dass es einen signifikant positiven Zusammenhang zwischen den Kompetenzen *Lesen* ($p<0.05$) und *Alltagsmathematik* ($p<0.05$) und der Stundenzahl non-formaler Weiterbildung gibt, jedoch nicht hinsichtlich des technologiebasierten Problemlösens. Je höher also die Lese- oder alltagsmathematische Kompetenzen sind, desto höher ist die Stundenzahl an non-formaler Weiterbildung. Hervorzuheben ist, dass in Bezug auf die kognitiven und nicht-kognitiven Anforderungen am Arbeitsplatz bzw. zu Hause im Gegensatz zur Weiterbildungsteilnahme lediglich die Rechenanforderungen am Arbeitsplatz (z.B. das Berechnen von Preisen, Kosten, Budgets; Erstellen von Schaubildern, Tabellen und Diagrammen; Verwenden von einfachen Formeln bis hin zur Statistik etc.) einen signifikant positiven Zusammenhang ($p<0.05$) mit der Stundenzahl non-formaler Weiterbildung aufweisen. Je höher also die Rechenanforderungen, desto höher die Stundenzahl non-formaler Weiterbildung. Werden die arbeitsplatzbezogenen Rechenanforderungen im Regressionsmodell mitberücksichtigt, bleibt lediglich die Lesekompetenz signifikant ($p<0.05$). Unter Hinzunahme der signifikanten Arbeitsmerkmale[23] verlieren jedoch sowohl die Kompetenzen als auch die Rechenanforderungen am Arbeitsplatz ihre statistische Relevanz.

Des Weiteren wurde der Zusammenhang zwischen den zentralen Grundkompetenzen und der Lernbereitschaft näher untersucht. Dabei zeigt sich ein signifikanter positiver Zusammenhang zwischen der Lernbereitschaft und der Lesekompetenz ($p<0.001$), der alltagsmathematischen Kompetenz ($p<0.001$) sowie des technologiebasierten Problemlösens ($p<0.05$). Lernbereitschaft umfasst hier Items wie z.B. ob gern etwas Neues gelernt wird, ob nach zusätzlichen Informationen gesucht wird, wenn etwas nicht verstanden wurde oder ob schwierigen Dingen gerne auf den Grund gegangen wird.

[23] Nach der Übertragung der in der log. Reg. signifikanten Merkmale (vgl. Tab.5) in eine lineare Regression, sind hinsichtlich der Stundenzahl non-formaler Weiterbildung lediglich „3 Jahre oder mehr Arbeitserfahrung“ und „mehr Training benötigt“ statistisch positiv signifikant.

In Hinblick auf die kognitiven und nicht-kognitiven Anforderungen weisen, ähnlich wie bei der Weiterbildungsteilnahme, das Lesen ($p<0.05$) und die Computernutzung ($p<0.01$) am Arbeitsplatz einen positiv signifikanten Zusammenhang mit der Bereitschaft zu Lernen auf sowie die nicht-kognitiven Anforderungen *Einflussnahme*, *Ermessensfreiheit* und *Lernen* am Arbeitsplatz (vgl. Tab.6, Modell 2 bzw.3) [24]. Darüber hinaus ist anzumerken, dass die kognitiven Anforderungen zu Hause (Lesen $p<0.001$; Computernutzung $p<0.001$) einzig auf die Lernbereitschaft statistisch signifikante Effekte besitzen (vgl. Tab. 6). So sind ältere Arbeitnehmer/innen, die zu Hause häufig Lesen oder den Computer nutzen eher bereit, etwas Neues zu lernen als Personen, die in dieser Hinsicht zu Hause kaum aktiv sind. In einer Reanalyse der EdAge-Daten von 2009 konnte in diesem Kontext bereits belegt werden, dass lernaffine ältere Personen meist über 100 Bücher besaßen und eine hohe Leseaktivität an den Tag legten, wohingegen ältere Personen mit Lernbarrieren häufig weniger als 25 Bücher vorwiesen und kaum lasen (Strobel, Schmidt-Hertha & Gnahs, 2011). In Hinblick auf die Bedeutung der Computernutzung zu Hause für die Lernbereitschaft, untermauern Ergebnisse der CiLL-Studie den signifikant positiven Zusammenhang. Denn es zeigt sich, dass zwei Drittel der älteren Personen, die alltäglich den Computer nutzen gelegentlich bis sehr häufig bereit waren zu lernen (Gebrande & Friebe, 2015). Ferner konnten Hinweise gefunden werden, dass beispielsweise das Internet „(…) keineswegs zu einer Vereinsamung älterer Menschen führt, sondern neue reale Lern- und Begegnungsorte ermöglicht, bei denen virtuelle und

[24] Die Tabelle stellt nur die errechneten Werte der Regressionsmodelle mit der Lesekompetenz dar. Die Werte der Rechenkompetenz sollen nur als Vergleich dienen und zeigen, welche Werte die Rechenkompetenz in den gleichen Modellen (also unter der Kontrolle derselben Prädiktoren) annimmt. Werte des technologiebasierten Problemlösens waren in keinem Modell signifikant, weshalb es in der Tabelle nicht dargestellt wird.

reale Kommunikation im Kontext gelungener sozialer Arrangements zu Lernbereitschaft und Wissensfreude führt (...)" (Stadelhofer, 2002, S.12).

Werden das Lesen und die Computernutzung zu Hause berücksichtigt, verlieren alle drei zentralen Grundkompetenzen ihren Einfluss auf die Weiterbildungsbereitschaft, obgleich die kognitiven Anforderungen zu Hause selbst weiter einen signifikant positiven Prädiktor darstellen (vgl. Tab.6, Modell 1). Mehr als die Kompetenzen scheinen also, die kognitiven Kompetenzanforderungen zu Hause und am Arbeitsplatz für die Lernbereitschaft von Bedeutung zu sein. Werden in einem weiteren Regressionsmodell die signifikanten Arbeitsmerkmale[25] kontrolliert, bleiben die Lese- und Rechenkompetenz signifikant positiv ($p<0.01$) (vgl. Tab.6, Modell 4):

[25] Nach der Übertragung der in der log. Reg. signifikanten Merkmale (vgl. Tab.5) in eine lineare Regression waren hinsichtlich der Lernbereitschaft lediglich „3 Jahre oder mehr Arbeitserfahrung" und „mehr Training benötigt" sowie die „Arbeitsstunden pro Woche" statistisch positiv signifikant.

Tabelle 6: Regressionsmodelle bezüglich des Zusammenhangs von Grundkompetenzen und Lernbereitschaft (AV)

	Lernbereitschaft (AV)			
Prädiktoren	**Modell 1** β s.e. (n=870)	**Modell 2** β s.e. (n=725)	**Modell 3** β s.e. (n=877)	**Modell 4** β s.e. (n=928)
Alter	0.05*	0.06*	0.06*	0.08
Geschlecht	-0.04	-0.03	-0.05	0.00
Bildung (RK=niedrig)				
Mittel	0.12*	0.15**	0.10	0.10
Hoch	0.19**	0.26***	0.18**	0.21**
Lesekompetenz	0.03	0.07	0.10**	0.12**
Alltagsmathematische Kompetenz	*0.02*	*0.07**	*0.07**	*0.11***
Computernutzung zu Hause	0.16**			
Lesen zu Hause	0.23***			
Computernutzung am Arbeitsplatz		0.16**		
Lesen am Arbeitsplatz		0.10**		
Einflussnahme am Arbeitsplatz			0.14***	
Ermessensfreiheit am Arbeitsplatz			0.22***	
Lernen am Arbeitsplatz			0.10**	
Benötigter Arbeitserfahrung (RK=keine)				
Weniger als 1 Monat				-0.01
1 bis 6 Monate				0.03
7 bis 11 Monate				0.07
1 oder 2 Jahre				0.05
3 Jahre oder mehr				0.11**
Arbeitsstunden pro Woche				0.07*
Mehr Training benötigt				0.08**
R^2	**0.17**	**0.12**	**0.18**	**0.11**

*p<0.05, **p<0.01, ***p<0.001

5.2.3 Bedeutung von Über-/Unterqualifizierung für aktuelles Bildungsverhalten

Im Rahmen von PIAAC wurde bislang versucht, über die Messung der Grundkompetenzen und entsprechenden Anforderungsstrukturen am Arbeitsplatz Skill-Mismatch zu operationalisieren und zu messen (z.B. Pellizari & Fichen, 2013; kritisch dazu Mayerl, 2014), wobei die Daten ebenso die Untersuchung der Effekte von Qualifikations-Mismatch zulassen. Liegt ein Qualifikations-Mismatch, also eine formale Über- oder Unterqualifizierung vor, kann das sowohl individuelle als auch gesamtwirtschaftliche Konsequenzen mit sich bringen. Dementsprechend stellen nicht nur eine geringere Arbeitszufriedenheit (Quintini, 2011), Einbußen im Einkommen (Rohrbach-Schmidt & Tiemann, 2010) und ein früheres Ausscheiden aus dem Erwerbsleben Folgen dar, sondern damit einhergehend auch größere Kosten für Unternehmen (z.B. Rekrutierungskosten) sowie Einbußen in der Produktqualität und eine geringere Innovationskapazität von Unternehmen (Hotz-Hart & Rohner, 2014). Gerade vor dem Hintergrund des demografischen Wandels, ist jedoch die Produktivität und die Innovationsfähigkeit der Mitarbeiter/innen für Unternehmen zentral, um wettbewerbsfähig bleiben zu können.

Da es bislang kaum Analysen zu Effekten formalen Qualifikations-Mismatchings auf die Weiterbildungsteilnahme älterer Arbeitnehmer/innen in Deutschland gibt, soll in diesem Kapitel die Beziehung zwischen beidem näher beleuchtet werden.

Weiterbildungsteilnahme

Um den Zusammenhang zwischen einer Über-/Unterqualifizierung und dem Weiterbildungsverhalten älterer Arbeitnehmer/innen näher untersuchen zu können, musste zunächst eine Variable, welche die Über- /Unterqualifizierung adäquat wiederspiegelt, erstellt werden. Dazu wurde ein objektiver mit einem subjektiven Ansatz kombiniert. Sicherlich ist zu bedenken, dass sich die Variable zur Hälfte lediglich auf eine subjektive Einschätzung bezieht, jedoch hat sich bereits erwiesen, dass ein subjektiver Ansatz in der Qualifikationsforschung als besonders robust gilt (Pollmann, Schult & Büchel, 2002).

Demnach wurde die Variable aus dem höchsten Bildungsabschluss und aus der subjektiven Einschätzung, welcher Bildungsabschluss für die Ausübung der Arbeitsstelle benötigt wird, konstruiert. Beide Variablen wurden zuvor anhand der ISCED-Level in niedriger, mittlerer und hoher Bildungsabschluss kategorisiert. Somit nimmt die Variable der Über-/Unterqualifizierung Werte von -2 bis +2 an, wobei der Wert 0 für eine adäquate Qualifizierung steht:

Tabelle 7: Konstruktion der Variable Über-/Unterqualifizierung

		Höchster Bildungsabschluss		
		Niedrig (ISCED 0-2)	Mittel (ISCED 3-4)	Mittel (ISCED 3-4)
Benötigter Bildungsabschluss zur Ausübung der Arbeitsstelle	Niedrig (ISCED 0-2)	**0** *(n=34)*	**1** *(n=113)*	**2** *(=22)*
	Mittel (ISCED 3-4)	**-1** *(n=21)*	**0** *(n=310)*	**1** *(n=52)*
	Hoch (ISCED 5-6)	**-2** *(n=2)*	**-1** *(n=77)*	**0** *(n=292)*

Wird die so erstellte Variable nach Über- und Unterqualifizierung (Referenzkategorie: adäquat qualifiziert) dummykodiert und zunächst deskriptiv betrachtet, zeigt sich, dass der Anteil der Weiterbildungsteilnehmer/innen in der Gruppe der Unterqualifizierten mit 61% sogar minimal höher liegt, als der Anteil der Weiterbildungsaktiven in der Gruppe der adäquat Qualifizierten (60,7%). Dagegen sind es lediglich 33% der Überqualifizierten, die an einer non-formalen Weiterbildung teilgenommen haben. Bestärkt wird dieser Eindruck durch logistische Regressionsanalysen. Demnach korrelieren unter Kontrolle von Geschlecht, Alter und Bildungsniveau, eine Überqualifizierung signifikant negativ ($p<0.001$) und eine Unterqualifizierung signifikant positiv ($p<0.001$) mit der Weiterbildungsteilnahme:

Tabelle 8: Effekte von Über-/Unterqualifizierung hinsichtlich Weiterbildungsteilnahme (n=923)

Variable	Regressions-koeffizient B	Standard-fehler	Exp(B)
Alter	-0.080	0.019	0.923***
Geschlecht	0.255	0.149	1.291
Bildung (RK=niedrig)			
- Mittel	1.201	0.330	3.323***
- Hoch	2.747	0.354	15.602***
Qualifikations-Mismatch (RK= adäquat qualifiziert)			
- Unterqualifizierung	0.898	0.248	2.455***
- Überqualifizierung	-1.200	0.190	0.301***
Nagelgerkes R^2			**0.246**

*p<0.05, **p<0.01, ***p<0.001

Ältere Arbeitnehmer/innen, die sich als überqualifiziert einschätzen, nehmen also eher weniger an Weiterbildung teil, als adäquat qualifizierte Personen. Wohingegen unterqualifizierte Personen nahezu 2,5-mal häufiger an Weiterbildung teilnehmen als angemessen qualifizierte ältere Arbeitnehmer/innen.

In weiteren Analysen offenbart sich, dass auch unter Berücksichtigung der nicht-kognitiven Arbeitsanforderungen (*Einflussnahme, Planen, Ermessensfreiheit, Lernen*) der signifikant negative Zusammenhang zwischen Weiterbildungsteilnahme und Überqualifizierung ($p<0.01$) bestehen bleibt, ebenso wie unter Berücksichtigung der signifikanten Arbeitsmerkmale, bei denen es sich um dieselben handelt wie in Tabelle 5. Die Unterqualifizierung hingegen weist weder unter Kontrolle der nicht-kognitiven Arbeitsanforderungen noch unter Kontrolle der signifikanten Arbeitsmerkmale einen signifikanten Zusammenhang vor. Werden die kognitiven Arbeitsanforderungen (*Lesen*, *Alltagsmathematik*, *Computernutzung*) kontrolliert, verschwindet jedoch auch der signifikant negative Zusammenhang zwischen der Weiterbildungsteilnahme und der Überqualifizierung.

Hinsichtlich der Weiterbildungsteilnahme scheint also insbesondere eine Überqualifizierung negative Effekte zu haben, die nur dann ihre Relevanz verliert, wenn die kognitiven Arbeitsanforderungen kontrolliert werden.

Stundenzahl non-formaler Weiterbildung und Lernbereitschaft

Ähnlich wie bei der Weiterbildungsteilnahme verhält sich die Über- und Unterqualifizierung in Hinblick auf die Stundenzahl non-formaler Weiterbildung. Hier zeigt aber nur die Überqualifizierung einen signifikant negativen Zusammenhang ($p<0.01$) mit der Stundenzahl non-formaler Weiterbildung unter Kontrolle von Alter, Geschlecht und Bildungsniveau. Dieser signifikant negative Zusammenhang bleibt auch bestehen ($p<0.05$), wenn signifikante Arbeitsmerkmale oder nicht-kognitive Arbeitsanforderungen neben Alter, Geschlecht und Bildungsniveau kontrolliert werden. Wie bei der Weiterbildungsteilnahme verschwindet der signifikante Zusammenhang zwischen Stundenzahl non-formaler

Weiterbildung und Überqualifizierung ganz, sobald die kognitiven Arbeitsplatzanforderungen berücksichtigt werden.

Dominieren bezüglich der Weiterbildungsteilnahme und der Stundenzahl non-formaler Weiterbildung negative Zusammenhänge mit der Überqualifizierung, sind es im Hinblick auf die Lernbereitschaft positive Zusammenhänge mit der Unterqualifizierung. Zwar zeigen unter Kontrolle von Alter, Geschlecht und Bildungsniveau sowohl die Unterqualifizierung ($p<0.001$) als auch die Überqualifizierung ($p<0.01$) einen positiven bzw. negativen signifikanten Zusammenhang, jedoch bleibt unter Kontrolle der signifikanten nicht-kognitiven oder der kognitiven Arbeitsanforderungen lediglich der positive Zusammenhang mit der Unterqualifizierung signifikant ($p<0.01$ bzw. $p<0.05$). Gleiches gilt, wenn die signifikanten Arbeitsmerkmale berücksichtigt werden (Unterqualifizierung: $p<0.01$).

Allerdings stellen die kognitiven Anforderungen (*Lesen*, *Alltagsmathematik*, *Computernutzung*) zu Hause wieder eine Ausnahme dar. Werden diese Anforderungen kontrolliert, ist der Zusammenhang zwischen Lernbereitschaft und Unterqualifizierung nicht weiter signifikant. Plausibel wird der signifikant positive Zusammenhang zwischen Unterqualifizierung und Lernbereitschaft, wenn Heckhausens Hypothese von einer lernförderlichen „dosierten Diskrepanz" betrachtet wird. Demnach regt eine (gelegentliche) leichte Überforderung zum Lernen an (Siebert, 2012). „Durch das Bewältigen neuer oder erweiterter Aufgaben entstehen Übungseffekte, die Handlungsbereitschaft wird günstig beeinflusst, Zufriedenheit stellt sich ein" (BAuA, 2010, S.23). Denkbar wäre in diesem Kontext zudem, dass Personen, die sich als unterqualifiziert wahrnehmen, die für ihren Beruf erforderlichen Fähigkeiten und Kompetenzen durch non-formale Weiterbildung aneignen. Diese Hypothese konnte bereits in einer österreichischen Studie, die ebenfalls Effekte von Unter- und Überqualifizierung auf die berufliche Weiterbildungsaktivität untersuchte, belegt werden (Vogtenhuber, 2011). Zudem zeigt diese Studie, dass formal unterqualifizierte Personen weiterbildungsaktiver und überqualifizierte Personen weiterbildungsinaktiver gegenüber adäquat qualifizierter Personen sind, womit die hier dargestellten Ergebnisse zusätzlich bestätigt wären.

5.3 Einflussfaktoren auf die Weiterbildungsteilnahme aus Expertensicht

Die befragten Experten/innen in Deutschland unterstreichen im Wesentlichen den hier referierten Forschungsstand. Diejenigen, die beruflich mit quantitativ-empirischer Bildungsforschung zu tun haben, sind mehrheitlich der Ansicht, der Einfluss des Merkmals „Alter" auf die Weiterbildungsteilnahme werde manchmal überschätzt und sei deutlich geringer als der von Bildungsabschlüssen oder der Erwerbsbeteiligung. Nur vereinzelt findet sich die Ansicht, Alter habe einen großen eigenständigen Einfluss auf die Weiterbildungsteilnahme.

Einige Experten weisen darauf hin, dass es besonders schwierig sei, ältere Erwerbstätige mit längerer Lernabstinenz wieder für eine Weiterbildungsteilnahme zu gewinnen (ExpSoz, ExpAV1). Darüber hinaus wollten ältere Erwerbstätige angesichts der geringeren Zahl der verbleibenden Berufsjahre sehr genau wissen, welcher berufliche Nutzen mit einer Teilnahme verbunden ist (vgl. Kapitel 4), so dass hier ein spezifischer Informations- und Beratungsbedarf besteht.

Die meisten Experten/innen betonen, dass sowohl angebotsbezogene Einflussfaktoren wie das betriebliche Lernumfeld als auch nachfragebezogene Einflüsse wie die weitere berufliche Perspektive wichtige Einflussfaktoren auf die Weiterbildungsteilnahme von Älteren sind. Manche angebotsbezogenen Veränderungen wie z.B. eine Zunahme von berufsbegleitenden, modularisierten Weiterbildungsangeboten verringern Weiterbildungsbarrieren gerade für ältere Erwerbstätige.

Eine Expertin führt aus, dass ein weiterer Faktor insbesondere bei älteren Erwerbstätigen die Weiterbildungsbeteiligung positiv beeinflussen kann: eine hohe Identifikation mit dem Unternehmen (vgl. näher Kapitel 4). Ein Experte weist zudem darauf hin, dass auch ein hoher gewerkschaftlicher Organisationsgrad im Betrieb und aktive Betriebsräte betriebliche Qualifizierungsstrategien und das Lernumfeld für Erwerbstätige positiv beeinflussen können (Buss & Kuhlmann, 2013).

Ein anderer Experte betont, dass es neben dem Lebensalter noch andere Altersdimensionen gebe, die eine Weiterbildungsteilnahme beeinflussen können. So erhöhe z. B. ein beruflicher Neubeginn bei einem anderen Arbeitgeber die Wahrscheinlichkeit einer Weiterbildungsteilnahme, auch bei älteren Erwerbstätigen. Deshalb sei es erforderlich, nicht nur das Lebensalter, sondern auch das Dienstalter als potenziellen Einflussfaktoren zu berücksichtigen:

> „Das (die Weiterbildungsteilnahme) hat insbesondere etwas mit dem Dienstalter zu tun, dass wir meines Erachtens typische Etappen durchlaufen, wenn wir für ein Unternehmen arbeiten. Das sind eher relative Alterseffekte und nicht Lebensalterseffekte. Wenn Sie neu sind in einem Unternehmen, auch als 50-Jähriger, gehen Sie mit Ihren Aufgaben völlig anders um: Hochmotiviert. Sie lesen alles, wollen alles wissen. Wenn Sie zehn Jahre dabei sind, sieht das schon anders aus Lebensalter hat nichts mit dem Kontext von Dienstalter zu tun. Das ist eine eigene Ratio, die damit einhergeht und die muss man, gerade wenn man über betriebliche Weiterbildungsforschung nachdenkt, berücksichtigen" (ExpDIHK).

Einige Experten/innen weisen darauf hin, dass manche Veränderungen von Rahmenbedingen sich auch in Zukunft tendenziell positiv auf die Weiterbildungsbeteiligung von Älteren auswirken dürften. Dazu gehört zum einen der weiter steigende Anteil von Älteren mit hohen schulischen und beruflichen Abschlüssen. Fast alle Experten/innen nennen in diesem Kontext zum anderen auch die demografische Entwicklung, die bei Fachkräfteengpässen einen längeren Verbleib von Älteren im Betrieb begünstigt, auch wenn diese Tendenz angesichts anderer strategischer Optionen wie z.B. einer verstärkten Zuwanderung von Fachkräften oder einer weiteren Erhöhung der Erwerbsquoten von Frauen kein Selbstläufer ist.

Wie bereits aus Deutschland bekannt, sehen auch internationale Experten/innen insbesondere das Bildungsniveau als ein Prädiktor für die Weiterbildungsteilnahme ExpNL, ExpN2, ExpCedefop, ExpS): Höhergebildete Personen sind mit dem lebenslangen Lernen vertraut und ein Teil davon, denn sie sind es bereits gewöhnt zu Lernen und es stellt ein Teil ihres Lebens dar. Niedrigqualifizierte dagegen müssen größere Hindernisse bewältigen, da viele von ihnen wegen schlechter Erfahrungen in ihrer Schulzeit formal-organisierten Lernprozessen sehr distanziert gegenüberstehen, so dass sie hinsichtlich der Weiterbildungsteilnahme besonders motiviert werden sollten. Da oftmals Ältere ein niedrigeres Bildungsniveau als Jüngere haben, sollten Unterschiede weniger auf das Alter, als vielmehr auf das Bildungsniveau zurückgeführt und nicht miteinander vermengt werden. Trotzdem zeigte eine Studie in Norwegen und Schweden, dass innerhalb der Gruppe der Hochqualifizierten der Einfluss der Variablen Alter und Geschlecht signifikant bleiben. Inwiefern im Rahmen dieser Analyse auch die Erwerbsbeteiligung berücksichtigt wurde ist unklar. Sollten alters- und geschlechtsspezifische Unterschiede hinsichtlich der Erwerbsbeteiligung nicht berücksichtigt worden sein, ist anzumerken, dass Analysen in Deutschland zeigen, dass sich altersspezifische Unterschiede der Weiterbildungsteilnahme erheblich abschwächen oder ganz verschwinden, wenn diese Unterschiede berücksichtigt werden (Hartmann & Kuwan, 2011). Die auf den ersten Blick niedrigere berufliche Weiterbildungsteilnahme von Frauen in Deutschland stellte sich bei genauerem Hinsehen sogar als überdurchschnittliche Beteiligung heraus, wenn Faktoren wie die Erwerbsbeteiligung und die berufliche Position berücksichtigt werden (Kuwan, 2001).

Generell haben die Entwicklungen auf dem Arbeitsmarkt, die Globalisierung sowie der rasante Fortschritt der Technologien einen positiven Einfluss auf die Kompetenzentwicklung älterer Arbeitnehmer/innen. Ebenso hat das Qualifizierungsniveau Einfluss auf die Weiterbildungsbereitschaft: So nehmen niedrigqualifiziertere Arbeitnehmer/innen eher an Weiterbildung teil, wenn sie eine finanzielle Unterstützung bekommen oder dafür freigestellt werden, während Höherqualifizierte eher dazu bereit sind, sich auch in ihrer Freizeit weiterzubilden. Gewöhnlich werden die Kosten der Weiterbildungen vom Lohn abgezogen. Es gibt aber auch sektorbasierte Bildungsfonds, auf die Unternehmen des jeweiligen Sektors Zugriff haben. Für diese Bildungsfonds wird zunächst Geld gesammelt und dann für Weiterbildung ausgegeben. Heute werden diese Fondsgelder insbesondere im Sinne der Beschäftigungsfähigkeit ausgegeben, so dass sich Personen auch sektorübergreifend weiterbilden und damit auch neu beruflich orientieren. Hinsichtlich der Finanzierung wird die Weiterbildungsteilnahme gerade in Dänemark durch die lange Tradition (siehe Kapitel 9.2) positiv beeinflusst. So ist dort bis heute Weiterbildung eine öffentliche Aufgabe, weshalb die Finanzierung größtenteils vom dänischen Staat getragen wird.

Als weiterer wichtiger Einflussfaktor wird von einigen Experten/innen auch die berufliche Stellung genannt. In Übereinstimmung mit multivariaten Analysen sehen sie diesen Faktor für die betriebliche Weiterbildung von Erwerbstätigen als bedeutsamer an als das Alter.

> „In der betrieblichen Weiterbildung, gerade in diesem ganzen Learning-on-the-Job, ist, glaube ich, Alter kein Thema, sondern berufliche Stellung. Ich würde sagen, fünf Jahre vor der Pension ändert sich das dann. Aber das ist vergleichbar damit, dass junge Frauen, bei denen man schon weiß, dass sie in Mutterschutz gehen, jetzt auch nicht mehr die betriebliche Weiterbildung mitmachen" (ExpA).

Wie in dem o.g. Zitat bereits angesprochen, sind darüber hinaus auch private Umstände wie Familie oder das eigene Weiterbildungsinteresse relevante Einflussfaktoren auf die Weiterbildungsteilnahme. Dabei spielen die Lebensphasen eine wichtige Rolle, weshalb die lebensgeschichtliche Dimension bei der Weiterbildungsteilnahme immer mitberücksichtigt werden sollte:

> „Leute machen irgendwie Überlegungen in alle Phasen über eine lebensgeschichtliche Auswertung der bisherigen Tätigkeiten und Vorstellungen. Was soll weiterhin passieren?" (ExpDK2).

In diesem Kontext kann auch die Wahrnehmung des eigenen (psychologischen) Alter(n)s in der Hinsicht zu Tragen kommen, wie man darüber denkt bis ins hohe Alter zu arbeiten.

Neben diesen persönlichen Faktoren können ebenso politische Akteure und Systeme sowie Entwicklungen auf dem Arbeitsmarkt die Weiterbildungsteilnahme beeinflussen. Gerade die Kooperation verschiedener Akteure kann von Bedeutung sein. Ein Beispiel:

> „Let's say schools or training institutions are not linked enough let's say to the workplace (…) How they adapt to labour market needs it's not fast enough 'cause if this happens let's say you have major innovations and it takes three years to update the global

> qualifications. It's not only bad for young people but it's also bad for older people that want to get this qualification" (ExpCedefop).

Demnach sollten die Bedarfe des Arbeitsmarktes stets reflektiert werden. Dafür müssen Unternehmen manchmal auch zusätzlich Weiterbildungsanbieter ordern, weil sie sehen, dass es einen Bedarf an notwendigen Tätigkeiten gibt, die völlig neu oder eine Kombination aus früheren Tätigkeiten sind und für die es dementsprechend noch keine Qualifikationen gibt. In diesem Falle werden die Betriebe sehr aktiv und kooperieren mit Weiterbildungsanbietern, um so maßgeschneiderte Programme zu entwickeln. Neben Kooperationen spielen auch Interessensvertreter eine wichtige Rolle.

In Norwegen haben insbesondere Vereinbarungen zwischen den Sozialpartnern einen fördernden Einfluss auf die Weiterbildungsteilnahme. Daneben sind es Veränderungen auf dem Arbeitsmarkt wie die Flexibilisierung und Arbeitskräftewanderung, die auf Lerngelegenheiten einwirken.

In Dänemark dagegen wurde früher die Weiterbildungsteilnahme insbesondere durch das Flexicurity-System geprägt. Demnach wurden Arbeitnehmer/innen damals öfter im Sinne der Flexibilisierung in Weiterbildungen „geparkt". Da das Flexicurity-System heute durch die neoliberale Politik an Einfluss verloren hat, müssen nun Arbeitgeber/innen und –nehmer/innen mehr für Weiterbildung selbst bezahlen. Die Finanzierung und der Ort der Weiterbildung sind ebenfalls essentiell für die Weiterbildungsteilnahme. Demnach sollte der Ort der Weiterbildung nicht zu weit entfernt liegen, sondern eher arbeitsnah stattfinden.

Nicht nur der Arbeitsmarkt, sondern auch der Arbeitsplatz selbst wirkt sich positiv oder negativ auf die Weiterbildungsbeteiligung aus: Ist der Arbeitsplatz abwechslungsreich und lernförderlich, kommt es durch informelles Lernen eher zu einer Kompetenzanpassung. Zudem variieren Weiterbildungsbarrieren mit der Lernform. Demnach wird Lernen am Arbeitsplatz oft von Unternehmen und Arbeitnehmer/innen bevorzugt, da dadurch die Produktivität kaum beeinträchtigt wird. Die Experten ExpDK2 und ExpGB betonen darüber hinaus die Bedeutung der Identifikation mit dem Unternehmen. Schließlich hängt die Bereitschaft, etwas Neues zu lernen, gerade bei älteren Erwerbstätigen davon ab, inwiefern man für sich, innerhalb des Unternehmens, noch eine Zukunft sieht.

> „Aber für ganz viele denke ich ist diese Identifikationsschwierigkeit (wichtig), wo die dann entscheiden (…) Muss ich mir zumuten, mich an eine neue Organisation anzupassen oder eine neue Technologie anzulernen? Die Entscheidung ob man etwas neu lernen soll, hängt dann davon ab, ob man (für) sich selbst noch eine Zukunft und eine Identifikation (sieht)“ (ExpDK2).

Zudem haben Ältere im Gegensatz zu Jüngeren bereits viele Organisationsveränderungen durchlebt, weshalb die Bereitschaft wieder eine neue mitzumachen, fraglich ist. Auch die Alltagsrhythmen und die Kollegen können eine Weiterbildungsteilnahme fördern oder erschweren. Gerade für Ältere scheint die soziale Dimension bedeutsam zu sein. Schließlich werden über das Erwerbsleben hinweg soziale Beziehungen zu Kollegen/innen aufgebaut, wodurch Weiterbildung nicht nur einen Nachholbedarf bestimmter Kenntnisse und Fertigkeiten darstellt, sondern gleichfalls eine soziale Dimension im Sinne sozialer Kontakte annehmen kann. Zusammengefasst sind Faktoren, die das Lernen Älterer fördern oder hindern, u.a. politische Strategien wie Frührente, der Arbeitsmarkt und Regelungen der Arbeitsverhältnisse sowie der Binnenarbeitsmarkt und der Wechsel von Arbeitsinhalten durch technologische, funktionelle oder organisationale Entwicklungen.

Auch der Zugang zu Weiterbildung hat Einfluss auf die Teilnahme. In einigen Fällen ist dieser obligatorisch. Die Menschen müssen eine Weiterbildung besuchen, weil beispielsweise die Richtlinien bei Gesundheits- und Arbeitsschutzthemen dies vorschreiben. Manche Berufe sind dementsprechend ausgerichtet, dass aufgrund der Anforderungen eine bestimmte Stundenanzahl an einer spezifischen Weiterbildung innerhalb eines Jahres absolviert werden muss. Generell ist es allerdings schwierig zu sagen, was das Lernen Älterer beeinflusst, da die Gruppe der Älteren sehr heterogen ist.

In den meisten Expertengesprächen wird eine Erhöhung der Weiterbildungsteilnahme von Älteren implizit bereits als bildungspolitischer Erfolg angesehen. Einzelne Experten/innen sind hier skeptischer und verwenden stärker differenzierte Erfolgskennziffern. So betont ein Experte, dass in Evaluationen von Weiterbildungsmaßnahmen für Arbeitslose zwar subjektive Nutzenkomponenten wie ein stärkeres Selbstbewusstsein oder eine optimistischere Grundhaltung nachgewiesen werden konnten, aber keine Auswirkungen auf die Wahrscheinlichkeit, eine Arbeit zu finden:

> "There was a study done which looked at all the students, tens of thousands of students, who were registered as unemployed when they started their courses, and looked what happened to them, what qualifications they got, what difference it appeared to make. What they found was that there was a dramatic improvement in morale. Unemployed people who went on a further educational course, at the end of the course said they were more self-confident, they were more happy, they were sure they were going to get a job and they were much more contented with their lives - but they weren't more likely to be in work" (ExpGB).

5.4 Schlussfolgerungen

Altersspezifische Unterschiede der Weiterbildungsbeteiligung, die auf den ersten Blick sehr deutlich ausgeprägt zu sein scheinen, verlieren in multivariaten Analysen ihre Erklärungskraft ganz oder teilweise, während höhere Bildungsabschlüsse und die Einbindung in das Erwerbsleben die Chance einer Weiterbildungsteilnahme erheblich erhöhen. Dies ist auch für die Suche nach Erfolg versprechenden Ansatzpunkten zur Erhöhung der Weiterbildungsbeteiligung bedeutsam (Kuwan, 2012).

In diesem Kontext ist es erforderlich, nicht nur das "klassische Modell" einer freiwilligen Teilnahme aus eigenem Interesse zu betrachten. Eine Teilnahme an berufsbezogener Weiterbildung kann auch als Reaktion auf (subjektiv empfundenen) äußeren Druck, etwa der Arbeitsverwaltung oder des Arbeitgebers erfolgen. Quantitative Einschätzungen, die etwas weiter zurückliegen (BSW VIII, Bezugsjahr 2000), verdeutlichen, dass in weniger als der Hälfte aller Teilnahmefälle an beruflicher Weiterbildung (42%), die Teilnahme von den Teilnehmenden selbst ausging. Etwa jeder dritte Teilnahmefall erfolgte nach Angaben der Befragten aufgrund einer betrieblichen Anordnung und etwa jeder vierte auf Vorschlag von Vorgesetzten.

Diese Ergebnisse unterstreichen die zentrale Bedeutung einer gezielten Personalentwicklung auch für ältere Erwerbstätige (Vonken, 2007). Zudem verdeutlichen sie, dass Ansatzpunkte zur Erhöhung der Weiterbildungsteilnahme auch in anderen Bildungssektoren und angrenzenden Handlungsfeldern liegen. Mittelfristige Strategien zur Förderung der Weiterbildungsteilnahme sollten insbesondere die Grundlagen für das Lernen im Erwachsenenalter frühzeitig fördern.

Weiterbildungsbarrieren sind kein „Exklusivthema“ des Weiterbildungssektors oder des Bildungsbereichs. Auch die Arbeitsmarktpolitik kann zu einer Erhöhung der Weiterbildungsbeteiligung beitragen. Ansätze, die eine Erwerbsbeteiligung von Älteren fördern oder einer frühen Ausgliederung älterer Arbeitnehmer/innen aus dem Erwerbsleben entgegenwirken, begünstigen mittelbar deren berufsbezogene Weiterbildungsbeteiligung (Husemann, 2002).

Um Anregungen zur Erhöhung der Weiterbildungsbeteiligung zu erhalten, erscheint auch ein Blick über den „nationalen Tellerrand“ empfehlenswert. Aus Erfahrungen anderer Staaten, insbesondere einiger skandinavischer Länder, in denen die Inklusion Älterer und auch Niedrigqualifizierter in das Weiterbildungssystem besser zu gelingen scheint als in Deutschland (Husemann, Moraal, & Schönfeld, 2006), lassen sich ebenfalls Anregungen für die deutsche Diskussion gewinnen.

In der empirischen Literatur zum Weiterbildungsverhalten älterer Erwerbstätiger werden bislang vorrangig personenbezogene Faktoren, wie soziodemografische Variablen und individuelle Dispositionen in den Blick genommen. Im Anschluss an qualitative Befunde (Schmidt, 2009) wäre auch ein Effekt von zweiten und dritten Bildungswegen auf die Weiterbildungsbeteiligung zu erwarten gewesen, was sich in den Daten des Nationalen Bildungspanels aber nicht bestätigten ließ (vgl. auch Schmidt-Hertha & Müller, 2016). Dagegen zeigte sich bei Kontrolle dieser Faktoren ein starker Geschlechtereffekt, der weitere Forschungsfragen aufwirft. Warum Frauen in der zweiten Hälfte ihres Erwerbslebens bei Kontrolle anderer Faktoren deutlich häufiger an Weiterbildung teilnehmen als Männer des gleichen Alters, wäre in weiteren Studien abzuklären. Offensichtlich zeigt sich das für die Nacherwerbsphase bekannte Geschlechtergefälle in den Bildungsaktivitäten (vgl. Golding, 2015) schon in der Erwerbsphase, wird dort aber von anderen Faktoren überlagert.

Die Sekundäranalysen aus PIAAC verweisen darüber hinaus auf die hohe Relevanz aktueller und vorangegangener Bedingungen am Arbeitsplatz. Insbesondere Anforderungsstrukturen geraten hier in den Fokus. Offensichtlich ist die am jeweiligen Arbeitsplatz geforderte Qualifikation für Weiterbildungsbeteiligung ausschlaggebender als die tatsächliche Qualifikation der älteren Erwerbstätigen. Ebenso wie die am Arbeitsplatz geforderten Kompetenzen stärkere Prädiktoren für Weiterbildungspartizipation zu sein scheinen, als die tatsächlich vorhandenen Kompetenzen. In dieses Bild passt auch die Bedeutung von Über- und Unterqualifizierung für Weiterbildungsteilnahmen, wobei deutlich wird, dass ein gewisses Maß an Überforderung Bildungsaktivitäten zumindest nicht abträglich zu sein scheint, während Unterforderung zu einer deutlich geringeren Weiterbildungsbeteiligung beiträgt. Insgesamt scheint es für zukünftige Studien lohnend, weit mehr als bisher Anforderungsstrukturen am Arbeitsplatz in den Blick zu nehmen. Für die Personalentwicklung in Unternehmen dürfte eine zentrale Botschaft aus den Befunden sein, dass auch ältere Erwerbstätige davon profitieren am Arbeitsplatz entsprechend ihrer Fähigkeiten gefordert zu werden und so Anstöße zu erhalten, die eigenen Kompetenzen am Arbeitsplatz und darüber hinaus weiterzuentwickeln.

Im internationalen Vergleich ergibt sich ein ausgesprochen differenziertes Bild. Auch Länder, die hinsichtlich der Weiterbildungsquote als Vorreiter in Europa gelten, zeigen sehr unterschiedliche Strategien zum Umgang mit demografischen Veränderungen im Arbeits- und Bildungssystem. Dabei bleibt aber auch nach den Expertenaussagen offen, welche Strategien als die Besten im Hinblick auf die Integration Älterer in Arbeitsmarkt und

Weiterbildung anzusehen sind. Während einige Länder sich ganz auf ihre insgesamt erfolgreichen Konzepte im Weiterbildungssystem verlassen und keine spezifischen Anstrengungen zur Integration älterer Erwerbspersonen zu unternehmen scheinen, setzen andere bewusst auf spezifische Konzepte für eben diese Zielgruppe. Dabei dürfen aber auch im internationalen Vergleich nicht die Partikularität staatlicher Programme sowie branchen- und arbeitshierarchiebezogene Differenzen übersehen werden.

6 Informelles Lernen von Älteren

Auch wenn der Anteil informeller Lernprozesse an der individuellen Kompetenzentwicklung über die Lebensspanne nicht präzise zu quantifizieren ist, so ist die ganz erhebliche Bedeutung von Aneignungsprozessen außerhalb organisierter Bildungsangebote für die Entwicklung von Handlungskompetenz in verschiedenen Lebensbereichen doch unbestritten (Dohmen, 2001). Einige Experten/innen schreiben dem informellen Lernen mit wachsender Lebens- und Berufserfahrung eine gegenüber formalisierten Lernsettings wachsende Relevanz zu (ExpBWP, ExpGero1). Ältere Studien verweisen auf eine steigende Relevanz bestimmter Formen informellen Lernens und unterstreichen einen Bedeutungsverlust organisierter Lernkontexte mit zunehmendem Alter (Tikkanen et al., 2002), wobei diese internationalen Daten auch auf erhebliche branchenspezifische Differenzen verweisen. Für Deutschland liegen bislang kaum branchenspezifisch differenzierte Daten vor. Die vorliegenden Befunde zu informellen Lernprozessen sind schon wegen der Breite und unterschiedlichen Verwendung des Begriffs vielfach unsystematisch und teilweise widersprüchlich. So werden unter dem Label „informelles Lernen“ mindestens drei sehr unterschiedliche Aneignungswege verhandelt.

Erstens werden selbstgesteuerte und selbstorganisierte Lernwege häufig auch als informell charakterisiert. Diese Form der Wissensaneignung setzt ein hohes Maß an Lernkompetenz und Selbstorganisationsfähigkeit auf Seiten der Lernenden voraus (Konrad, 2000; 2001) und bietet sich daher vor allem für sehr Lernaktive und Personen mit höheren Bildungsabschlüssen an. Für Ältere hat sich diese Lernform nicht nur in Hochschulkontexten bewährt (Stadelhofer, 2000), sondern findet sich in Form von Arbeitskreisen und sogenannten „Communities of Practice“ (Wenger, 1998) auch in beruflichen Kontexten wieder. Älteren kommt hierbei ihr Erfahrungswissen und die Bereitschaft, dieses mit anderen zu teilen, besonders zugute.

Zweitens setzt die Auseinandersetzung mit neuen (beruflichen) Anforderungen, Aufgaben und Problemen häufig auch Lernprozesse in Gang, wenn einem zu lösenden Problem lernend auf den Grund gegangen wird. Diese von Michel Eraut als „reactive learning“ bezeichneten Aneignungsprozesse sind durch den Wunsch, Handlungsfähigkeit in einer komplexen Situation herzustellen motiviert und durch konkrete Anforderungen veranlasst. Diese können durch die Einführung neuer Technologien am Arbeitsplatz, das Auftreten unerwarteter Probleme oder die Übernahme neuer Aufgabengebiete ausgelöst werden. Je nach Arbeitsplatzzuschnitt ist die Wahrscheinlichkeit dieser Form des informellen Lernens unterschiedlich groß bzw. sind die Lernanreize unterschiedlich vielfältig. Diese Qualität wird in der Literatur auch als „Lernförderlichkeit“ von Arbeitsplätzen bezeichnet (Baethge-Kinsky et al., 2006).

Drittens ergeben sich inzidentelle, beiläufige Lernprozesse unvermeidlich durch alltägliche Handlungsvollzüge und Interaktionen. Versteht man die nicht intendierten und sich aus der kontinuierlich vorhanden Vielfalt von Sinneseindrücken und Erfahrungen entstehenden Wissensanhäufungen als Lernprozesse, so entgrenzt sich Lernen (Kirchhöfer, 2000) und ein Nicht-Lernen ist kaum mehr vorstellbar. Lernergebnisse lassen sich dann nur noch qualitativ – nicht aber quantitativ – bemessen, d.h. das erworbene Erfahrungswissen wächst automatisch mit den Lebensjahren, divergiert interpersonell aber dahingehend, dass es in unterschiedlichen Kontexten und in Bezug auf unterschiedliche Anforderungen ein unterschiedlich kompetentes Handeln ermöglicht. Charakteristisch für inzidentell erworbenes Wissen ist, dass es als implizites Wissen memoriert wird, d.h. den Akteuren gar nicht als solches bewusst und für diese oft schwer kommunizierbar ist

(Eraut, 2000; Baron, Wilson & Riddell, 2000). Um also implizites Erfahrungswissen z.B. an jüngere weiter zu geben, bedarf es zunächst einer Explizierung dieses Wissens, was Anleitung und Unterstützung erfordert und nicht immer gelingt.

6.1 Beteiligung an informellem Lernen insgesamt und bei Älteren

Die Ergebnisse empirischer Erhebungen zum informellen Lernen können bereits auf geringfügige veränderte Erhebungsinstrumente hoch sensibel reagieren. Vor diesem Hintergrund und angesichts der Unklarheiten bei der begrifflichen Abgrenzung ist für empirische Erhebungen zum informellen Lernen die Vorgabe konkreter Antwortkategorien, also eine gestützte Fragetechnik, besonders bedeutsam, weil nur diese es vermeidet, die Klärung begrifflicher Unklarheiten an die Befragten zu delegieren. Auch im deutschen AES erfolgte deshalb 2012 ein Umstieg auf die gestützte Fragetechnik (vgl. hierzu und zu den im Folgenden dargestellten Ergebnissen Kuwan & Seidel 2013).

Bundesweit hat nach den Ergebnissen des AES 2012 fast jeder zweite 18- bis 64-Jährige informell gelernt (48%). Damit liegt die Beteiligung an informellem Lernen in einer ähnlichen Größenordnung wie die Weiterbildungsteilnahme (49%). Durch den Umstieg auf eine gestützte Fragetechnik im AES 2012 gelang es, einen etwa doppelt so großen Ausschnitt des informellen Lernens in den Blick zu nehmen wie 2010.

Bei der Nutzung verschiedener Wege des informellen Lernens steht in der Gesamtbevölkerung mit einigem Abstand das Lesen von Büchern oder Fachzeitschriften an erster Stelle. 35% haben auf diesem Weg informell gelernt. Die Anteilswerte der anderen im AES 2012 erfassten informellen Lernwege, dem Computer- oder Internetlernen, den Wissenssendungen in Fernsehen, Radio, etc. und dem Lernen von Familie, Freunden oder Kollegen, unterscheiden sich nur wenig und liegen zwischen 19 % und 23 % (Mehrfachnennungen möglich). Durchschnittlich hatte 2012 jeder informell Lernende etwa zwei Wege des informellen Lernens genutzt.

6.1.1 Gruppenspezifische Differenzierungen

Bei der Beteiligung an informellem Lernen insgesamt lassen sich erhebliche gruppenspezifische Unterschiede erkennen. Besonders stark unterrepräsentiert sind vor allem Befragte mit niedrigem *Schulabschluss*, deren Teilnahmequote an informellem Lernen insgesamt nur etwa halb so hoch ist wie die der Personen mit Abitur. Befragte mit mittlerem Schulabschluss liegen dazwischen.

Bei allen im AES betrachteten Lernwegen lassen sich bildungsabhängige Differenzen erkennen, wenn auch mit Unterschieden in den Nuancen. Als besonders bildungsselektiv erweist sich die Literaturnutzung, während die Unterschiede beim Lernen von Familie oder Bekannten geringer ausfallen. Die Abweichungen beim Computer- bzw. Internetlernen liegen dazwischen.

Differenziert nach dem Merkmal „*Erwerbsbeteiligung*" weisen Arbeitslose eine unterdurchschnittliche Beteiligung an informellem Lernen auf, während die der Erwerbstätigen durchschnittlich ist. Besonders aktiv beim informellen Lernen sind Auszubildende. Dies spricht dafür, dass es parallel zu formalem Lernen häufig auch zu informellen Lernprozessen kommt. Die höhere Beteiligung der Auszubildenden im Vergleich zu Erwerbstätigen oder Arbeitslosen zeigt sich bei allen im AES erhobenen informellen Lernwegen.

In der *altersspezifischen Differenzierung* ist zunächst zu erkennen, dass die Beteiligungsquote an informellem Lernen insgesamt bei den 55- bis 64-Jährigen mit 44% leicht unterdurchschnittlich ist. Am höchsten liegt diese Quote bei den 18- bis 24-Jährigen (53%), und auch die der 25- bis 34-Jährigen ist leicht überdurchschnittlich. Dagegen entsprechen die Teilnahmequoten der mittleren Altersgruppen in etwa dem Bevölkerungsdurchschnitt.

Allerdings zeigt sich hier erneut die in diesem Bericht bereits mehrfach angesprochene Notwendigkeit, die Merkmale „Alter" und „Erwerbstätigkeit" in der Analyse zu kombinieren. Betrachtet man nur die Gruppe der Erwerbstätigen, so haben 55- bis 64-Jährige sogar öfter informell gelernt als 18- bis 24-Jährige (Differenz: 5 Prozentpunkte). Der erste Eindruck mit Blick auf altersspezifische Unterschiede des informellen Lernens wird also an dieser Stelle nicht nur relativiert, sondern kehrt sich in der Tendenz um.

Die oben beschriebene niedrigere Beteiligung der 55- bis 64-Jährigen im Vergleich zu den 18- bis 24-Jährigen konzentriert sich vor allem auf zwei Lernwege: das Lernen von Familie oder Bekannten sowie auf das Computer- oder Internetlernen (Differenz: 11 bzw. 10 Prozentpunkte). Erneut sind diese Unterschiede maßgeblich durch unterschiedliche Erwerbsquoten beeinflusst. Innerhalb der Gruppe der Erwerbstätigen schwächen sich die genannten Abweichungen für das Lernen von Familien oder Bekannten auf vier Prozentpunkte ab und beim Computer- oder Internetlernen ebnen sie sich ein.

Darüber hinaus treten innerhalb der Gruppe der Erwerbstätigen zusätzliche Unterschiede hervor. So hatte in der Gesamtbevölkerung die jüngste Altersgruppe etwas häufiger als die älteste über informelles Lernen durch Literaturnutzung berichtet. Unter den Erwerbstätigen zeigt sich eine deutliche Abweichung in die gegenteilige Richtung (Differenz: 9 Prozentpunkte zugunsten der

55- bis 64-Jährigen). Zudem haben 55- bis 64-jährige Erwerbstätige etwa doppelt so häufig wie die 18- bis 24-Jährigen durch Wissenssendungen informell gelernt (23% vs. 12%); in der bevölkerungsbezogenen Betrachtung waren hier nur sehr geringe Unterschiede zu erkennen. Diese beiden Beispiele belegen erneut, wie sehr altersspezifische Unterschiede des Lernverhaltens durch unterschiedliche Erwerbsquoten beeinflusst werden können.

Insgesamt erweisen sich somit alle im AES betrachteten informellen Lernwege als bildungsselektiv, wenn auch in unterschiedlichem Umgang. Altersspezifische Abweichungen beim informellen Lernen sind dagegen bei genauerem Hinsehen stark von Unterschieden in der Erwerbsbeteiligung beeinflusst.

6.1.2 Informelles Lernen aus beruflichen oder privaten Gründen?

Sowohl die Lernumgebung als auch Unterstützungsstrukturen können beim informellen Lernen aus beruflichen und privaten Gründen erheblich variieren. Deshalb wurde im AES 2012 auch nach dieser Unterscheidung gefragt. Bezugsgröße der folgenden Ausführungen zu diesem Thema sind nicht teilnehmende Personen, sondern Teilnahmefälle, also Strukturen von informellen Lernaktivitäten.

Informelles Lernen erfolgt etwas häufiger aus privatem Interesse als aus beruflichen Gründen (53% vs. 47%). Beide Motivationen spielen somit für das informelle Lernen eine wichtige Rolle.

In der *altersspezifisch differenzierenden* Betrachtung scheinen 55- bis 64-Jährige besonders selten berufliche Gründe für ihre informellen Lernaktivitäten zu nennen (Differenz zu allen Befragten: minus 10 Prozentpunkte). Betrachtet man jedoch nur die Gruppe der Erwerbstätigen, so nennen 55- bis 64-Jährige fast ebenso häufig wie der Durchschnitt aller Erwerbstätigen berufliche Gründe für ihre informellen Lernaktivitäten (Differenz: zwei Prozentpunkte). Der Unterschied ist also vor allem auf die niedrigere Erwerbsquote dieser Altersgruppe zurückzuführen. Besonders oft nennen 18- bis 24-jährige Erwerbstätige berufliche Gründe für informelles Lernen (69%). Auch dieser Effekt ist erst in einer kombinierten Analyse der Merkmale „Alter“ und „Erwerbsbeteiligung“ zu erkennen.

Die Mehrheit der informellen Lernaktivitäten (75 %) fand 2012 überwiegend in der Freizeit statt. Dieser Anteil ändert sich nur wenig, wenn man ausschließlich Erwerbstätige betrachtet. Innerhalb der Gruppe der Erwerbstätigen lernen die 18- bis 24-Jährigen deutlich seltener als andere während der Arbeitszeit. Die Anteile der anderen Altersgruppen entsprechen dagegen etwa dem o.g. Gesamtdurchschnitt.

Nach Themengebieten des informellen Lernens differenziert, zeigt sich im AES 2012 ein deutlich höherer Anteil des Themengebietes „Umgang mit dem Computer, Softwarethemen“ bei der ältesten Altersgruppe im Vergleich zu der jüngsten (16% vs. 5%), der in leicht abgeschwächter Form auch bei Erwerbstätigen bestehen bleibt und im Widerspruch zu Alltagsbeobachtungen steht. Hier ist zu vermuten, dass sich die subjektiven Wahrnehmungen informeller Lernprozesse am Computer oder an mobilen Endgeräten zwischen den genannten Altersgruppen stark unterscheiden. So zeigen Betriebsfallstudien, dass jüngere Erwerbstätige ihr kontinuierliches arbeitsintegriertes informelles Lernen im Kontext von Web 2.0-Anwendungen subjektiv nicht als Lernen wahrnehmen, sondern als Alltagshandeln. Entsprechend berichteten sie im Gespräch nicht über diese informellen Lernaktivitäten, die erst durch Arbeitsplatzbeobachtungen erkennbar wurden (vgl. Schmidt-Hertha, Kuwan, Gidion, Waschbüsch & Strobel, 2011).

Manche älteren Erwerbstätigen empfanden vergleichbare Aufgaben dagegen als eher schwierige Lernprozesse, über die sie auch im Gespräch berichteten.

Als Zwischenfazit ist festzuhalten, dass sich - auch vor dem Hintergrund eines sehr breiten Verständnisses von informellem Lernen - Hoffnungen, dass gerade bildungsferne Gruppen mehr informell lernen oder dass sich mit zunehmendem Lebensalter Bildungsprozesse mehr in den informellen Bereich verlagern, so nicht bestätigen. Vielmehr scheint sich die Bildungsselektivität in diesem Bereich ähnlich darzustellen wie bei der Teilnahme an Weiterbildung. Die Beteiligung an informellen Lernprozessen, der Zugang zu dafür erforderlichen Lernressourcen und -orten sowie die Erträge informellen Lernens scheinen in hohem Maße vom allgemeinbildenden und beruflichen Qualifikationsniveau abhängig zu sein (Kuwan & Seidel, 2013; Schmidt, 2009), sowie von der beruflichen Position und dem jeweiligen Arbeitsplatz (Baethge & Baethge-Kinsky, 2004). Je höher das Bildungsniveau und (damit einhergehend) je qualifizierter die ausgeübte Tätigkeit, desto größer sind die Möglichkeiten der informellen Entwicklung beruflicher Kompetenzen und umso mehr wird deren langfristige Entwicklung auch von Arbeitgebern unterstützt. Informelles Lernen scheint hier also Bildungsungleichheiten eher zu verstärken als abzubauen.

Die zweite These, die von einer lebensphasenbezogenen Verlagerung von Lernprozessen in den informellen Bereich ausgeht, ist so auch nicht aufrecht zu erhalten – zumindest nicht in ihrer Pauschalität. Auch bei älteren Mitarbeiter/innen korreliert die Partizipation an informellen Lernprozessen stark mit der Beteiligung an organisierten Bildungsangeboten. Zwar zeichnet sich im Bereich der beruflich motivierten Weiterbildung ein Rückgang der Beteiligung an organisierter Weiterbildung in den letzten Jahren vor Ende der Erwerbstätigkeit ab, aber erstens ist dieser Abfall tatsächlich erst ab Ende Fünfzig signifikant und zweitens sind es eben auch am Ende der Berufslaufbahn diejenigen, die nicht an organisierten Bildungsangeboten partizipieren, die auch informell deutlich weniger lernaktiv sind (Schmidt, 2009).

Dennoch gewinnen informelle Lernwege für Erwachsene mit wachsender Berufserfahrung an Attraktivität, da sich hier die Trennung von Lehrenden und Lernenden und von Lehren und Lernen auflöst und sich vielfach soziale Interaktionsräume bieten, in welchen erfahrene Erwerbstätige ihr Wissen weitergeben können und gleichzeitig sich neues Wissen aneignen. Zu diesen Kontexten gehören z.B. Arbeitsgruppen und Qualitätszirkel, Communities of Practice, Expertenkreise, aber auch Messen und Auslandsaufenthalte sowie Personalentwicklungsinstrumente wie Job-Rotation und Job-Sharing.

6.2 Arbeitsplatzbezogene Bedingungen informellen Lernens

Informelles Lernen setzt eine Reihe innerer und äußerer Bedingungen voraus, die sich gerade in der zweiten Hälfte des Erwerbslebens anders darstellen als bei Berufseinsteiger/innen und jüngeren Erwachsenen. Im Hinblick auf die äußeren Bedingungen sind viele berufliche Anforderungen von einer anfänglichen Herausforderung mit wachsender Erfahrung immer mehr zur Routine geworden und bieten daher zunächst wenig Lernimpulse. Zeichnet sich die berufliche Tätigkeit vor allem durch ein hohes Maß an Konstanz von Aufgaben aus, so reduzieren sich Lernimpulse u.U. mit den Jahren der Berufsausübung kontinuierlich. Dagegen sind ständig wechselnde Zuständigkeiten, Arbeitsgebiete und Anforderungen eine kognitive und psychische Belastung, die für Arbeitnehmer/innen mittel- und langfristig zu einer Überlastung führt und gerade ältere Erwerbstätige oft an ihre Belastungsgrenzen bringt. Einer der von uns befragten Experten hebt diese Problematik besonders heraus und plädiert – in Anlehnung an die aus der Altersforschung bekannte These von Selektion und Optimierung von Tätigkeiten im Alter (Baltes & Baltes 1989) – für Karrieremodelle, die eine Fokussierung auf weniger Teilaufgaben und damit eine Spezialisierung ermöglichen. In diesem Sinne scheinen Arbeitsplätze für ältere Erwerbstätige gerade dann besonders lernförderlich, wenn sie erstens eine Mischung von Routinetätigkeiten und neuen Herausforderungen bieten, zweitens das Spektrum unterschiedlicher Arbeitsfelder eingegrenzt und somit der Aufbau von Expertise in einem Bereich begünstigt wird, und drittens die Aufgaben so zugeschnitten sind, dass sich die Erwerbstätigen auf wenige Aufgaben zu einem Zeitpunkt konzentrieren können. Letzteres beruht auf kognitionswissenschaftlichen Befunden zu einer reduzierten Multi-Tasking-Fähigkeit im Alter (Hahn, Falkenstein & Wild-Wall, 2010) und den Beobachtungen des Experten ExpTD. *„Es ist eher so, dass eine Reduzierung von Komplexität da eigentlich auch sinnvoll ist und (...) Orientierung auf überschaubarere, abgegrenztere Aufgabenbereiche*".

Die oben skizzierte Gestaltung von Arbeitsplätzen bietet für ältere Erwerbstätige einerseits die Möglichkeit Belastungen zu reduzieren und andererseits Expertise weiter auszubauen und einzubringen. Die Fachkompetenz der Älteren lässt sich durch entsprechende Lernressourcen am Arbeitsplatz zusätzlich fördern. Je nach Tätigkeitsbereich, Bildungspräferenzen und Arbeitsplatzanforderungen können diese Lernressourcen materieller Art sein (z.B. Zugriff auf Literatur und Informationssysteme, o.ä.), personelle Ressourcen umfassen (z.B. Austauschmöglichkeiten mit Kollegen/innen oder Fachleuten aus anderen Unternehmen) oder strukturell verankert sein (z.B. Lernkultur im Unternehmen, Möglichkeiten der Teilnahme an Messen und Kongressen, eigenständige Gestaltung des Arbeitsfeldes). In Anlehnung an Rebmann und Schlömer (2009, S.1) lassen sich die Merkmale lernförderlicher Arbeitsplätze und Tätigkeiten in sieben Punkten zusammenfassen.

- Vollständigkeit von Arbeitsaufgaben (statt der Ausführung einzelner Teilhandlungen im Arbeitsprozess),
- Gelegenheiten zum Entwickeln von Selbständigkeit (z.B. durch Verantwortungsübernahme und große Entscheidungsspielräume),
- Kooperations- und Kommunikationsmöglichkeiten in der Arbeit,
- Transparenz und Beeinflussbarkeit der Arbeitsinhalte (d.h. auch Mitbestimmungsmöglichkeiten bei der Aufgabenverteilung),
- Anforderungsvielfalt der Arbeitsaufträge (bei gleichzeitiger Vermeidung von Überlastung durch zu viele unterschiedliche Aufgaben),
- Grad der Nutzung der erworbenen Kompetenzen (Abrufen von Expertise),
- Partizipation der Lernenden bei der Gestaltung und Evaluation von Lernumgebungen (z.B. hinsichtlich digitaler Lernplattformen im Betrieb).

Dieser Anforderungskatalog an lernförderliche Arbeitsplätze ist unabhängig vom Alter der jeweiligen Arbeitnehmer/innen und entfaltet hinsichtlich deren Kompetenzentwicklung aber auch mittel- und langfristig Potenziale. D.h. Investitionen in die Lernförderlichkeit von Arbeitsplätzen in einer frühen oder mittleren Phase des Erwerbslebens wirken sich auch positiv auf die Leistungsfähigkeit gegen Ende des Erwerbslebens aus. Eine lernförderliche Gestaltung von Arbeitsplätzen für ältere Erwerbstätige unterstützt einerseits deren kontinuierliche Weiterentwicklung und kann erheblich zu deren Motivation beitragen und schafft andererseits Möglichkeitsräume für die älteren Lernenden, ihre vorhandenen Kompetenzen abzurufen und einzusetzen.

Voraussetzung für die Entfaltung der Potenziale lernförderlicher Arbeitsplätze sind verfügbare Zeitressourcen im Arbeitsalltag, die es den Erwerbstätigen erlauben, sich mit neuen Inhalten und Anforderungen gezielt auseinanderzusetzen. Eine aktuelle Studie zur Aneignung von Wissen im Umgang mit digitalen Medien zeigt, dass neben der individuellen Lernintention und dem Vorwissen vor allem der Handlungs- und Effizienzdruck in beruflichen Kontexten die Wahl der Aneignungswege prägt. Gerade die informelle Aneignung durch eigene Exploration (z.B. durch die spielerische Auseinandersetzung mit digitalen Medien) führt häufig zu einem sehr tiefen Verständnis und zu einem breiteren Einblick in die Materie, ist aber zeitintensiver und setzt entsprechende zeitliche Freiräume voraus. Informelle Wege der Aneignung scheinen insgesamt dann bevorzugt gewählt zu werden, wenn die Lernintention hoch und das eigene Vorwissen oder der Zeitdruck gering sind (Klein & Schmidt-Hertha, 2015).

6.3 Individuelle Bedingungen informellen Lernens

Neben den Lern- und Zeitressourcen ist die Lernintention also ausschlaggebend für informelle Lernprozesse. Diese Lernintention kann aus einem grundsätzlichen Interesse am Thema oder Gegenstand heraus begründet sein (Grotlüschen, 2010), aber auch durch betriebliche Lernanreize geweckt oder gestärkt werden. Zu diesen Anreizsystemen gehören neben den Perspektiven auf monetäre Vorteile bei Erwerb neuer Kompetenzen auch eine betriebliche Anerkennungskultur von Lernen und Kompetenzentwicklung, die auch die Erweiterung der eigenen Kompetenzen und des eigenen Wissens als wesentlichen Beitrag zur Wertschöpfung im Unternehmen erkennt (Sonntag, Stegmaier, Schaper & Friebe,

2004). Diese Relevanz individueller, informeller Lernprozesse sollte dabei nicht nur den sogenannten „wissensintensiven“ Tätigkeitsbereichen zugestanden werden, sondern ist gerade auch für geringqualifizierte Ältere eine wichtige Voraussetzung für die Kompetenzentwicklung (Dworschak, Fritsch, Witzgall & Zehrt, 2007). Das Zusammenspiel von Anreizen und Anerkennung auf der einen Seite und die Bereitstellung von zeitlichen und strukturellen Ressourcen auf der anderen Seite wird in der Literatur unter dem Begriff der Lernkultur verhandelt (Sonntag et al., 2004; Egetenmeyer, 2008), die zwar als grundsätzliches Merkmal von Unternehmen verstanden wird, aber innerhalb der Belegschaft ganz unterschiedlich realisiert sein kann, so dass gerade geringqualifizierte oder ältere Erwerbstätige eher Gefahr laufen, weniger von einer grundsätzlich positiven Lernkultur zu profitieren (Dworschak et al., 2007).

Neben den Bedingungen am Arbeitsplatz ist informelles Lernen von den Voraussetzungen der Lernenden geprägt. Gerade die Selbstorganisation von Lernprozessen und systematische Erweiterung der individuellen Kompetenzen setzt Lernkompetenz voraus (Konrad, 2000; 2001), wie sie sich u.a. in internalisierten Lernstrategien (Wild & Wild, 2002) – auf die die Lernenden zurückgreifen können – widerspiegelt. Zu den wesentlichsten Fähigkeiten im Bereich des selbstgesteuerten Lernens gehören neben Aneignungsstrategien auch Strategien zur Planung des Lernprozesses und zur Überprüfung des Lernfortschritts (Wosnitza, 2000), während für die Verarbeitung von Erfahrungslernen die Fähigkeit zur kritischen Reflexion und theoretischen Einordnung im Sinne einer abstrakten Konzeptualisierung der Erfahrungen von zentraler Bedeutung sind (Dehnbostel, 2005; Kolb, 1984). Die Grundlagen für diese Facetten von Lernkompetenz werden vor allem in der schulischen und beruflichen Erstausbildung gelegt und sind daher bei höher qualifizierten Älteren durchschnittlich stärker ausgeprägt als bei bildungsferneren. Allerdings ist auch hier zu berücksichtigen, dass Lernstrategien z.B. auch in erwachsenenpädagogischen Angebotsformaten vermittelt werden können, in jedem Fall aber einen Faktor bilden, der eine größere Aktivität im Bereich informellen Lernens bei den auch formal höher qualifizierten und non-formal bildungsaktiveren Älteren erklärt (Kuwan, Schmidt & Tippelt, 2009).

Ebenso von individuellen Lernerfahrungen geprägt sind Lernpräferenzen und Lernstile. Während verschiedene Modelle zur Einordnung von Lernstilen nicht grundsätzlich von altersbezogenen Differenzen ausgehen (z.B. Kolb, 1985; Honey & Mumford, 1992), ist mit Blick auf die Bedeutung von Lernerfahrungen in Kindheit und Jugend und die historischen Veränderungen hinsichtlich Unterrichtsmethoden und -stilen doch davon auszugehen, dass verschiedene Generationen hier eine sehr unterschiedliche Lernsozialisation erfahren haben (Eisen, 2005). Gerade für die Generation der heute 55- bis 65-Jährigen dürfte ein repetitiver und stark lehrerzentrierter Schulunterricht eher die Regel als die Ausnahme gewesen sein, was sich vielfach auch in den Lerngewohnheiten im Erwachsenenalter niederschlägt. Ein lehrerzentrierter Unterricht vernachlässigt nicht nur die Entwicklung von Fähigkeiten zur Selbstorganisation von Lernprozessen, sondern fördert eine Präferenz für passiv-rezeptive Lernformen, wie sie außerhalb organisierter Bildungsangebote z.B. an das Literaturstudium oder Formen des Telelernens anschlussfähig sind, aber weit weniger an kommunikative und interaktive Formen der Wissensaneignung. Mit Formen diskursiven und kooperativen Lernens sind in dieser Generation vor allem diejenigen vertraut, die eine universitäre Laufbahn absolviert haben und hier bereits von den durch die 1968er-Bewegung ausgelösten Reformen profitiert haben.

Neben lern- und bildungsbezogenen Einstellungen, Erfahrungen und Präferenzen sind für die Offenheit gegenüber und Ausgestaltung von Lernmöglichkeiten auch grundsätzliche Dispositionen der älteren Erwachsenen bedeutsam. So differenziert eine qualitativ gewonnene Typologie zum Selbstbild älterer Erwachsener (Friebe & Schmidt-Hertha, 2013) welche Konsequenzen für Lern- und Bildungsprozesse insgesamt und informelles Lernen im Speziellen sich daraus ergeben (vgl. Friebe & Schmidt-Hertha, 2013).

- Die Älteren, die sich selbst als „Macher“ oder „Impulsgeber“ erleben, verstehen sich selbst als Initiator/innen und Innovateur/innen/e in ihren Aktivitätsbereichen. Sie sind überzeugt, dass sie Verantwortung übernehmen müssen und diejenigen sind, die Prozesse in Gang bringen sollen, weil das von ihnen erwartet wird und sie dazu befähigt sind. Mit diesem Selbstbild verbunden ist die Überzeugung seine eigenen Kenntnisse und Fähigkeit kontinuierlich weiterentwickeln zu müssen, wobei informelle Lernprozesse eine ganz zentrale Rolle spielen.
- Demgegenüber sehen sich andere Ältere eher als „Helfer/innen“, die Aktivitäten zwar nicht initiieren, aber tatkräftig unterstützen. Sie sehen ihre Stärken eher in der Umsetzung von Ideen und Projekten und bleiben dabei häufig lieber im Hintergrund. Für sie spielt Erfahrungslernen eine wesentliche Rolle, da sie sich zwar weniger lernend auf anstehende Aufgaben vorbereiten, aber sehr deutlich auf die mit der Ausübung verschiedener Tätigkeiten verbundenen Lernprozesse und Kompetenzentwicklung verweisen.
- Eine dritte Gruppe schließlich fühlt sich in ihrem Lebensverlauf eher von den äußeren Umständen und von ihnen selbst nicht verantworteten Entwicklungen getrieben. Sie lernen de-

fensiv (Holzkamp, 1985), d.h. für sie dienen Lernprozesse lediglich dazu, sich an geänderte Umstände anzupassen und mit ungewollten Veränderungen umzugehen.

Interessant und auffällig ist die Konstanz dieser Selbstwahrnehmungsmuster über verschiedene Lebensbereiche (Beruf, Ehrenamt, Familie, etc.) hinweg. Auch die persönlichen Ziele, die ältere Erwachsene anstreben und die für Bildungsaktivitäten von zentraler Bedeutung sind (Cross, 1981), scheinen eng mit diesem Selbstbild verknüpft zu sein. In Abhängigkeit davon, ob mit Lern- und Bildungsprozessen Entwicklungsziele, Teilhabeziele oder die Sicherung des Status Quo verbunden werden, sind unterschiedliche Lernstrategien und Formate naheliegend. Für Entwicklungsziele scheinen vielen älteren Erwachsenen informelle Lernwege ebenso wesentlich und erfolgversprechend zu sein wie non-formale oder formale, während Teilhabeziele vor allem mit Erfahrungslernen – also einer Form des informellen Lernens – verbunden werden, die zwar nicht bewusst initiiert aber im Ergebnis dennoch als gewinnbringend erfahren wird. Dagegen sind am Erhalt des Status Quo orientierte Ziele kaum mit unmittelbaren Lernzielen verbunden, sondern Lernen wird als eine gelegentlich unvermeidliche Belastung gesehen, die aber kaum zur Erweiterung individueller Handlungsmöglichkeiten beiträgt (Friebe & Schmidt-Hertha, 2013).

6.4 Fazit

Insgesamt scheinen informelle Lernprozesse ein Produkt von Möglichkeitsstrukturen, Impulsen und Anreizen zu sein, die sowohl durch individuelle wie strukturell-organisationale Ressourcen geprägt sind (siehe Abbildung 7). Während die individuellen Dispositionen und Lernressourcen aus betrieblicher Sicht ebenso wenig zu beeinflussen sind wie außerbetriebliche soziale Ressourcen, sind andere Faktoren – wie z.B. die innerbetriebliche

Lern- und Kommunikationskultur, die Lernressourcen am Arbeitsplatz oder auch die Ermöglichung bzw. Unterstützung außerberuflichen Engagements durchaus im Einflussbereich betrieblicher Personalentwicklungsstrategien.

Abbildung 7: Einflussfaktoren auf informelles Lernen älterer Erwachsener (in Anlehnung an Schmidt-Hertha & Thalhammer, 2016)

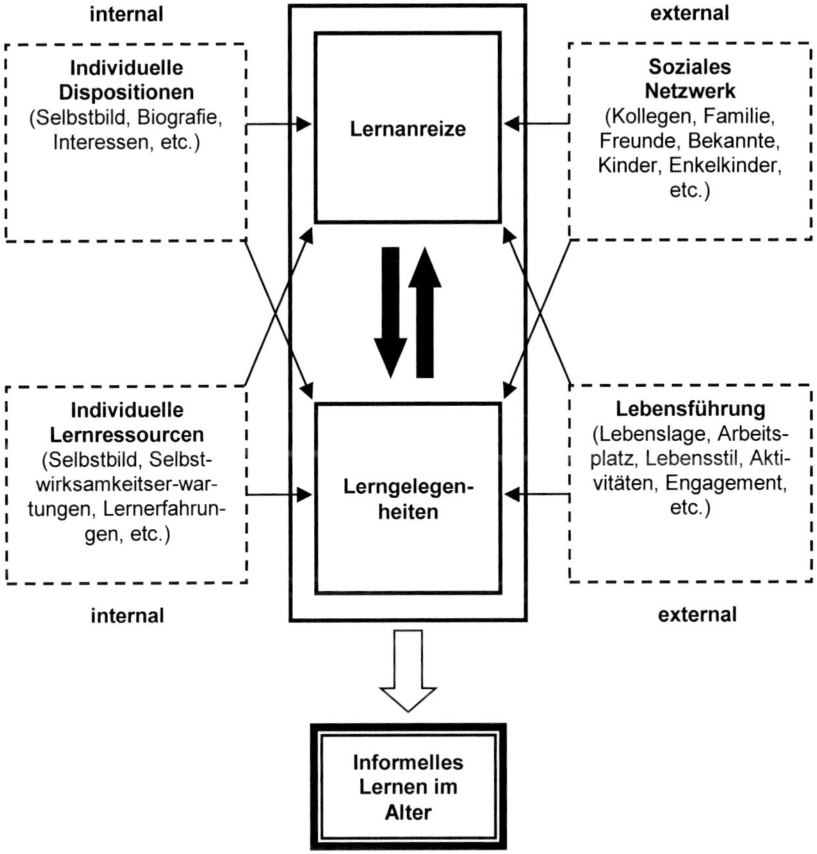

Aus Sicht von Personalentwickler/innen gilt es also zu fragen, inwieweit Möglichkeiten und Anreize zum informellem Lernen für ältere Erwerbstätige ausgebaut werden können. Für bildungspolitische Entscheidungsträger ergibt sich hier die Frage nach Möglichkeiten der Förderung entsprechender betrieblicher Bemühungen, aber auch die Frage nach der (Weiter-)Entwicklung von Systemen und Strategien zur Anerkennung informell erworbener Kompetenzen, wovon nicht nur, aber insbesondere erfahrenere Erwerbspersonen profitieren würden.

Aber auch der Aufbau individueller Ressourcen für informelles Lernen lässt sich auf betrieblicher und politischer Ebene unterstützen, indem zum Beispiel entsprechende Beratungsstrukturen etabliert bzw. ausgebaut werden. Diese können z.B. hinsichtlich der Weiterentwicklung von Lernkompetenzen, der Validierung informell erworbener Kompetenzen aber auch der Entwicklung einer nachhaltigen Personalentwicklungsstrategie eine wesentliche Rolle spielen.

7 Beitrag von Beratung zur Sicherung qualifizierter Facharbeit

Sowohl vor dem Hintergrund des lebenslangen Lernens also auch durch die Komplexität und Beschleunigung des technischen Wandels in der heutigen Zeit nehmen Beratungsbedarf und Nachfrage in Lebens- und Arbeitswelten zu.

Der Begriff der Beratung ist im Kontext von Beruf, Arbeitsmarkt und Bildung bisher ein noch nicht deutlich definierter Gegenstand und tritt auf vielfältige Art und Weise in Erscheinung. So wird nicht nur von Teamberatung, Laufbahnberatung, Unternehmens- und Führungsberatung, sondern auch von (Weiter-)Bildungsberatung, Qualifizierungsberatung, Förderungsberatung sowie Lernberatung gesprochen (Barz, 2000). Inwiefern diese Begrifflichkeiten zu differenzieren sind, wird unterschiedlich diskutiert. Lernberatung und Bildungslaufbahnberatung beispielsweise werden sowohl der Weiterbildungsberatung untergeordnet (z.B. Tippelt, 1997), als auch als Synonym für Weiterbildungsberatung verwendet (z.B. Meisel, 2000; Häßner & Knoll, 2005). Konsens besteht dagegen darüber, dass im komplexen Bildungssystem die „unikale Beratung" an Bedeutung verliert und stattdessen „Gerade mit Blick auf sich zunehmende flexibilisierende Lebens- und Arbeitsverhältnisse (Patchworkbiographien) (...) ein umfassendes, intermediäres Verständnis von Beratung anzustreben (ist)" (Schmidt-Lauff 2004, S. 34). Beratung umfasst heute nicht mehr nur die personale Ebene, sondern trägt auch zur Veränderung der Organisationsprozesse in Institutionen sowie zur strukturpolitischen Bildungsentwicklung und –förderung bei (Schmidt-Lauff, 2004).

Im Hinblick auf die begriffliche Vielfalt kann grundsätzlich zwischen personenbezogenen und organisationalen Beratungsformen differenziert werden. Zu den personenbezogenen Beratungsformen zählen Laufbahnberatung, Weiterbildungsberatung, Lernberatung und Kompetenzberatung. Ein organisationaler Ansatz ist neben der Organisationsberatung, die Qualifizierungsberatung (Schiersmann, 2006). Im Folgenden wird insbesondere auf die Formen von Beratung eingegangen, die einen Beitrag zur Sicherung qualifizierter Facharbeit leisten.

7.1 Lernberatung

Hinsichtlich der Globalisierung und des technologischen, ökonomischen Wandels sehen sich Unternehmer/innen und Arbeitnehmer/innen zunehmend unter einem Wettbewerbs- und Innovationsdruck, worauf mit modifizierten Arbeitsorganisations-, Management- und Produktionskonzepten geantwortet wird. Infolgedessen wird von Arbeitnehmer/innen mehr Flexibilität, Selbständigkeit und Verantwortlichkeit erwartet, wodurch Kompetenzen an Bedeutung gewinnen, die Anpassungsfähigkeit gewährleisten. Neben der sozialen Kompetenz gehört auch die Fähigkeit zum selbstgesteuerten Lernen dazu. „Für Konzepte beruflicher und betrieblicher Weiterbildung bedeutet dies, den Teilnehmer mit seinen spezifischen Lernzielen, seiner individuellen berufsbiografischen Entwicklung und auch seinen spezifischen Lernmöglichkeiten und Unterstützungsbedarfen in den Mittelpunkt zu stellen“ (Rohs & Käpplinger, 2004, S.15). Ebenso steht in der Lernberatung der Lernende mit seinen Interessen, seinen biografisch erworbenen Haltungen, seinen (Lern-)Zielen und Kompetenzen zum Lernen im Fokus,

> „(…) weil die Leute unterschiedliche berufliche Biografien haben, weil sie auch unterschiedliche Erfahrungen haben mit Weiterbildungen. Und auch unterschiedlich interessiert sind in bestimmten Lernformen. Und wenn man das Ganze sich auch noch vorstellt, dass das integriert ist in ihre Tätigkeit, dann braucht man eigentlich eine Beratung (für) jede einzelne Person, und

muss sozusagen wie im Fitnessstudio (...) eigentlich für jeden einzelnen einen Lernplan aufstellen" (ExpPF1).

Lernberatung soll so die Suche nach Inhalten, Strukturen und Gestaltungsansätzen der Lernkultur unterstützen, um den Handlungsraum für die individuelle Entwicklung von beruflichen Kompetenzen und Lebensperspektiven zu eröffnen (Klein & Reutter, 2004).

Informelles und selbstgesteuertes Lernen im Arbeitsprozess gewinnt in der betrieblichen Weiterbildung einen immer höheren Stellenwert, was sich daran zeigt, dass bereits 46% des betrieblichen Weiterbildungsstundenvolumens auf diese Lernform zurückfallen (Weiß, 2000, S.22). In diesem Kontext trägt Lernberatung zur Reflexion aufgabenorientierter Lernprozesse bei und macht das Lernen über den konkreten Anwendungskontext hinaus verwendbar (Rohs & Käpplinger, 2004). Lernberatung kann so als eine „Beobachtung zweiter Ordnung" gesehen werden, die zu einer Optimierung selbstgesteuerten Lernens beiträgt (Siebert, 2000). Allerdings zeigt eine Studie, dass das Fehlen professioneller Unterstützung beim selbstgesteuerten Lernen die größte Schwierigkeit darstellt und etwa Dreiviertel der Befragten dementsprechend auf externe Hilfe (Freunde und Arbeitskollegen/innen) zurückgreifen (Bundesministerium für Bildung und Forschung [BMBF], 2003).

Bezüglich des selbstgesteuerten Lernens kann anstatt von Lernberatung ebenso von Lernprozessbegleitung gesprochen werden. Darunter wird eine kontinuierliche und nicht ziel-, sondern prozessorientierte Sichtweise der Beratung verstanden, die vor allem als Hilfe zur Selbsthilfe angelegt wird (Rohs & Käpplinger, 2004). Die Grundannahme von Lernberatung als Lernprozessbegleitung ist, dass selbstorganisiertes Lernen, nicht als Kompetenz vorausgesetzt werden kann, sondern lernprozessbegleitender Angebote bedarf (Klein & Reutter, 2004).

Des Weiteren werden durch Lernberatung, Lernvoraussetzungen besser berücksichtigt, redundante und irrelevante Vermittlung von Fachinhalten werden vermieden sowie Lehr- und Lernarrangements hinsichtlich neuer Rahmenbedingungen neu betrachtet und gestaltet. Darüber hinaus fördert Lernberatung die Fähigkeit Lernen zu lernen und Lernen stärker in den betrieblichen Alltag zu rücken. Bei der Förderung des Lernens soll das Lernen selbst, Methoden, Wege und Ziele reflexiv zugänglich gemacht werden, so dass ein erfolgreiches und selbstbestimmtes Lernen ermöglicht werden kann (Rohs & Käpplinger, 2004).

Der Begriff der Lernberatung umschließt mehrere Handlungsformen, die wie folgt ausdifferenziert werden können. Lernberatung bedeutet zum Ersten Informationen zu geben, beispielsweise über Lernangebote oder Lerntechniken. Zum Zweiten umfasst Lernberatung Anleitungen, wie beispielsweise etwas zu tun ist, in Hinblick auf das Zeitmanagement. Zum Dritten schließlich beinhaltet Lernberatung die Beratung im eigentlichen Sinne, die unter anderem eine Hilfestellung für Entscheidungen oder Probleme sein kann oder aber Schlussfolgerungen und Zielvorstellungen unterstützt (Häßner & Knoll, 2005). Kernelemente der Lernberatungskonzeption sind Lerntagebuch, Lernkonferenz, Lernberatungsgespräch, Fachreflexion- und Feedback sowie Lernquellenpools. Dabei kann und sollte die Lernberatungskonzeption abhängig von Zielgruppe, Trägerressourcen und Maßnahmen verschieden gestaltet werden (Kemper & Klein, 1998).

Zusammenfassend wird Lernberatung von folgenden wesentlichen Aspekten charakterisiert (Rohs & Käpplinger, 2004):

- Subjektorientierung: Lernberatung als „Hilfe zur Selbsthilfe“ in Verbindung mit selbstorganisiertem Lernen und als Umsetzungsform von Teilnehmerorientierung.

- Lernökologie: Ermöglichung von Lernen durch Gestaltung oder Einbezugs der Rahmenbedingungen (Lebenswelt, Umfeld, Organisationskultur, Hierarchien, etc.).
- Reflexionsimpuls: Förderung der Reflexion des Lernprozesses und der Lernergebnisse. Lernprozess als ein zentraler Gegenstand der Lernberatung.

Zielgruppe von Lernberatung sind vorwiegend Personen, welche sich bereits in einer Lernsituation befinden oder unmittelbar davorstehen (Schiersmann, 2006). Bei allen Aufgaben und Funktionen der Lernberatung ist anzumerken, dass sie nicht an individuellen Schwächen anknüpft und sich somit nicht (mehr) ausschließlich an (Lern-)Benachteiligte und von Arbeitslosigkeit Bedrohte richtet, sondern an alle, die im Rahmen der erhöhten Anforderungen ihr Lernen professionalisieren wollen. Beispielsweise erfordern neue Informationstechnologien, dass auch lerngewohnte und formal höher gebildete Bevölkerungsschichten sich weiterbilden (Rohs & Käpplinger, 2004).

Lernberatung kann daher nicht mehr nur als Abbau oder Bewältigung existierender Lernschwierigkeiten gesehen werden, sondern auch als Festigung und Ausbau vorhandener Stärken und Ressourcen der Lernenden (Scharnhorst, 2002). Grundsätzlich sollte daher nicht mehr von einer defizitorientierten Annahme der Lernenden ausgegangen werden, sondern vielmehr von einem potenzial- und kompetenzbasierten Selbstverständnis. Lernberatung sollte somit zu der Beantwortung der Frage beitragen: Unter welchen Bedingungen kann der/die Lernende sein/ihr Lernpotenzial (besser) entfalten? (Klein & Reutter, 2004).

Abschließend ist festzuhalten, dass es kein universelles Begriffsverständnis von Lernberatung gibt, sondern es sich vielmehr um eine Sammlung von Facetten des Begriffs handelt, die Leitprinzipen beinhalten. Diese Leitprinzipien implizieren Teilnehmer-,

Biografie-, Reflexions-, Kompetenz-, Interessen- und Partizipationsorientierung. Einerseits ist diese Unschärfe des Begriffs der Lernberatung für dessen Verbreitung gut, andererseits aber kann es dadurch zu Verständigungsproblemen kommen (Rohs & Käpplinger, 2004).

Für die Sicherung des Fachkräftepotenzials gerade in der zweiten Hälfte des Erwerbslebens kann Lernberatung einen wesentlichen Beitrag leisten indem sie:

- den Wiedereinstieg in organisierte Bildungsangebote nach langjähriger Nicht-Teilnahme erleichtert,
- unterstützt die in der schulischen und beruflichen Erstausbildung erworbenen – bei älteren oft noch sehr stark auf Rezeption und Passivität hin ausgerichteten – Lerngewohnheiten zu reflektieren und Lernkompetenzen zu erweitern,
- sich Lernstrategien anzueignen, die zu einem zielgerichteten und effizienteren selbstgesteuerten Lernen befähigen und
- die individuelle Lernfähigkeit bewusstmachen.

7.2 Weiterbildungsberatung

Im Gegensatz zur Lernberatung, zielt Weiterbildungsbildungsberatung nicht auf Personen ab, die sich bereits in oder unmittelbar vor einer Lernsituation befinden. Stattdessen steht der Entscheidungsprozess im Fokus, welches Weiterbildungsangebot sich für die ratsuchende Person am besten eignet: „Die zentrale Aufgabe der Weiterbildungsberatung liegt in der Information und Unterstützung der Ratsuchenden zur Sondierung und Auswahl von Bildungsangeboten innerhalb der Weiterbildung im Blick auf Lebenssituation der Ratsuchenden, ihre finanzielle Lage, ihre zeitlichen Ressourcen, Interessen und Fähigkeiten etc.“ (Strauch, 2010, S. 27).

Darüber hinaus fördert Weiterbildungsberatung die Transparenz auf einem mittlerweile unübersichtlich gewordenen berufsbezogenen Weiterbildungsmarkt und stärkt die Kompetenz Ratsuchender. Zudem erleichtert sie den Zugang weiterbildungsabstinenter Zielgruppen und motiviert so zur Nutzung von Weiterbildungsmöglichkeiten. Hinsichtlich der beruflichen Weiterbildungsberatung stellen die Industrie- und Handelskammer sowie die Handwerkskammern als Schnittstellen zwischen den Betrieben und Individuen die wichtigsten Akteure dar. Ihre Beratungsarbeit dient vor allem der Orientierungshilfe und Weiterbildungsmotivation (Baethge, Severing & Weiß, 2013).

Durch Weiterbildungsberatung könnte schließlich die Lücke zwischen bildungspolitischem Anspruch und tatsächlichem Weiterbildungsverhalten der Individuen und Unternehmen geschlossen werden (Walter, 2009).

Gerade für ältere Erwerbstätige dürfte diese Form der Beratung von besonderer Relevanz sein, da gerade in der zweiten Hälfte der Berufslaufbahn die Frage nach anschlussfähigen und für die berufliche Kompetenzentwicklung sowie die weitere Laufbahn sinnvollen Angeboten an Komplexität gewinnt. Es ist davon auszugehen, dass gerade ältere Erwerbstätige hinsichtlich der Identifikation passender Weiterbildungsangebote vor größeren Herausforderungen stehen und daher hier ein erweiterter Weiterbildungsberatungsbedarf besteht, der aber nicht losgelöst von einer Laufbahnberatung zu sehen ist.

7.3 Laufbahn- und Kompetenzentwicklungsberatung

Die Zunahme von Informationen und Wissen, führen zu einer zunehmenden Spezialisierung, die sich in der großen Anzahl von Berufsprofilen und in der Berufspraxis widerspiegelt. Dadurch entstehen individualisierte Weiterbildungsbedarfe (Rohs &

Käpplinger, 2004). Die (Bildungs-)Laufbahnberatung kann hier für die Ratsuchenden als Orientierungs- und Entscheidungshilfe bei der Auswahl passender Weiterbildungsmöglichkeiten dienen.

Nicht nur aufgrund der zunehmenden Notwendigkeit, sich im Laufe des Berufslebens kontinuierlich weiterzubilden und das eigene Kompetenzprofil weiterzuentwickeln, gewinnt die (Bildungs-)Laufbahnberatung immer mehr an Bedeutung. Auch vor dem Hintergrund einer liberalen europäischen Politik des Lebenslangen Lernens verbundene Individualisierung der Verantwortlichkeit für die eigene Beschäftigungsfähigkeit sowie neuer Konzepte des Human Ressource Managements, neuer Beschäftigungsformen und brüchig werdender Erwerbsbiographien steigt der laufbahnbezogene Beratungsbedarf gerade in der zweiten Hälfte des Erwerbslebens (Schiersmann, 2000). Zudem sehen sich erwerbstätige Personen heute immer mehr vor der Herausforderung, ihre Bildungs- und Berufsbiografie weitgehend selbst und individuell zu gestalten und verantworten zu müssen (Wildemeersch & Olesen, 2012). Aus diesem Grund geht es in der Laufbahnberatung vor allem „(...) um die gemeinsame Suche nach geeigneten Bausteinen für die Ausgestaltung eines individuellen Bildungs- und Erwerbsprofils“ (Schiersmann, 2006, S.144). Dieser Entscheidungs- und Findungsprozess wird durch die Beratung insofern unterstützt, als Bildungsbiographien, Wünsche, Motive und Lebensrealitäten aufeinander abgestimmt werden (Schmidt-Lauff, 2004). Zum Teil werden diese Aufgaben auch in Form von Zielvereinbarungs- oder Karrieregesprächen in Betrieben übernommen.

Damit eng verbunden ist die Kompetenzentwicklungsberatung. Sie soll die Kompetenzen der Klienten/innen dokumentieren, bilanzieren und dadurch Strategien für eine Weiterentwicklung identifizieren. Ursprung hat dieses neue Aufgabenfeld zum einen in der stärkeren Beachtung informeller Prozesse sowie zum anderen in der auf europäische Ebene geführte Diskussion um Mobilität und internationale Anerkennung von Kompetenzen (Preißer & Völzke, 2007).

Bislang sind Personalentwicklungskonzepte, wie die Kompetenzentwicklungsberatung und langfristig angelegte Entwicklungspläne, zu oft vor allem jüngeren Erwerbstätigen vorbehalten, deren Karriere noch deutlich gestaltbarer erscheint als in späteren Phasen der Berufsbiografie. Gerade die Kompetenzentwicklungsberatung birgt aber enorme Potenziale, wenn es um die Sichtbarmachung und das gezielte Abrufen von – häufig informell erworbenen – Kompetenzen erfahrener Mitarbeiterinnen und Mitarbeiter geht und kann für die Sicherung des Fachkräftepotenzials in einer Gesellschaft des langen Lebens eine Schlüsselrolle spielen.

7.4 Qualifizierungsberatung

Qualifizierungsberatung ist insbesondere für kleine und mittelständische Unternehmen (KMU) relevant, da sie gegenüber größeren Unternehmen nicht die Ressourcen und die Expertise haben, eine systematische Personalentwicklung anzubieten. Eine Analyse der betrieblichen Weiterbildung in KMUs belegt, dass mittel- und langfristige Personalentwicklungsstrategien zur Fachkräftesicherung, Bedarfs- und Kompetenzanalyse, sowie zum Einsatz verschiedener Weiterbildungsformen (Seminare, Lernen am Arbeitsplatz) und zur kontinuierlichen Beteiligung an Qualifizierungsgesprächen fehlen (Kretschmer & Weber, 2012). Zudem ist die Weiterbildungsplanung generell schwierig, da es oftmals an Personal mit entsprechender Expertise mangelt (Schiersmann, 2000). Die Weiterbildungssituation der Betriebe zeichnet sich daher durch einen hohen Beratungs- und Unterstützungsbedarf aus, der jedoch häufig nicht erkannt wird und damit als latent zu bezeichnen ist (Diller & Döring, 2012).

In diesem Kontext hat Qualifizierungsberatung die Aufgabe, betriebliche Investitionen in die Weiterbildung der Mitarbeiter/innen zu stimulieren, Fehlinvestitionen zu vermeiden, die Nutzung staatlicher Förderprogramme zu unterstützen sowie für vorhandene Qualifikationsreserven (z.B. Ältere) zu sensibilisieren und Konzepte zur Nutzung dieser Reserven zu erstellen. So soll sie für „(…) KMU Eckpfeiler einer zielgerichteten und systematischen Personalentwicklung sein, die Anbieter und Methodenvielfalt der Weiterbildung transparent machen sowie bedarfsgerechte Bildungsangebote entwickeln und umsetzen" (Baderschneider, Diller & Döring, 2012, S. 37). Darüber hinaus kann sie Betriebe unterstützen, die Weiterbildungs- und Personalpraxis zu professionalisieren, indem die Personalverantwortlichen hinsichtlich der Planung, dem Einsatz und der Evaluierung von Instrumenten für eine vorausschauende Personalarbeit beraten und bei der Umsetzung begleitet werden (Döring, Gottwald, Schmoll & Siegert, 2012).

Ziel des Leistungsspektrums der Qualifizierungsberatung ist es, Betriebe in allen Fragen der Weiterbildung zu unterstützen, weshalb sie sich an dem gesamten Prozess der betrieblichen Weiterbildung orientiert. Das bedeutet, sie umfasst neben einer anfänglichen Sensibilisierung für betriebliche Weiterbildung, eine Bedarfsermittlung, Konzeptentwicklung und -umsetzung und schließt mit einer Evaluation der Maßnahme ab. Hervorzuheben ist, dass Qualifizierungsberatung nicht auf die Durchführung, sondern auf die Begleitung von betrieblicher Weiterbildung gerichtet ist. Werden die aus der Evaluation gewonnen Erkenntnisse wieder aufgegriffen und münden in eine weitere Weiterbildungsmaßnahme, kann durch Qualifizierungsberatung ein ‚iterativ-zyklischer' Entwicklungsprozess initiiert werden (Baderschneider et al., 2012).

Im Hinblick auf die Beratungspraxis zeigt eine Studie, in der Qualifizierungsberater/innen (n=56) nach ihren Leistungsschwerpunkten gefragt wurden, dass die meiste Zeit damit verbracht wird, Betriebe davon zu überzeugen, dass Weiterbildung und Qualifizierung relevante Themen sind und den Geschäftserfolg maßgeblich beeinflussen können. Darauf folgen Leistungsschwerpunkte wie die Beratung von Finanzierungs- und Fördermöglichkeiten, das Vermitteln von Kursangeboten, die Ermittlung des Qualifizierungsplans und die Planung der Qualifizierungsmaßnahme. Die Umsetzung einer Qualifizierungsmaßnahme und die Evaluation dieser, hat dagegen geringeres Gewicht ebenso wie die Überprüfung der Wirtschaftlichkeit von Qualifizierungsmaßnahmen (Baderschneider et al., 2012).

Die Studie von Döring und Rätzel (2007) zeigt, dass von 112 befragten Unternehmen zwar 32% Qualifizierungsberatung in Anspruch genommen hatten, jedoch meistens nur in Kombinationen mit anderen Beratungsleistungen. Die Qualifizierungsberatung findet dabei oft auf der Ebene der Organisationsentwicklung statt und wird oftmals von externen Beratungsanbieter/innen in Anspruch genommen.

Anhand der Qualifizierungsberatung werden mittlerweile auch auf Seite des Betriebs individuell zugeschnittene Weiterbildungsangebote erwartet, so dass die Effizienz der Lernprozesse und deren Transfer in den betrieblichen Alltag erhöht werden können. Eine brüchige Projektförderung sowie ein intransparentes Leistungsspektrum erschweren jedoch die Annahme von Qualifizierungsberatung (Baderschneider et al., 2012).

Qualifizierungsberatung kann also als eine wichtige Strategie für KMUs zur Sicherung ihres Fachkräftepotenzials sein, die aber bislang – nicht nur im Hinblick auf den demografischen Wandel – oft noch auf wenig Problembewusstsein in den Betrieben stößt und damit ihre Möglichkeiten nicht ausschöpfen kann. Gleichzeitig zeigen die empirischen Befunde zur Praxis der Qualifizierungsberatung, dass die Kampagnen und Initiativen zur Sensibilisierung für die mit den demografischen Veränderungen verbundenen Konsequenzen auf den Arbeitsmärkten viele KMUs noch immer nicht erreicht haben.

Qualifizierungsberatung im Kontext des demografischen Wandels

Sowohl durch den demografischen Wandel und die damit einhergehend gewachsene Bedeutung älterer Fachkräftebedarfe für den Arbeitsmarkt als auch durch Innovationen und Internationalisierungstendenzen sind neue Themen in den Fokus der betrieblichen Weiterbildung gerückt. So soll Weiterbildung dazu beitragen, den Fachkräftebedarf durch innerbetriebliche Qualifizierungsmaßnahmen des vorhandenen Personals abzudecken und durch die Entwicklung einer unternehmensweiten Lernkultur sollen gerade die Mitarbeitergruppen motiviert werden, welche bislang weniger an Weiterbildung partizipieren. In diesem Rahmen gewinnen auch Lernkonzepte für ältere Mitarbeiter/innen an Bedeutung (Kretschmer & Weber, 2012).

Viele Betriebe äußern in diesem Kontext einen erhöhten Beratungsbedarf, zumal gerade größere Unternehmen durch die mediale Aufmerksamkeit bereits stärker für demografische Veränderungen und deren Konsequenzen sensibilisiert sind. Ansätze, die sich zur Sicherung des Fachkräftebedarfs eignen und mit der Durchführung von betrieblicher Weiterbildung verbunden sind, spielen demnach bei Betrieben und Qualifizierungsberatern eine zunehmend bedeutende Rolle. So lassen sich Betriebe neben den gewöhnlichen vorherrschenden Themen Führung und Management (48,3%) sowie Kommunikation (31%) zunehmend mehr zu den Themen Personalentwicklung (50%) und Gesundheitsmanagement (31%) beraten. Während es bei Gesundheitsmanagement um Fragen einer altersgerechten Gestaltung von Arbeitsplätzen und -umgebungen geht, wird bei Fragen der Personalentwicklung versucht, Mitarbeiterinnen und Mitarbeiter an veränderte Anforderungen der Arbeitswelt heranzuführen und zu qualifizieren, um sie – nicht zuletzt vor dem Hintergrund sinkender Anzahl nachkommender jüngerer Fachkräfte – als Fachkräfte für das Unternehmen zu erhalten. Dadurch eröffnen sich auch für die Qualifizierungsberatung neue Handlungsfelder, Einstiegsmöglichkeiten und Beratungsthemen wie die Mobilisierung von Qualifikationsreserven (z.B. Ältere), die eine Wiedereingliederung, eine Anpassungs- oder Aufstiegsqualifizierung erfordern. Darunter fallen auch Themen wie Wissenstransfer zwischen Alt und Jung, Vereinbarkeit von Familie und Beruf oder Gesundheitsförderung (Baderschneider et al., 2012). Eine Übersicht über Unterstützungsbedarf und Stellenwert von Ansatzpunkten zur Sicherung qualifizierter Facharbeit aus der Sicht von Betrieben gibt folgendes Schaubild:

Abbildung 8: Ansatzpunkte zur Sicherung des Fachkräftebedarfs – Stellenwert (n=127) und Unterstützungsbedarf (n=126) aus Betriebssicht

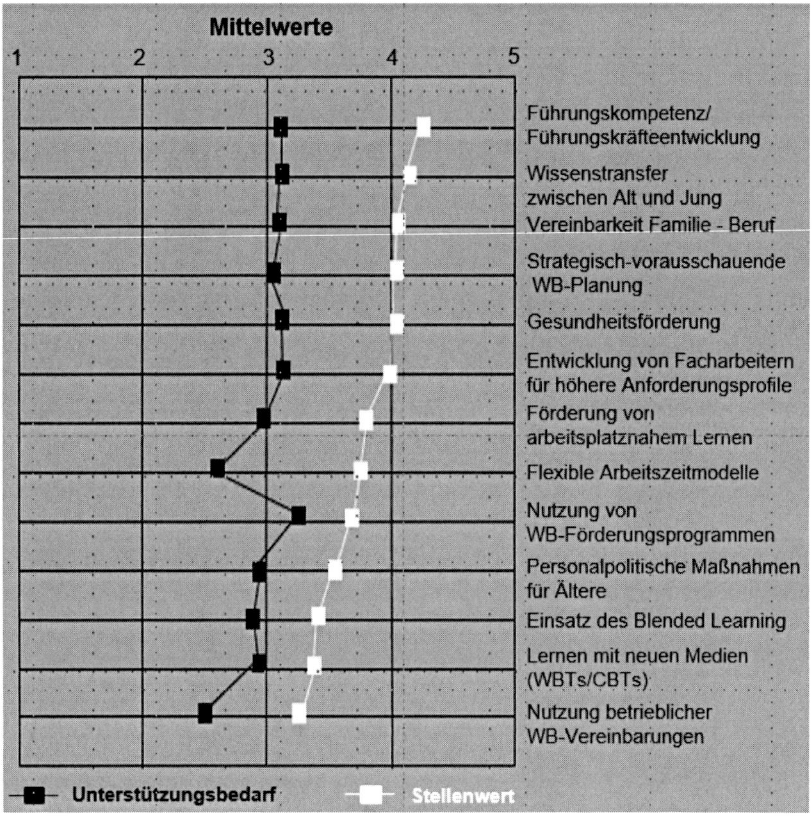

Quelle: nach Baderschneider et al. 2012, S.52

Wie sich zeigt wird vor allem hinsichtlich der Nutzung von Weiterbildungsförderungsprogrammen, Gesundheitsförderung sowie Entwicklung von Facharbeiter/innen für höhere Anforderungsprofile Unterstützung benötigt. Den höchsten Stellenwert hat jedoch die Führungskompetenz und Führungskräfteentwicklung (Baderschneider et al., 2012). Die Grafik zeigt gleichzeitig die dominanten Personalentwicklungsstrategien von Unternehmen zum Umgang mit einer veränderten Alterszusammensetzung in

Unternehmen, wobei deren Umsetzung offen bleibt. Wünschenswert wäre, dass die gelisteten Maßnahmen grundsätzlich zwar alterssensibel – also unter Berücksichtigung der Lebenslage und beruflichen Entwicklungsphase der Mitarbeitenden – angelegt sind, gleichzeitig aber alle Altersgruppen in der Belegschaft gleichermaßen adressieren. D.h. der Wissenstransfer zwischen Alt und Jung ist in beide Richtungen zu denken und kann nicht nur auf Strategien zur Weitergabe des Erfahrungswissens Älterer an Jüngere setzen, um das Ausscheiden der Älteren aus dem Unternehmen vorzubereiten. Maßnahmen zur Vereinbarkeit von Familie und Beruf oder strategisch langfristige Weiterbildungsplanungen sind nicht nur für Erwerbstätige in der ersten Hälfte ihrer Berufslaufbahn ein wesentlicher Beitrag zur Steigerung der Attraktivität des Arbeitgebers, sondern sind für ältere Erwerbstätige ebenso bedeutsam (z.B. hinsichtlich der Vereinbarkeit von häuslichen Pflegetätigkeiten und Beruf). Demgegenüber setzt Gesundheitsförderung oft zu spät – nämlich bei den älteren Mitarbeiterinnen und Mitarbeitern – an, ist aber als Konzept für alle Altersgruppen in einem Betrieb anzulegen, um wirklich nachhaltig zu wirken.

7.5 Beitrag von Beratung zu Sicherung qualifizierter Facharbeit

Qualifizierungsberatung leistet gerade bei kleinen und mittelständischen Unternehmen einen Beitrag zur Sicherung qualifizierter Facharbeit, weil KMUs sich vor der Herausforderung sehen, für den individuellen Weiterbildungsbedarf und ihre nur schwer entbehrlichen Mitarbeiter/innen adäquate Angebote zu finden bzw. zu entwickeln, bei gleichzeitig geringer Expertise und Ressourcen im Personalentwicklungsbereich (im Vergleich zu größeren Unternehmen). Qualifizierungsberatung leistet ihren Beitrag zur Sicherung qualifizierter Facharbeit hier vor allem in der Weiterbildungs- und Personalpraxis, beispielsweise durch Bedarfsermittlung, Entwicklung und Evaluation von Weiterbildungsangeboten und durch die Mobilisierung von Qualifikationsreserven (Ältere, Frauen, Migranten/innen etc.). „Qualifizierungsberatung ist zwar nicht der Königsweg zur systematischen Personalentwicklung in KMU, aber ohne sie sind nachhaltige Effekte kaum möglich. Denn nur durch eine kontinuierliche Begleitung in allen Bereichen des Unternehmensprozesses kann die Weiterbildungssituation der Betriebe nachhaltig verbessert werden“ (Diller & Döring, 2012).

Weiterbildungsberatung wird vor allem dann hinsichtlich der Sicherung qualifizierter Facharbeit Älterer bedeutsam, wenn es darum geht ein passendes Weiterbildungsangebot zu finden. Dadurch trägt sie auch zur Weiterbildungsmotivation bei.

Der Beitrag der Lernberatung wird insbesondere vor dem Hintergrund des informellen und selbstgesteuerten Lernens deutlich. So wird durch Lernberatung eine individuelle Unterstützung von Mitarbeiter/innen beim selbst gesteuerten Lernen ermöglicht und durch Laufbahn- und Kompetenzentwicklungsberatung kann eine zielgerichtete und bedarfsorientierte Kompetenzentwicklung erfolgen. Des Weiteren wird durch Lernberatung Lernen besser in den betrieblichen Alltag integriert.

Die Nachfrage durch die Teilnehmer/innen, die Didaktik, die Umsetzbarkeit durch Bildungsdienstleister (Kosten, Strukturen) und der Effekt für die Unternehmen (Steigerung von Qualität und Wettbewerbsfähigkeit) ist dafür entscheidend, inwiefern sich Lernberatung als Form der Unterstützung lebenslangen Lernens durchsetzen wird (Rohs & Käpplinger, 2004).

8 Erfahrungen aus Evaluationsstudien und betrieblichen Praxismodellen national und international

In diesem Kapitel soll nun hinsichtlich alternsgerechter Strategien und Maßnahmen ein erster Einblick in die Betriebspraxis gegeben werden. „Zum alters- und alternsgerechten Arbeiten liegt inzwischen national wie international eine kaum noch zu überschauende Anzahl von Projekten und Studien vor. In den letzten Jahren hat sich hier geradezu ein Wildwuchs entwickelt“ (Kistler et al. 2006, S. 64). Vor diesem Hintergrund erhebt dieses Kapitel keineswegs Anspruch auf Vollständigkeit, sondern skizziert lediglich einige verbreitete und/oder vielversprechende Handlungsansätze.

Bevor im Weiteren, betriebliche Maßnahmen und Good-Practice-Beispiele vorgestellt werden, wird zunächst die Situation älterer Arbeitnehmer/innen aus der Sicht von Personalverantwortlichen dargestellt. Zu beachten ist dabei zum einen, dass es zu diesem Thema sowohl in verschiedenen Betrieben sehr unterschiedliche Sichtweisen geben kann als auch innerhalb von Betrieben, insbesondere zwischen verschiedenen Abteilungen oder Geschäftsbereichen von Großbetrieben. Zum anderen gibt es bei diesem Thema eine Reihe von entscheidungsrelevanten betrieblichen Akteuren, zu deren Sichtweisen relativ wenige Informationen vorliegen, z.B. die oberste Führungsebene in großen Betrieben. Zudem liegen manche der im Folgenden referierten Studienergebnisse zehn Jahre oder länger zurück und es ist angesichts der erheblichen Dynamik in diesem Themenfeld davon auszugehen, dass die Perspektive auf ältere Arbeitnehmer/innen sich vielleicht nicht grundlegend aber sicherlich in einzelnen Punkten geändert hat.

8.1 Betriebliche Strategien zur Förderung der Beschäftigungsfähigkeit älterer Arbeitnehmer/innen – Eine bundesweite Bestandsaufnahme

Grundsätzlich kann zwischen drei betrieblichen Arten des Umgangs mit älteren Beschäftigen unterschieden werden:

- Externalisierung: Ausgliederung Älterer aus dem Betrieb (Kündigung, Altersteilzeit, Ausgliederung von Geschäftsfeldern, Gründung von Beschäftigungsgesellschaften oder Zeitarbeitsfirmen)
- Nicht-Beachtung: Das Problem alternder Belegschaften wird nicht zur Kenntnis genommen oder verdrängt (Dominanz anderer Themen)
- Integration: Umsetzung altersgerechter Gestaltungsmaßnahmen (Morschhäuser, 1999, S.116ff).

Der Fokus in diesem Kapitel soll auf Strategien der „Integration" liegen. Bevor im Einzelnen betriebliche Strategien zur Förderung der Beschäftigungsfähigkeit älterer Arbeitnehmer/innen und Good-Practice Beispiele vorgestellt werden, folgen zunächst eine Bestandaufnahme von Maßnahmen, die in Betrieben besonders häufig implementiert werden und eine Darstellung welche Einflussfaktoren dabei eine Rolle spielen.

In einem 2004 durchgeführten Forschungsprojekt des Bundesinstituts für Berufsbildung zum Thema „Weiterbildungskonzepte für das spätere Erwerbsleben" wurden Personalverantwortliche gefragt, wie sie mit der alternden Belegschaft umgehen. Die meisten (43%) der befragten Personen (n=537) reagierten mit verstärkter Einstellung jüngerer Mitarbeiter/innen (bei mittelgroßen Betrieben 53%), 18% der Betriebe setzten „immer" oder „häufig" auf Frühverrentungen (fast ausschließlich bei Mittel- und Großbetrieben) und 23% der Betriebe initiierten Maßnahmen zur Förderung der älteren Beschäftigten (bei Klein- und Kleinstbetrieben sogar 1/3) (Bundesinstitut für Berufsbildung [BiBB], 2005). Allerdings ist inzwischen nicht nur von einem deutlichen Abbau von Frühverrentungsmaßnahmen in den letzten Jahren auszugehen, sondern auch von einer größeren Verbreitung von Maßnahmen zur Förderung älterer Mitarbeiter/innen in den Unternehmen. Auch die Bedeutung, die Unternehmen den Folgen des demografischen Wandels beimessen, dürfte in den letzten Jahren deutlich gewachsen sein, wenngleich kaum aktuelle empirische Daten hierzu vorliegen. Nach Ansicht einiger Experten ist dieses Themenfeld zumindest in Großunternehmen schon seit einiger Zeit im Blickfeld, so dass es sich hier inzwischen vorwiegend um eine Umsetzungsproblematik handelt (ExpPF2, ExpAV2, ExpDIHK).

Dass mittlerweile andere Maßnahmen als Frühverrentung oder Rekrutierung Jüngerer größere Beachtung in Unternehmen finden, belegen auch Ergebnisse der CVTS4-Erhebung von 2011 (vgl. BiBB, 2015). Hierzu wurden 261 nationale Unternehmen, die Weiterbildungsmaßnahmen anboten telefonisch näher zu dem Thema „Rekrutierung und betriebliche Weiterbildung" befragt. In diesem Kontext geben 64% der befragten Unternehmen an, die Altersstruktur der Belegschaft bei der Personal- und Organisationskultur zu berücksichtigen. Jedoch nur 35% der weiterbildenden Unternehmen führen konkrete Maßnahmen zur langfristigen Beschäftigung Älterer durch. Davon bieten 88% spezielle Maßnahmen zur Arbeitsgestaltung und Arbeitszeitregelung an. Über die Hälfte geben an, eine generationsübergreifende Unternehmenskultur (72%), eine alternsgerechte Personalpolitik (70%) sowie eine Gesundheitsförderung der Belegschaft (68%) gezielt zu fördern, wobei allerdings offenbleibt, welche Maßnahmen hierzu konkret realisiert werden. Jedes zweite dieser Unternehmen nennt konkrete alternsgerechte Maßnahmen im Bereich der Personalentwicklung/Weiterbildung. Bezüglich zukünftiger Strategien werden insbesondere Maßnahmen der Arbeitsgestaltung und Arbeitszeitregelung (55%) sowie alternsgerechte Personalpolitik (49%) genannt. Gleichzeitig planen jedoch auch 35% der Unternehmen in absehbarer Zukunft keine konkreten Maßnahmen für ältere Beschäftigte bzw. zum Umgang mit veränderten Altersstrukturen in der Belegschaft umzusetzen (BiBB, 2015). Eine zunehmende Offenheit zeichnet sich gegenüber der Neueinstellung älterer Erwerbspersonen ab. Immerhin 74% der befragten Unternehmen geben an, dass bezüglich Rekrutierungsmaßnahmen auch ältere Arbeitskräfte zwischen 55 und 64 Jahren infrage kommen würden. Dabei bieten 89% dieser Unternehmen älteren extern rekrutierten Arbeitskräften auch Weiterbildungsmöglichkeiten an (BiBB, 2015). In welchem Umfang es in der Praxis aber tatsächlich zur Neueinstellung älterer Erwerbspersonen kommt, geht aus den Daten nicht hervor.

Betrachtet man darüber hinaus die Ergebnisse der aktuellen DIHK Arbeitsmarktumfrage, bei der die Ergebnisse von 20 000 Unternehmen vorliegen, wovon die meisten aus dem Dienstleistungssektor (40%, Industrie 30%, Bauwirtschaft 7%, Handel 23%) stammen, so ist zu erkennen, dass bei Kleinunternehmen (wenn überhaupt) flexible Arbeitszeiten im Vordergrund altersbezogener Maßnahmen stehen, während in mittelständischen Betrieben primär die Sicherung des betriebsinternen Wissens und bei Großbetrieben vor allem Aktivitäten zur Gesunderhaltung der Mitarbeiter/innen durchgeführt werden. Eine gezielte Förderung der Beteiligung älterer Mitarbeiter/innen an Weiterbildungsmaßnahmen belegt bei der Auswahl von Maßnahmen über alle Betriebsgrößen hinweg den vorletzten Platz (Deutsche Industrie- und Handelskammer [DIHK], 2014). – Allerdings entscheiden sich manche Unternehmen bewusst für eine nicht primär nach Alter selektierende Gestaltung ihrer Weiterbildungsangebote ExpPF2, ExpDIHK).

Nicht nur mit steigender Betriebsgröße und höherem Anteil älterer Beschäftigter, sondern auch mit zunehmendem Anteil qualifizierter Beschäftigter, Tarifbindung, Existenz eines Betriebs- oder Personalrates einerseits und einem geringeren Anteil technologiegestützter Arbeitsplätze andererseits steigt die Wahrscheinlichkeit, dass ein Betrieb Altersteilzeit anbietet. Stärkste Einflussfaktoren waren dabei in einer Studie von 2004 die Betriebsgröße und die Existenz eines Betriebs- oder Personalrates (Boockmann & Zwick, 2004). Zudem zeigt sich, dass die Durchführung von altersbezogenen Maßnahmen auch von der Branche bzw. dem Wirtschaftsbereich abhängig ist. So fanden in fast jedem zweiten Betrieb des öffentlichen Dienstes alternsgerechte Maßnahmen statt, wohingegen im Baugewerbe lediglich etwa jeder siebte Betrieb solche Strategien vorwies (Brussig, 2007). In einer neueren Analyse des IAB-Betriebspanel 2011 gaben insgesamt 19% der 16 000 befragten Betriebe an, spezielle Maßnahmen für Ältere anzubieten, wobei es von den Kleinbetrieben lediglich 12% waren. Dagegen wiesen 70% der Betriebe, die mindestens 100 Mitarbeiter/innen beschäftigen, bereits spezifische Strategien und Maßnahmen für ältere Mitarbeiter/innen vor. Einzelmaßnahmen für Ältere finden vor allem in Betrieben ab 100 Beschäftigte regen Gebrauch. Darunter fallen eine Einbeziehung der älteren Arbeitnehmer/innen in Weiterbildung, Gesundheitsförderung, altersgemischte Teams, besondere Ausstattung von Arbeitsplätzen und individuelle Anpassung von Leistungs- und Arbeitsanforderungen. Ein Großteil der Großbetriebe (81%) nennt zudem eine auslaufende Förderung der Altersteilzeit (Bundesministerium für Arbeit und Soziales [BMAS], 2012). Der Experte ExpHWK hält für klein- und mittelständische Unternehmen in Zukunft vor allem Modelle für relevant,

> „(…) wie wir ältere Arbeitnehmer auch in der Rentenphase weiter beschäftigen können in den Betrieben. Weil wir auf diese Erfahrungen und diese Kompetenzen sicherlich so wie wir es uns jetzt momentan erlauben konnten, nicht mehr verzichten können.

(…) (Wir) gehen davon aus, dass es Modelle geben wird, wie gute Facharbeiter die Möglichkeit haben, vielleicht auch in anderen Kombinationsmodellen etwas früher auszusteigen, dafür aber länger dem Betrieb mit ihren Erfahrungen zur Seite zu stehen“ (ExpHWK).

Die befragten Experten der beiden Großbetriebe (ExpGU1, ExpGU2) stellen in Bezug auf ihre Unternehmen fest, dass nicht unbedingt spezifische Maßnahmen für ältere Arbeitnehmer/innen erforderlich sind:

„Von unserem didaktischen Modell her bauen wir natürlich sehr stark auf Erfahrungswissen, auf Kontextwissen, Konstruktivismus, plus ein Stück auch nach Montessori. Das sind die Kernbestandteile unserer Didaktik. Und da wir sehr stark auf den einzelnen Fall eingehen, in unseren Seminaren, ist es uns eigentlich fast egal, wie alt die (Mitarbeiter) sind. Und drum haben wir damals festgestellt, dass wir uns nicht groß anpassen müssen“ (ExpGU1).

Stattdessen sollen die Strategien weniger alters- als vielmehr lebensphasenbezogen sein, gleichwohl altersspezifische Maßnahmen nach Ansicht des Experten auch eine Wertschätzung gegenüber Älteren darstellen (ExpGU1). Andere Experten betrachten altersspezifisch selektierende Ansätze bei Zugängen und Inhalten eher als diskriminierend (ExpPF2), nicht jedoch bei der Didaktik. Allerdings gibt es Bereiche wie die Karriereplanung, bei denen sich eine Altersgruppenspezifität nicht vermeiden lässt, da beispielsweise eine Karriereplanung mit 30 Jahren anders aussieht als mit 50 Jahren.

Die sich hier abzeichnenden Unterschiede zwischen kleinen und mittlelständischen Betrieben zu Großbetrieben müssen nicht auf Defizite zurückzuführen sein, da KMU ihre Arbeitsabläufe häufig informeller organisieren und ihr alters- und alternsbezogenes

Handeln oft nicht als solches eingeordnet wird. Nichtsdestotrotz fehlen KMU organisatorische und finanzielle Mittel für längerfristige Personalstrategien. Das bedeutet auch, dass das Handeln abhängig von aktueller Auftragslage ist. Aus diesem Grund benötigen KMU eher mehr Unterstützung und Beratungsleistungen als Großbetriebe (BMAS, 2012).

8.2 Betriebliche Handlungsansätze zur Förderung der Beschäftigungsfähigkeit älterer Arbeitnehmer/innen

„Als alternsgerecht wird eine Arbeitsorganisation bezeichnet, der ein umfassendes und auf den gesamten Alterungsprozess aller Mitarbeiterinnen und Mitarbeiter bezogenes Konzept zugrunde liegt. Dies berücksichtigt z.B. Weiterbildungsbedürfnisse und -notwendigkeiten, alternsgerechte Laufbahngestaltung, Gesundheitsschutz, Verhältnisprävention und gesundheitsgerechte Verhaltensweisen. Es verbindet die Leistungspotenziale, die Stärken und Schwächen aller Beschäftigtengruppen, ihren (voraussichtlichen) Alterungsprozess im Betrieb und ist auf die Altersstruktur der gesamten Belegschaft abgestimmt." (BMAS, 2010, S. 72f). Hier werden Handlungsfelder für eine alters- und alternsgerechte Arbeit deutlich sowie Ansatzpunkte für demografiesensible betriebliche Strategien.

Vielfältige Informationen zu alternsgerechten Konzepten und von Betrieben entwickelten Good-Practice-Beispielen in einer interdisziplinären Perspektive finden sich auch in den Publikationen und auf der Homepage des Deutschen Demografie-Netzwerks (ddn), das sich bereits seit 2006 mit dem Demografie-Thema befasst (http://demographie-netzwerk.de/). Zu den Kernaufgaben von ddn gehört es, den Austausch der von Betrieben entwickelten Lösungsansätze zu fördern, deren Multiplikatorenwirkung zu verbessern sowie die regionale Vernetzung und den Austausch der

Betriebe beim Demografie-Thema und der Qualifizierung älterer Erwerbstätiger zu fördern.

Im Folgenden werden nun betriebliche Strategien zum Umgang mit älteren Arbeitnehmer/innen anhand der Handlungsfelder *Personalpolitische Maßnahmen, Arbeitsorganisation und Arbeitsgestaltung, Gesundheitsförderung, Qualifizierung und Weiterbildung* erläutert sowie mit Praxisbeispielen unterfüttert. Der Fokus liegt dabei auf dem Bereich der Qualifizierung und Weiterbildung.

8.2.1 Weiterbildung und Qualifizierung

Aus betrieblicher Sicht hat die berufliche Weiterbildung der Mitarbeiter/innen generell vielerlei Vorteile. Neben der Anpassung der Qualifikationen der Mitarbeiter/innen an technische und organisatorische Änderungen kann auch die Flexibilität und Leistungsfähigkeit und damit auch die betriebliche Produktivität der Mitarbeiter/innen erhöht und ein Beitrag geleistet werden, um den Bedarf an Fachkräften zu decken (Bellmann & Leber, 2008). Mit Blick auf betriebliche Weiterbildungsmaßnahmen, die sich ausschließlich an ältere Mitarbeiter/innen richten oder Ältere miteinbeziehen, zeigt sich nach den Ergebnissen des IAB-Betriebspanels 2011, dass die Mehrheit der kleinen und mittelständischen Betriebe kaum entsprechende Angebote schaffen:

Tabelle 9: Betriebliche Weiterbildungsmaßnahmen für Ältere 2011 (in %, bezogen auf Betriebe mit Beschäftigten im Alter 50 bis 64 Jahren, Mehrfachnennungen möglich)

Betriebsgröße	Spezielle Weiterbildungsmaßnahmen für Ältere	Ausdrückliche Einbeziehung Älterer in Weiterbildungsmaßnahmen	Allgemeine betriebliche Maßnahmen für ältere Beschäftigte insgesamt
1 bis 4	-	3	6
5 bis 9	-	5	11
10 bis 19	1	9	18
20 bis 49	2	18	36
50 bis 99	3	27	56
100 bis 249	5	37	73
250 und mehr	10	53	88

Quelle: BMAS, 2014

Nur 9% der befragten Kleinbetriebe mit 10 bis 19 Beschäftigten geben ausdrücklich an, ältere Arbeitnehmer/innen in Weiterbildungsmaßnahmen miteinzubeziehen. Lediglich 1% dieser Betriebe bieten spezielle Weiterbildungen für diese Altersgruppe an. Bei den Großbetrieben mit 250 Beschäftigten und mehr bezieht zwar die Hälfte Ältere in Weiterbildungsmaßnahmen explizit ein, doch auch hier weisen nur 10% spezielle Weiterbildungsmaßnahmen für Ältere vor. Im Vergleich zu Großbetrieben fallen KMU bezüglich der Weiterbildungsmaßnahmen für ältere Arbeitnehmer/innen deutlich zurück. Ursachen dafür sind u.a., dass die Freistellung von Mitarbeiter/innen in KMU organisatorisch schwieriger ist, es oftmals keine systematische Personalarbeit in KMU gibt und sich gerade Weiterbildungsangebote für spezifische Zielgruppen erst ab einer bestimmten Beschäftigtenzahl lohnen (Bellmann & Leber, 2008).

Erweitert man den Untersuchungszeitraum des IAB-Betriebspanels von 2011 auf 2006 - 2011 zeigt sich, dass das Weiterbildungsangebot für Ältere zwar steigt, jedoch der Anteil der nichtweiterbildenden Betriebe nach wie vor hoch bleibt (Bellmann, Dummert & Leber, 2013). Die Häufigkeit, mit der es Weiterbildungsangebote für Ältere in Betrieben gibt, ist somit im Zeitverlauf relativ konstant geblieben. Spezielle Weiterbildungsaktivitäten, die z.B. besonderen Lernbedürfnissen entgegenkommen, werden noch von wenigen Betrieben praktiziert (Bellmann & Leber, 2008). Oftmals richten sich die Bildungsaktivitäten nur an strategisch wichtige Kerngruppen, zu denen Ältere nicht mehr gehören. So legt eine Studie die paradoxe Einstellung von Unternehmen offen. Demnach sind 43% der Unternehmen zwar der Ansicht, dass ihre älteren Mitarbeiter/innen eine Weiterbildung nötig hätten, gleichwohl vertreten 42% die Meinung, dass Weiterbildung ab einem gewissen Alter (45 Jahre) keinen Vorteil mehr bringe. Dabei ist anzumerken, dass insbesondere systematische und längerfristige Qualifizierungsmaßnahmen Führungskräften vorbehalten sind (ExpUB1; Bögel & Frerichs, 2011; Frerichs, 2014).

Ebenso belegt eine weitere Untersuchung, dass über die Hälfte der befragten Unternehmen von einem steigenden Weiterbildungsbedarf ausgehen. Lediglich ein Viertel aber zukünftig erwarten, dass ältere Mitarbeiter/innen häufiger als zuvor weitergebildet werden (Werner, 2006), wobei diese Annahme auf vermutete Leistungs- und Lerndefizite Älterer zurückzuführen sein dürfte (Axhausen, Chrit, Röhrig & Zemlin, 2002). Demnach ist es nicht verwunderlich, dass Weiterbildungen für Ältere meistens über die Partizipation älterer Mitarbeiter/innen als allgemeine Personalentwicklungsmaßnahmen realisiert werden und nicht als Element einer alternsspezifischen Personalpolitik gezielt zur Nutzung der Kompetenzen erfahrener Arbeitskräfte eingesetzt wird. Weiterbildungsmaßnahmen spezifisch für Ältere sind dagegen häufig Folge besonderer, altersbezogener Bedingungen bzw. konkreter Qualifizierungsanlässe im Betrieb, wobei technische und organisatorische Neuerungen sowie Fachkräfteengpässe auf dem externen Arbeitsmarkt die häufigsten Qualifizierungsanlässe darstellen (Bellmann et al., 2013). Generell werden Weiterbildungsmaßnahmen *„(...) in Folge eines Druckes, oder eines speziellen Grundes (durchgeführt). Eine kontinuierliche Schiene ist da derzeit noch nicht erkennbar"* (ExpHWK). Weiterbildungen erfolgen demnach größtenteils reaktiv, nicht proaktiv (ExpUB1). Festzustellen ist dabei, dass bei einem höheren Anteil älterer Beschäftigter auch mehr in deren Weiterbildung investiert wird. Dies trifft zumeist jedoch nur auf Großbetriebe zu (Bellmann et al., 2013).

Im Hinblick auf die Branche sind die öffentliche Verwaltung und soziale Dienstleistungen bezüglich der Einbindung Älterer in Weiterbildungsmaßnahmen am aktivsten. Betriebe des verarbeitenden Gewerbes zeigen durchschnittliche und das Baugewerbe sowie der Handel und sonstige Dienstleistungen kaum besondere Anstrengungen (BMAS, 2014). Eine frühere Analyse des IAB-Betriebspanel belegt dies und weist damit auf eine Kontinuität dieser Ergebnisse hin (Bellmann & Stegmaier, 2006).

Auch weitere Studien belegen die überdurchschnittliche Beteiligung von Arbeitnehmer/innen zwischen 30 und 50 Jahren in beruflicher und betrieblicher Weiterbildung. Spezielle Qualifizierungsmaßnahmen für ältere Mitarbeiter/innen sind deutlich seltener zu finden (Becker et al., 2006; Axhausen et al., 2002).

Zusammenfassend kann ein positiver Einfluss folgender Faktoren auf die betriebliche Weiterbildung Älterer gefunden werden:

- Hohe Weiterbildungsbeteiligung aller Beschäftigungsgruppen
- Institutionalisierte Personalarbeit (Weiterbildungspläne)

- Weitere Personalinstrumente wie „altersgemischte Teams“, „besondere Ausstattung von Arbeitsplätzen“, aber auch Altersteilzeit
- Arbeitsmarktpolitische Maßnahmen, die eine längere Beschäftigung Älterer im Betrieb begünstigen.[26]
- Hoher Älterenanteil im Betrieb und/oder ein überdurchschnittlicher Anteil von höherqualifizierten Älteren
- weiterbildungsintensive Branche
- Betriebsgröße (je größer umso eher die Wahrscheinlichkeit, dass der Betrieb seine älteren Mitarbeiter/innen regelmäßig weiterbildet)
- Moderner technischer Stand
- Vorhandensein eines Betriebsrates (Bellmann et al., 2013; Bellmann & Stegmaier, 2006; Burgert, 2006).

Bezüglich der Bedeutung des Betriebsrats gerade in Hinblick auf die Weiterbildungsbeteiligung erläutert der Experte ExpPF1:

> „(…) aber die Rolle von Betriebsräten und Personalräten an der Stelle sollte man nicht unterschätzen, weil die natürlich auch gerade für Personen, die nicht so stark in Weiterbildung engagiert sind (…), die nicht so viel Erfahrung haben am Weiterbildungsbereich schon davon profitieren, wenn eine neutrale Person oder eine Person ihres Vertrauens, wie das eben Betriebs- und Personalratsmitglieder sind, dastehen und an der Stelle unterstützen“ (ExpPF1).

Dass die Altersteilzeit einen positiven Einfluss auf die Weiterbildung Älterer hat, kann damit begründet werden, dass zwar einerseits ältere Beschäftigte dadurch ausgegliedert werden, andererseits aber, andere ältere Mitarbeiter/innen motiviert werden, an

[26] Von der Rente mit 63, die ein früheres Ausscheiden Älterer aus dem Erwerbsleben begünstigt, ist ein gegenteiliger Effekt zu erwarten.

Weiterbildung teilzunehmen um die Beschäftigungsfähigkeit zu fördern (Bellmann et al., 2013).

Vor dem Hintergrund der veränderten arbeitsmarktpolitischen Lage dürfte inzwischen ein weiterer Faktor eine Rolle spielen: In Betrieben, die im Wettbewerb um jüngere Fachkräfte weniger erfolgreich sind als andere, steigt die Wahrscheinlichkeit, dass Ältere dort länger beschäftigt bleiben, und damit erhöhen sich auch ihre Chancen auf eine Weiterbildungsteilnahme.

In einer Studie aus dem Jahr 2006 wurde untersucht, inwiefern es einen Unterschied hinsichtlich der Weiterbildungsangebote zwischen alterspositiven und altersnegativen Betrieben gibt (Bellmann & Stegmaier, 2006). Zu den alterspositiven Betrieben gehörten diejenigen, welche bei der Bewertung der *Eigenschaften Erfahrungswissen, körperliche Belastbarkeit, psychische Belastbarkeit, Kreativität, Arbeitsmoral/-disziplin, Flexibilität, Lernfähigkeit, Qualitätsbewusstsein, theoretisches Wissen, Teamfähigkeit, Loyalität* und *Lernbereitschaft* überwiegend zugunsten der älteren Arbeitnehmer/innen entschieden. Altersnegativ bedeutet dagegen, dass die Betriebe die Mehrzahl dieser Eigenschaften den jüngeren Arbeitnehmer/innen attestierten. Wie sich zeigt, gab es sowohl in den alterspositiven als auch altersnegativen Betrieben Weiterbildungsangebote für Ältere. Dass auch altersnegative Betriebe Weiterbildungen für Ältere anbieten, ist darin begründet, dass diese Betriebe ein Leistungsdefizit vermuten, dass sie durch Weiterbildung kompensieren wollen. Fokussiert man die Altersnegativität bzw. -positivität nur auf die Beurteilung der Lernfähigkeit und -bereitschaft zeigt sich in der multivariaten Analyse, dass nur alterspositive Betriebe mit höherer Wahrscheinlichkeit Weiterbildungsmaßnahmen für Ältere anbieten. Damit kann die Liste der Einflussfaktoren auf die betriebliche Weiterbildung Älterer um den Aspekt „altersnegative /-positive Einstellung der Betriebe zur Lernfähigkeit und -bereitschaft Älterer“ erweitert werden (Bellmann & Stegmaier, 2006).

Am meisten verbreitet ist, ungeachtet der Betriebsgrößen, die Form externer Kurse, gefolgt von internen Kursen und Weiterbildungen am Arbeitsplatz. Mit deutlichem Abstand findet selbstgesteuertes Lernen mit Medien statt. Arbeitsplatzwechsel werden nur in Unternehmen ab 250 Mitarbeiter/innen häufiger genutzt (BMAS, 2014). Dabei könnten gerade diese Lernformen Weiterbildungsmaßnahmen flexibler und individueller gestalten, womit sie gerade für KMU attraktiv wären (Geldermann, 2007). Zudem haben diese Lernformen gemeinsam, dass sie mehr oder weniger stark die Eigeninitiative und Selbststeuerung der Lernenden ansprechen und größtenteils auf die Praxis am Arbeitsplatz bezogen sind, allerdings auch höhere Anforderungen an die Lernkompetenz der Älteren stellen. Damit sind sie auch gerade hinsichtlich der Weiterbildung Älterer bedeutend: „Günstig (für das Lernen Älterer) sind Lernformen, die einen hohen Grad an Selbstbestimmung und Praxisbezug enthalten und die sich arbeitsplatznah bzw. mit dem Arbeitsalltag verzahnt realisieren lassen“ (Geldermann, 2007, S. 11). Darüber hinaus

> „(…) kann man, das ist natürlich das Schöne am E-Learning, da kann keiner gucken, und dann kann ich es halt auch fünf Mal machen, wenn ich es nicht verstanden habe. Dann brauch ich nicht nochmal zu fragen, und dann kann ich das selber steuern, ich glaub, das läuft auch ganz gut“ (ExpGU1).

Schließlich bedarf es für die Durchführung alternsgerechter Maßnahmen einer Sicherung und Verbesserung der Rahmenbedingungen von Weiterbildungsmaßnahmen auf drei Ebenen (Friebe, 2010):

- Auf der Makroebene der Gesellschaft: Schaffung rechtlicher und finanzieller Voraussetzungen für Lernangebote in der zweiten Lebenshälfte;
- Auf der Mesoebene der Organisationen und Interessengruppen: Bildungseinrichtungen sollen für ältere Menschen und insbesondere für ältere bildungsferne Adressat/innen geöffnet werden und mit Beratungsangeboten für Betriebe zur alterssensiblen Personalentwicklung vernetzt werden.
- Auf der Mikroebene der konkreten Interaktion zwischen Lehrender und Lernender: alterssensible Lernarrangements.

Darüber hinaus braucht es Anstöße im direkten Umfeld der älteren Personen, gerade im betrieblichen Kontext, wobei auch bei älteren Erwerbstätigen auf ein angemessenes Verhältnis von arbeitsplatzbezogenen und allgemeinen Weiterbildungen zu achten ist (ExpAuL).

Eine stetige Qualifizierung hat schließlich nicht nur für das Individuum, sondern auch für die Wirtschaft eine positive Wirkung, da Unternehmen ihr Wissen halten und weiter ausbauen und so den Arbeitskräftebedarf sichern können (BMAS, 2010).

8.2.2 Altersstrukturanalysen

Grundlage für altersgerechte personalpolitische Maßnahmen ist oftmals einer Altersstrukturanalyse der Belegschaft. Werkzeuge zur Durchführung von Altersstrukturanalysen können mittlerweile beim Bundesministerium für Bildung und Forschung (BMBF) oder auf der Seite der Initiative Neue Qualität der Arbeit (INQA) abgerufen werden. In einem zweiten Schritt können altersspezifische Qualifikationsstrukturanalysen folgen.

Darüber hinaus sollte ebenso die Arbeitsfähigkeit und die Wünsche der Erwerbstätigen erfasst werden, um passgenaue Modelle alternsgerechter Arbeit in Betrieben zu entwickeln (BMAS 2010, S.75). Hierfür kann der Work Ability Index (WAI) dienen. Dieses fragebogenbasierte Instrument umfasst elf Frage, denen sieben Dimensionen zugeordnet werden können. Aus diesen sieben Subskalen setzt sich schließlich der WAI-Gesamtwert zusammen, der zwischen sieben und 49 Punkten liegen kann. Dabei gilt, je höher der erreichte Gesamtwert, desto höher auch die Arbeitsfähigkeit. Bereits 1980 wurde der WAI am finnischen Institut für Arbeitsmedizin von einer Forschungsgruppe um Ilmarinen entwickelt (BAuA, 2011).

8.2.3 Lernförderliche Arbeitsgestaltung

Eine lernförderliche Arbeitsgestaltung ist als präventive Maßnahme von entscheidender Bedeutung, um die Lernfähigkeit aufrecht zu erhalten und um Lernentwöhnung zu vermeiden.

> „Wir müssen frühzeitig dafür sorgen, dass unsere Mitarbeiter immer wieder stimuliert werden auch andere Wege zu gehen. So würde ich auch die Maßnahmen zur Qualifizierung oder Einbindung Älterer sehen. Es bringt nichts, wenn Sie bereits alles falsch gemacht haben und Sie haben einen 55-Jährigen, der nicht mehr bereit ist irgendetwas Neues zu lernen dann haben sie schlechte Karten. D.h. je früher Sie auch als Unternehmen dafür sorgen, dass Ihre Mitarbeiter begleitend immer wieder angestoßen werden neue Wege zu gehen, neue Lösungen zu überlegen, neue Geschäftsmodelle zu sehen, desto leichter wird es fallen die Gesamtbelegschaft zu qualifizieren“ (ExpAV2).

Qualifikationsentwicklung durch lernförderliche Arbeitsgestaltung umfasst die Berücksichtigung von informellen und arbeitsintegrierten Lernprozessen, da arbeitsplatzbezogene Lernarrangements einem „erfahrungsbasierten und individualisierten Lernstil“ gerecht werden und eine Verstetigung von Lernprozessen über den gesamten Erwerbsverlauf hinweg fördern (Bögel & Frerichs, 2011). Zudem unterstützt arbeitsintegriertes Lernen den Abbau von Weiterbildungsbarrieren (BAuA, 2011).

Eine altersgerechte und damit auch lernförderliche Arbeitsgestaltung impliziert die Eröffnung eines Tätigkeitsspielraums, eine Anforderungsvielfalt und Entwicklung von Lernanreizen durch Aufgabenintegration und Aufgabenwechsel ebenso wie ein angemessenes Arbeitszeit- und Wissensmanagement (Frerichs, 2014). Für letzteres können Maßnahmen wie altersgemischte Teams, Tandem-Modelle, Mentorensysteme, Kommunikationsforen oder Senior-Experten Services eingesetzt werden (Siegrist & Dragano, 2007; Frerichs, 2014). Für den Wissensaustauch müssen jedoch betriebliche Rahmenbedingungen wie beispielsweise ausreichende Zeit geschaffen und entsprechende Lernprozesse initiiert werden.

Eine Unternehmensbefragung zeigt, dass gerade altersgemischte Teams (62%), Ältere als Mentor/innen, Berater/innen und Coaches (71%) sowie Kommunikationsforen (46%) am häufigsten genutzt werden (Becker et al., 2006). Zudem verbessern, einer Studie zufolge, alters- und qualifikationsgemischte Teams die Qualität und den Erfolg von Arbeitsprozessen am nachhaltigsten (Siegrist & Dragano, 2007).

In der Erfahrung eines Experten stellt sich dieser Zusammenhang jedoch komplexer dar. Nach seinen Erfahrungen kommt es vor allem auf die Art der Arbeitsaufgabe an, ob altersgemischte oder altershomogene Teams erfolgreicher sind; zudem müssen altersheterogene Gruppen im Sinne der gegenseitigen Wertschätzung gecoacht werden:

> „Wenn man aber in die Tiefe schaut, dann stellt man fest: Arbeitnehmergruppen, die heterogen zusammengesetzt sind, sind dann besser, wenn ihre Arbeitsaufgabe etwas komplizierter ist. Wenn

> sie also auch selbst Lösungen entwickeln müssen oder kreativ sein müssen...Dann sind diese Arbeitnehmergruppen den anderen überlegen... Wenn sie einfache, routinemäßige Arbeitsaufgaben haben, (kann es sein), dass altershomogene Teams produktiver sind. Wenn die Arbeitsaufgabe komplizierter wird ..., dann sind altersgemischte Teams besser, die aber gecoacht werden müssen. Also, es reicht nicht die einfach zusammenzusetzen und zu sagen: Ich habe ... verschiedene Generationen drin. Sondern, man muss da schon schauen: Wie passen die zusammen? Und bezogen auf die Arbeitsaufgabe: Wie kann das Ganze passen?" (ExpAV2).

Durch die Anreicherung der Arbeit mit vielseitigen Aufgaben und Anforderungen (job enrichment) können Ressourcen im Erwerbsverlauf aufgebaut und beibehalten werden. Dadurch und durch die Flexibilität bei der Aufgabenverrichtung können gesundheitlich positive Effekte erzeugt werden (Siegrist & Dragano, 2007). Eine Untersuchung zeigt, dass eine geistig anspruchsvolle Arbeit vor kognitiven Beeinträchtigungen im höheren Alter schützt (Bosma et al., 2002). In einer Unternehmensbefragung gaben 64% der befragten Unternehmen Belastungswechsel und Tätigkeitsmischungen als häufigste Methode an, um Arbeitsbelastungen zu reduzieren. In 57% der Unternehmen wurden Optimierungen bezüglich des Arbeitsrhythmus durch eine erholsame Pausengestaltung und Vermeidung von Zeitdruck unternommen. Über die Hälfte (54%) praktizieren Gruppenarbeit als Entlastungsmethode (Becker et al., 2006). Durch die Integration verschiedener Aufgaben wie Arbeitsplanung, Qualitätssicherung, Materialdispositionen können innerhalb der Gruppenarbeit Fach- oder Produktionskenntnisse erweitert, Problemlöse- und Selbstorganisationsfähigkeit gestärkt sowie Flexibilität und Sozialkompetenz gefördert werden (Frerichs, 2014).

Oftmals wird im Kontext einer altersgerechten Arbeitsgestaltung auch von einer altersgerechten Didaktik gesprochen, die dann gute Lernerfolge erzielt, wenn sie an vertraute Lernmaterialen anknüpft, der älteren Person Sicherheit in der Lernsituation gibt und ausreichend Zeit für das Lernen berücksichtigt (Nuissl, 2009). Mit alternsgerecht ist zudem gemeint, dass den älteren Arbeitnehmer/innen ermöglicht wird, eigene Kenntnisse und Erfahrungen einzubringen und neues Wissen daran anzuknüpfen sowie die unterschiedlichen Lernstile, Lernerfahrungen und Lerngewohnheiten zu berücksichtigen (BAuA, 2011; Kruse, 2009; Geldermann, 2007). Kurz: Altersgemäße Didaktik „(...) betrifft die Situation der Menschen im Berufsverlauf mit allem was sie bereits hinter sich und noch vor sich haben. Diese ist entscheidend dafür, was gelernt und wie gelernt wird" (Geldermann, 2007, S.10).

Des Weiteren kann die soziale Kompetenz durch Kooperations- und Kommunikationsmöglichkeiten unterstützt werden sowie eine Partizipation an der Gestaltung des Arbeitsorganisationssystems ermöglicht werden, um nicht zuletzt die Arbeitsmotivation zu fördern und die Entwicklung von Entscheidungskompetenzen zu unterstützen (Frerichs, 2014).

8.2.4 Arbeitszeitmanagement

Eine weitere personalpolitische Strategie ist die Einführung von flexiblen Arbeitszeitmodellen. Ein Beispiel hierfür ist die Altersteilzeit. Jedoch wird das Modell der Altersteilzeit üblicherweise als Blockmodell durchgeführt und führt – entgegen dem eigentlichen Grundgedanken – damit zu einer Externalisierung Älterer (ExpPF1, ExpPol, ExpUB1). Deshalb sollten stattdessen lebenslauforientierte Arbeitszeitmodelle eingeführt werden, die flexible Zeiten mit angemessenen Lohnformen kombinieren (Siegrist & Dragano, 2007). Dienlich dafür sind beispielsweise (Lebens-)Arbeitszeitkonten oder Demografie-Tarifverträge, wobei vor allem letztere noch wenig verbreitet sind (BMAS, 2012). Innerhalb einer Unternehmensumfrage (n=100) gaben über die Hälfte (57%)

an, Jahresarbeitszeitkonten anzuwenden. Knapp ein Drittel der Unternehmen verwenden Langzeitkonten. Lebensarbeitszeitkonten waren dagegen bei 16% verbreitet (Becker et al., 2006).

Die Flexibilität von Arbeitszeitmodellen wird zukünftig zunehmen müssen, damit die Unterstützung von pflegebedürftigen Angehörigen, Kindern, Weiterbildung, Neuorientierung oder einer beruflichen Auszeit gewährleistet wird. Eine innovative Personalpolitik muss die Vereinbarkeit von Beruf und Familie fördern (BMAS, 2010). Das bedeutet auch, dass

> „(…) man solche Möglichkeiten auch für Ältere schafft. Und nicht jetzt für die Kinder, sondern für ihre betreuungspflichtigen Angehörigen, damit nicht Leute ihr Erwerbsleben vorzeitig beenden, weil Sie sich um betreuungspflichtige Angehörige kümmern müssen. Und einfach sagen, (…) ich brauch jetzt mal eine gewisse Zeit, weil ich dann mich in der Zeit um meine Mutter, meinen Vater oder jemand anderes kümmern muss. Insofern wäre das schon auch eine wichtige Maßnahme“ (ExpPF1).

Arbeitszeitmodelle sollten darüber hinaus die gesundheitlichen Bedürfnisse der Arbeitskräfte berücksichtigen. Dazu bedarf es beispielsweise neuer Modelle in der Arbeitszeitgestaltung von Schichtarbeiten. Diese sollten demnach vermehrt kurze Pausen zulassen (BMAS, 2010). Ebenso sollten Arbeitnehmer/innen bei der Gestaltung der Arbeitszeiten miteinbezogen werden. Schließlich wirkt sich ein individueller Kontroll- und Entscheidungsspielraum am Arbeitsplatz auch positiv auf die Gesundheit aus (Siegrist & Dragano, 2007). *„Dieses Bedürfnis, Autonomie zu haben…ist gerade für Ältere doch wohl relativ ausgeprägt“* (ExpPF1). Aus diesem Grund sollten sich Ältere stärker mit ihrem Wissen und Erfahrungen einbringen können und Bedürfnisse und Interessen Älterer sollten regelmäßig ermittelt werden (Krumm, Grube & Hertel, 2013).

8.2.5 Laufbahngestaltung

Die lernförderliche Laufbahngestaltung umfasst primär innerbetriebliche Mobilitätsprozesse, welche zu Veränderungen in Tätigkeitsfeldern, einem Wechsel beruflicher Anforderungen und einer Weiterentwicklung der Qualifikationen führen (Frerichs, 2014). Gerade durch altersadäquate Positions- bzw. Arbeitswechsel (horizontale oder vertikale Karrieren), verbunden mit darauf abgestimmten Weiterbildungsmaßnahmen, können sich ältere Arbeitnehmer/innen qualifizieren (Frerichs, 2014; Siegrist & Dragano, 2007) und Dequalifizierungsprozessen kann entgegengewirkt werden (Morschhäuser, 2006). Konzepte für vertikale Aufstiegsmöglichkeiten sind beispielsweise Fach- und Spezialistenlaufbahnen während horizontale Karrieren, Arbeitsplatzwechsel innerhalb des Hierarchieniveaus wie z.B. Job Rotation meinen.

Größtenteils endet jedoch die Laufbahngestaltung in vielen Betrieben in jüngeren Jahren, u.a. in Abhängigkeit von der jeweiligen Branche und Tätigkeit. Tätigkeits- und Berufswechsel im Rahmen der betrieblichen Personalentwicklung und überbetrieblichen Berufs- und Laufbahnberatung sollten rechtzeitig angesprochen werden (ExpGero1). Ebenso sollte darauf geachtet werden, dass Ältere nicht von zentralen in periphere Leistungsbereiche versetzt werden, da dies zu einer erlebten Ausgrenzung („Auf das Abstellgleich gestellt") und damit zu Reputations- und Statusverlusten der älteren Personen führen kann (Siegrist & Dragano, 2007).

Durch die Einrichtung sogenannter Querschnittstätigkeiten kann Job Rotation für ältere Mitarbeiter/innen erleichtert werden. Querschnittstätigkeiten beinhalten dabei unter anderem den Wechsel zu Aufgaben mit Planungs- und Koordinierungselementen, ohne dass dabei ein innerbetrieblicher Aufstieg verbunden ist sowie Mischarbeitsplätze (Kombination aus belastungsreichen und -armen Aufgaben) und Mentorenprogramme (Betreuungs-, Anleitungs- und Kontrollaufgaben) (Siegrist & Dragano, 2007). Wie eine Job-Rotation in einem Großbetrieb aussieht, beschreibt einer der Experten exemplarisch wie folgt:

> „Das ist uns auch wichtig, dass diese Rotation auch von Älteren gemacht wird, ganz, ganz wichtig. Selbst wenn die Leute sagen, sie wollen eigentlich nicht, weil wenn sie ihre speziellen Stationen haben, sind sie ja manchmal schneller. Also (...), können vielleicht eine Zigarettenpause raus schwitzen, aber (...) wir wollen ja die Flexibilität und die Lernfähigkeit der Leute. Also, dass die flexibel sind, dass sie im Prinzip auch gewohnt sind, immer wieder etwas Neues zu machen, auch diesen Abwechslungsreichtum haben. Belastungswechsel ist uns wichtig (...) Und wie gesagt, sich auch immer mit neuen Dingen auseinandersetzen, und das Thema Lernförderlichkeit, Lernfähigkeit im Prinzip beibehalten. Das heißt, der Meister diskutiert im Prinzip diese sogenannte Qualifizierungsmatrix mindestens einmal im Jahr regelmäßig durch. Das ist ein Standardprozess, (...), da steht dann drin pro Mitarbeiter, welche Station kann der denn? In welchem Umfang? Kann er andere Leute vielleicht antrainieren, und so weiter und so fort" (ExpGU2).

Diese Analyse der vorhandenen Tätigkeitsbereiche im Betrieb und der Abgleich der jeweiligen Arbeitsplatzanforderungen mit den Qualifikationen der Beschäftigten bilden die Grundlage für eine alternsgerechte Laufbahngestaltung (Brandenburg & Domschke, 2007). Dabei können Workshops zur Ermittlung von Qualifikationen und Entwicklungspotenzialen sowie Mitarbeitergespräche hilfreich sein. Zudem sollte bei der Planung beachtet werden, dass auch zukünftige Arbeitswechsel und Folgetätigkeiten dahingehend vorbereitet werden, dass die Stellen als aufeinander aufbauende Lernfelder konzipiert sein sollten (Frerichs, 2014).

Hierbei ist zu beachten, dass aufgrund von branchen- und betriebstypenspezifischen Besonderheiten für die Konzeption innerbetrieblicher Lern- und Entwicklungswege betriebsindividuelle Lösungen gefunden werden müssen, die mit organisatorischen Rahmenbedingungen und Erfordernissen kompatibel sind. Nachhaltig zielführend sind hier weniger ad-hoc Maßnahmen, zeitlich befristete Projekte oder Insellösungen, sondern vielmehr mehrdimensionale strategiegeleitete Vorgehensweisen (Frerichs, 2014).

> „Wünschenswert wäre, dass auch die längeren (Maßnahmen) stärkere Bedeutung erlangen, weil damit natürlich auch berufliche Umorientierungen flankiert werden können. (…) Weil es generell viele Tätigkeiten gibt, die man nach Erreichen eines bestimmten Alters, was deutlich vor der gesetzlichen Altersgrenze liegt, nicht mehr ausführen kann, sinnvoll, und (Umorientierungen) erfordern längere Maßnahmen. Und da ist auch noch ein großes Potenzial" (ExpPF1).

Die Organisation von überbetrieblichen Tätigkeitswechsel in betrieblichen Netzwerken erleichtert eine berufliche Um- und Neuorientierung, weil dabei ein größeres Arbeitsmarktsegment erreicht werden kann als bei einzelbetrieblichen Ansätzen (ExpAV2). Eine entscheidende Voraussetzung dafür ist allerdings eine vertrauensvolle Kooperationskultur zwischen Betrieben, wie sie in manchen betrieblichen Netzwerken bereits besteht. Mit Blick auf die Zukunft bietet dieser überbetrieblich vernetzte Ansatz erhebliche Potenziale.

Zusammenfassend ist die Gestaltung von Arbeitsaufgaben nach den Kriterien der Ganzheitlichkeit, Vielseitigkeit und Autonomie ein wichtiger Ansatzpunkt für eine alternsgerechte Arbeitsgestaltung (Müller & Weigl, 2014). Eckpunkte demografiesensibler Personalentwicklungs- und Qualifizierungsstrategien sind dementsprechend u.a. (Frerichs, 2014):

- Altersdifferenzielle und alternsdynamische Orientierung: Berücksichtigung altersspezifischer Unterschiede in den Lernvoraussetzungen und -bedarfen sowie individueller Lernfortschritte und Persönlichkeitsentwicklungsprozesse im Lebensverlauf
- Präventiv-prospektive Orientierung: Vorausschauende Vermeidung von Qualifikationsdefiziten in späteren Lebensjahren
- Kompensatorisch-korrektive Orientierung: Gestaltungs- und Bildungsmaßnahmen zum Ausgleich bestehender Qualifikationsdefizite im Hinblick auf fachliches Wissen und Lernfähigkeit.

8.2.6 Rekrutierung und Führung

Ein weiterer Bereich der Personalpolitik, der altersgerecht gestaltet werden kann, ist jener der Rekrutierung. Zwar zeigen Studien (Becker et al., 2006; DIHK, 2011), dass in Unternehmen noch immer überwiegend jüngere Mitarbeiter/innen rekrutiert werden und ältere Arbeitnehmer/innen dabei bislang kaum von Bedeutung sind. Dennoch gaben in einer DIHK-Umfrage 15% der befragten Unternehmen (n=20.000) an, dass sie auf einen Fachkräftemangel mit vermehrter Einstellung älterer Mitarbeiter/innen reagieren würden. Die Bereitschaft ist dabei bei kleinen Unternehmen deutlich höher als bei Großbetrieben (DIHK, 2005), was auch die betriebsgrößenspezifisch unterschiedlichen Rekrutierungschancen auf einem enger werdenden Arbeitsmarkt für Fachkräfte wiederspiegelt. Des Weiteren gaben in einer anderen Umfrage 16-19% der befragten Unternehmen (n=100) an, dass sie zukünftig Maßnahmen zur Rekrutierung älterer Mitarbeiter/innen initiieren wollen (Becker et al., 2006). In einer Betriebsumfrage der DIHK 2011 zeigte sich, dass im Rahmen der Strategien zur Fachkräftesicherung die Rekrutierung Älterer für ein Viertel der

Betriebe aus der Stichprobe in Frage kommt. Auch das Rekrutierungsverhalten hat einen Einfluss darauf, inwiefern ein Betrieb von dem demografischen Wandel betroffen ist oder nicht:

> „Aus meiner Sicht laufen Betriebe zum Teil selbstverschuldet in demografische Fallen rein, das liegt also weniger jetzt an den übergreifenden demografischen Entwicklungen, sondern es gibt halt so typische Wachstumsperioden von Betrieben. Die stellen zu bestimmten Zeitpunkten eben neue Mitarbeiter ein, das sind primär jüngere, und die altern dann über den Zeitverlauf, und irgendwann wundern sie sich, jetzt haben wir lauter 50-Jährige. Und wenn sie nicht weiter gewachsen sind, häufen sich dann eventuell die Probleme“ (ExpGero1).

Das Nachfrageverhalten auf betrieblicher Seite kann demnach auch ein „Schlüssel zur Erklärung der Einbindung älterer Mitarbeiter in das Erwerbsleben“ (Boockmann & Zwick, 2004, S. 53) sein.

Auch ein alterssensibles Führungsverhalten beeinflusst die Arbeitsfähigkeit älterer Arbeitnehmer/innen positiv (Ilmarinen & Tempel, 2002). Dazu muss die Unternehmenskultur und -führung spezifische Leistungen und die Leistungsfähigkeit Älterer anerkennen und wertschätzen (Siegrist & Dragano, 2007; BAuA, 2011, in diesem Sinne auch ExpUB2). Gezielte Schulungen bzw. Sensibilisierungsmaßnahmen der Führungskräfte zum Umgang mit älteren Mitarbeiter/innen sind dabei hilfreich (BAuA, 2011).

8.2.7 Gesundheitsförderung

Im Kontext alternsgerechter Maßnahmen werden oftmals Strategien der betrieblichen Gesundheitsförderung oder des Gesundheitsmanagements mitaufgeführt. Dabei handelt es sich um verhältnisbezogene (z.B. Ergonomie) und verhaltensbezogene Ansätze (z.B. Ernährungsberatung). Generell sollten verhältnisbezogene Ansätze bevorzugt und verhaltensbezogene Maßnahmen komplementär eingesetzt werden (Müller & Weigl, 2014).

Die Unternehmensbefragung von Becker et al. 2006 zeigt, dass fast alle Unternehmen (92%; n=100) bereits Gesundheitsseminare zu Themen wie Stressprävention, Rückenschule oder gesunde Ernährung anboten. In 82% der befragten Betriebe gab es bereits Gesundheits- checks bzw. Gesundheitscoaching und 62% bieten Gesundheitszirkel und -workshops an. Insgesamt 78% erstellten zudem Gesundheitsberichte. Sonstige Maßnahmen wie die Gründung von Betriebssportgruppen oder Projekte zum Arbeitsschutz wurden von 22% genannt (Becker et al. 2006).

Der Experte ExpGero1 spricht im Kontext der Gesundheitsförderung zwei wesentliche Kritikpunkte an. Zum einen werden psychische Belastungsfaktoren zu wenig beachtet. Zum anderen wird das Gesundheitsmanagement

> „(…) insofern zu eng gefasst als Gesundheit ja was mit Leistungsabforderung zu tun hat. (…) die Ergonomie hat sich permanent verbessert. Auch die Arbeitsumgebungsbedingungen – Lärm, Licht und dergleichen – kommt alles dem Alterungsprozess der Älteren entgegen und fördert eigentlich auch deren Arbeits- und Leistungsfähigkeit. Im Gleichtakt sind die Taktanforderungen an die Arbeitsvorzüge, die Länge der Arbeitsvorzüge verkürzt worden. (…) Das heißt, die Produktivitätsanforderungen sind sehr stark gestiegen, und das eigentlich ist auch ein wesentlicher Parameter der gesundheitlichen Belastung. Und wenn daran nicht geschraubt wird, kann ich noch so viel an der Ergonomie verändern, das hilft dann nur noch schneller zu arbeiten, aber ändert im Prinzip nichts an der Leistungsanforderung. Und da sehe ich eher das Problem, dass selbst wenn das Gesundheitsmanagement im engeren Sinne vollständig wäre, kann das nur bewertet werden im Zusammenhang mit den Leistungsanforderungen im Betrieb“ (ExpGero1).

8.3 Fazit

Nachdem im ersten Teil die Situation älterer Arbeitnehmer/innen aus der Situation von Personalverantwortlichen und Betrieben sowie im zweiten Teil betriebliche Strategien zur Förderung der Arbeits- und Beschäftigungsfähigkeit älterer Mitarbeiter/innen in Deutschland dargestellt wurden, soll in folgender Tabelle gezeigt werden, welchen Zusammenhang es zwischen personalpolitischen Maßnahmen für ältere Arbeitnehmer/innen und Altersbildern in deutschen Betrieben gibt. Grundlage hierfür bildet eine Befragung von 1350 Unternehmen, welche im Rahmen des IW-Zukunftpanels (2008) befragt wurden (Stettes, 2009). Dabei bedeutet „+", dass es einen positiven Zusammenhang zwischen dem genannten Altersbild und der durchgeführten Maßnahme gibt während „-" einen negativen Zusammenhang beschreibt.

Tabelle 10: Zusammenhang zwischen ausgewählten personalpolitischen Maßnahmen für ältere Beschäftigte und Altersbildern

Durchgeführte Maßnahme	Altersbilder
Altersgemischte Teams	Ältere Mitarbeiter/innen sind seltener krank (+). Weiterbildung für Ältere lohnt sich für das Unternehmen nicht (-). Ältere sind weniger produktiv, weil sie zu wenig aus ihrer Erfahrung machen (+).
Gezielter Einsatz als Trainer, Ausbilder, Berater	Ältere Mitarbeiter/innen sind seltener krank (+). Weiterbildung für Ältere lohnt sich für die Beschäftigten nicht (-). Ältere verabschieden sich innerlich, weil sie selbst nicht mehr richtig wollen (-). Ältere sind weniger produktiv, weil sie sich kaum noch einsetzen (-). Ältere sind weniger innovativ, weil sie ihr Wissen nicht mehr erneuern (-).
Gezielter Einsatz an wechselnden Standorten oder im Ausland	Ältere Mitarbeiter/innen sind seltener krank (+).
Regelmäßige Abfrage zur Motivation, Arbeitszufriedenheit und Unternehmensbindung	Ältere Mitarbeiter/innen sind seltener krank (+).
Gesundheitsvorsorge	Ältere Mitarbeiter sind länger krank (-). Weiterbildung für Ältere lohnt sich für das Unternehmen nicht (-). Ältere verabschieden sich innerlich, weil sie selbst nicht mehr richtig wollen (+).
Herabsetzung der Arbeitsanforderungen	Weiterbildung für Ältere lohnt sich für die Beschäftigten nicht (+). Weiterbildung für Ältere lohnt sich für das Unternehmen nicht (+). Ältere verabschieden sich innerlich, weil sie selbst nicht mehr richtig wollen (+). Ältere verabschieden sich innerlich, weil sie nicht mehr richtig gefördert werden (+). Ältere sind weniger produktiv, weil sie wenig interessiert sind (+). Ältere sind weniger innovativ, weil wir ihr Wissen nicht mehr erneuern (+).
Innerbetrieblicher Stellenwechsel	Weiterbildung für Ältere lohnt sich für die Beschäftigten nicht (+).

(Weiterführung Tabelle 10)

Durchgeführte Maßnahme	**Altersbilder**
Spezielle Weiterbildung für Ältere	Ältere Mitarbeiter/innen sind seltener krank (+). Weiterbildung für Ältere lohnt sich für die Beschäftigten nicht (-). Ältere verabschieden sich innerlich, weil sie selbst nicht mehr richtig wollen (-). Ältere sind weniger innovativ, weil sie ihr Wissen nicht mehr erneuern (-).
Gezielter Einsatz bei Entwicklungsprojekten und Verbesserungsprozessen	Ältere Mitarbeiter/innen sind seltener krank (+). Ältere verabschieden sich innerlich, weil sie selbst nicht mehr richtig wollen (-). Ältere verabschieden sich innerlich, weil sie nicht mehr richtig gefördert werden (-). Ältere sind weniger produktiv, weil sie sich kaum noch einsetzen (-). Ältere sind weniger produktiv, weil sie wenig interessiert sind (-). Ältere sind weniger produktiv, weil sie zu langsam sind (-). Ältere sind weniger innovativ, weil sie ihr Wissen nicht mehr erneuern (-).
Beförderung nach Alter und/oder Betriebszugehörigkeit	Ältere Mitarbeiter/innen sind seltener krank (+). Ältere sind weniger innovativ, weil sie ihr Wissen nicht mehr erneuern (-). Ältere sind weniger innovativ, weil wir ihr Wissen nicht mehr erneuern (-).
Altersteilzeit	Ältere verabschieden sich innerlich, weil sie selbst nicht mehr richtig wollen (+). Ältere sind weniger innovativ, weil sie ihr Wissen nicht mehr erneuern (+). Ältere sind weniger innovativ, weil wir ihr Wissen nicht mehr erneuern (+).

Quelle: Stettes 2009

Wie sich anhand der Ergebnisse zeigt, hat gerade die Vorstellung, dass Ältere seltener krank sind, für viele Maßnahmen (sieben von elf) einen positiven Einfluss. Dagegen wirken sich Bedenken, hinsichtlich der Leistungsfähigkeit und -bereitschaft Älterer, negativ auf den Einsatz in Entwicklungsprojekten aus. Wird die Weiterbildung Älterer weder für das Unternehmen noch für die

Beschäftigten für lohnenswert gehalten und die Arbeitsmotivation Älterer als gering eingeschätzt, so findet eine Herabsetzung der Arbeitsanforderungen statt (Stettes, 2009).

Die in Betrieben vorherrschenden Altersbilder haben also einen erheblichen Einfluss auf die Durchführung von alternsgerechten Maßnahmen. Dabei ist jedoch zu berücksichtigen, dass zum einen altersbezogene Maßnahmen vor allem in den Betrieben verbreitet sind, die bereits auf eine ausdifferenzierte Personalentwicklung zurückgreifen können (meistens Großbetriebe), wodurch eine altersspezifische Personalpolitik oftmals keine Reaktion auf bestimmte Problemlagen mit älteren Mitarbeiter/innen ist, sondern eher eine Ausdehnung der ohnehin aktiven Personalpolitik, „(…) die ihrerseits ihren Grund in einer ausgeprägten Orientierung auf das Personal als Ressource statt als Kostenfaktor oder in einem starken Einfluss der Beschäftigten auf die Personalpolitik haben kann (…)“ (Brussig, 2007, S. 206). Dies liefert einen weiteren Hinweis darauf, weshalb kleine und mittelständische Unternehmen der Entwicklung einer altersgerechten Personalpolitik noch hinterherhinken. Zum anderen beziehen sich viele personalpolitische Maßnahmen nicht explizit auf Ältere, können aber dennoch Folgen für sie haben. Beispiele hierfür sind Maßnahmen des Gesundheitsschutzes aber auch altersselektive Strategien wie die Unterstützung von Weiterbildung für Jüngere (Brussig, 2007). Darüber hinaus merkten die interviewten Experten/innen an, dass betriebliche Strategien zur Qualifizierung älterer Arbeitnehmer/innen bereits früh beginnen müssten, um *„(...) zu überlegen, welches Spektrum an Optionen so ein Betrieb und der Mensch (hat) und langsam sukzessive auf eine Verbreiterung seiner Kenntnisse vorzubereiten“* (ExpPol, ähnlich auch ExpSoz, ExpAV2, ExpUB2). Darüber hinaus können für die Sicherung qualifizierter Facharbeit Älterer auch neue Perspektiven hilfreich sein, wie die Anerkennung außerbetrieblicher Kompetenzen, Qualifikationen und „zweiter Talente“:

In der Umfrage von Becker et al. (2006) wurde schließlich gefragt, welche Rahmenbedingungen gegeben sein müssten, damit eine alternsorientierte Personalpolitik Erfolg verspricht. Höchste Bedeutung hatte hier die Anpassung der Arbeitsbedingungen zur Erhaltung der Gesundheit und Leistungsfähigkeit der Mitarbeiter/innen, gefolgt von der Entwicklung intelligenter Formen der Speicherung von Wissen und Erfahrungen Älterer sowie eine systematische Qualifizierungspolitik für ältere Arbeitnehmer/innen. Ferner wurden die Förderung der intergenerationellen Zusammenarbeit und eine Personalentwicklung in der späteren Berufsphase genannt. Den letzten Platz belegt der Abbau von Vorurteilen gegenüber älteren Mitarbeiter/innen.

Des Weiteren wurde den Betrieben die Frage gestellt, in welchen personalpolitischen Bereichen sie noch Handlungsbedarf sehen um die Alterspolitik antizipativ zu bewältigen. Über die Hälfte der Unternehmen nannten hierbei das Gesundheitsmanagement und die Personalentwicklung (59%) sowie das Arbeitszeitmanagement (51%, Mehrfachnennungen möglich). Im Feld der Personaleinsatzplanung und der Rekrutierungspolitik sahen nur 41% bzw. 35% noch Handlungsbedarf. Schlusslichter sind Arbeitsorganisation (32%) sowie Entgeldpolitik (16%) (Becker et al., 2006).

Resümierend ist festzustellen, dass es bereits eine Vielzahl an Studien und Literatur zu dem Thema der betrieblichen, alternsgerechten Personalpolitik gibt. Viele dieser Studien stützen sich allerdings auf die gleiche Datenbasis, nämlich das jährlich durchgeführte IAB-Betriebspanel. Wie sich zeigt, scheinen zahlreiche Unternehmen bereits für das Thema sensibilisiert zu sein, oftmals mangelt es jedoch an der Umsetzung und dem Transfer in konkrete betriebliche Maßnahmen. Wie sich bei der Aufarbeitung des Forschungsstandes zudem zeigte, entstanden viele der Aufsätze und Studien bereits vor zehn, fünfzehn Jahren. Das bedeutet, dass das Thema keineswegs neu, sondern vielmehr schon lange bekannt ist.

Insgesamt lassen sich aus der Zusammenschau der zahlreichen Strategien in Unternehmen einige übergeordnete Eindrücke festhalten.

- Das Thema „Fachkräftesicherung im demografischen Wandel" ist in einigen Unternehmen schon seit mehr als einem Jahrzehnt präsent, hat aber immer noch nicht alle Betriebe erreicht. Allerdings haben sich gerade Gesamtstrategien bewährt, die nicht explizit auf ältere Erwerbstätige abzielen und daher nicht unmittelbar als Reaktion auf demografische Entwicklungen wahrnehmbar sind.
- Grundsätzlich ist in innovativen Unternehmen eine Abkehr von ausschließlich auf die gezielte Förderung älterer Erwerbstätiger abzielenden Programmen zu erkennen, zu Gunsten einer stärkeren Integration älterer Mitarbeiter/innen in alle Strategien der Personalentwicklung – ganz im Sinne einer alterssensiblen Personalpolitik bzw. des „Generationen-Managements". Dazu gehören insbesondere lebensphasenbezogene Ansätze, die Arbeitszeiten, -plätze und betriebliche Weiterbildungsangebote an den aktuellen Bedürfnissen und Lebenslagen der Arbeitnehmer/innen zu orientieren und dadurch Themen wie Familienphasen und Sabbaticals nicht auf das mittlere Erwachsenenalter zu beschränken.
- Die personalpolitischen und personalentwickelnden Strategien, die Unternehmen vor dem Hintergrund demografischer Veränderungen einschlagen, haben sich in den vergangenen zehn Jahren kaum verändert. Im Zentrum stehen Ansätze zum präventiven oder reaktiven Umgang mit (vermeintlichen) Kompetenzdefiziten älterer Mitarbeiter/innen und der Sicherung innerbetrieblicher Wissensbestände durch eine Intensivierung der Wissenskommunikation von ältere an jüngere

Mitarbeiter/innen. Ansätze, die eine bessere Nutzung der Kompetenzen und des Erfahrungswissens älterer Erwerbstätiger anstreben, sind dagegen weiterhin eher selten.

- Unterstützungsbedarf zeichnet sich insbesondere bei KMUs ab, deren Möglichkeiten spezifische Personalentwicklungsmaßnahmen zu realisieren deutlich begrenzter sind, als die von großen Unternehmen. Eine Schlüsselrolle können hier Arbeitgeberverbände und Kammern aber auch thematisch einschlägige Unternehmensnetzwerke spielen.
- Vor allem in größeren Unternehmen spielen arbeitsplatznahe Lernformen und die lernförderliche Anreicherung von Arbeitsplätzen insgesamt eine wesentliche Rolle in den Personalentwicklungskonzepten und auch in der Weiterbildung älterer Arbeitnehmer/innen. Dabei ist besonders darauf zu achten, dass die implementierten Lernmöglichkeiten auch anschlussfähig an die Lerngewohnheiten und Lernkompetenzen der Mitarbeiter/innen sind, da sonst nur die ohnehin bereits Höherqualifizierten profitieren würden.

9 Besonderheiten und Handlungsansätze einzelner europäischer Länder

Die Bedingungen für Lernen und Bildung älterer Erwerbspersonen sind innerhalb Europas relativ heterogen. Im Folgenden wird auf Basis der internationalen Expertengespräche die Situation in einigen als besonders (weiter-)bildungsstark geltenden Ländern beschrieben, wobei sich alle Aussagen – sofern nicht anders angegeben – auf die Aussagen der Experten/innen für die jeweiligen Länder bzw. bei länderübergreifenden Thesen auf Aussagen der Vertreter supranationaler Organisationen stützen.

9.1 Wirtschaftsstruktur (Arbeitsmarkt, Erwerbsquote)

Inzwischen kommt es hinsichtlich der Beschäftigungsquote in Europa zu einer Gegenbewegung. Demnach bleiben immer mehr Personen mit fortschreitendem Alter gesund sowie an ihrer Arbeit interessiert und wollen darüber hinaus auch im Alter einen Beitrag zur Gesellschaft leisten, wodurch die Zahl älterer Erwerbstätiger steigt. Dementsprechend nimmt die Diskrepanz zwischen der Anzahl jüngerer und älterer Arbeitnehmer/innen in Europa ab, teilweise auch aufgrund einer wachsenden Aufmerksamkeit bezüglich des lebenslangen Lernens.

Dänemark

In Dänemark spielt hinsichtlich der Wirtschaftsstruktur insbesondere das sogenannte Flexicurtiy-System eine herausragende Rolle. Es erlaubt einerseits im Sinne der Flexibilität („Flexi-") Arbeitgeber/innen, Mitarbeiter/innen kurzfristig zu kündigen, während sich gleichzeitig der Staat in der Verantwortung sieht, den Arbeitslosen eine Sicherheit („-curity") in Form einer soliden Grundversorgung und Maßnahmen für eine erneute Arbeitsmarktintegration zu gewährleisten. Durch diese „Flexibilisierung“ wechselt jährlich ca. ein Drittel der dänischen Arbeitnehmer/innen ihren Job, allerdings handelt es sich hierbei meistens eher um jüngere als ältere Arbeitnehmer/innen.

Ursprung hat das Flexicurity-System in der Urbanisierungsbewegung. Es beruht auf der Stärke der Gewerkschaften und der sozialdemokratischen Politik. Zwischen den 60er und 80er gab es einen Einfluss neoliberaler Politik verbunden mit großen Strukturänderungen in der Industrie, wodurch Anforderungen an die politische Kompromissbereitschaft größer wurden und sowohl das Flexicurity-System als auch die Requalifizierungsmöglichkeiten eine Schwächung erfuhren. Seitdem kommt es bis heute zunehmend zu einer Diskrepanz zwischen fester Anstellung, beruflicher Auszeit und außertariflich prekären Arbeitsverhältnissen.

Konflikte zwischen Arbeitnehmenden und Arbeitgebenden werden in Dänemark häufig auf betrieblicher oder supranationaler Ebene gelöst, wodurch lange und kostenintensive Arbeitskämpfe vergleichsweise selten sind. Eine zentrale Rolle spielt hierbei auch das unter dem Begriff des sozialen Kapitals gefasste Vertrauen staatlicher Akteure und der Sozialpartner zueinander.

> „The sociologists they want to point out, why is it that Scandinavia so great and prosperous and wealthy and things. They say it's about what they call social capital which is trust between politicians, employers, employees and trade unions and so on, that we rely on each other, we want to respect, we don't have a lot of strikes” (ExpDK1).

Eine neue Bewegung nach Flexicurity ist die “Mobication” also die Verbindung von Mobilität (Mobility) und Bildung (Education): *„(...) mobication is about creating mobility in the labour market by the means of education*” (ExpDK1).

In Dänemark gibt es in der Wirtschaftslandschaft mehr klein- und mittelständische Betriebe als Großunternehmen, weshalb insgesamt 65% der Arbeitskräfte in klein- und mittelständischen Betrieben beschäftigt sind. Der Teil der Niedrigqualifizierten bzw. An- und Ungelernten umfasst in Dänemark ca. 35% der gesamten Arbeitskraft in Dänemark. Hinsichtlich älterer Arbeitnehmer/innen ist die Beschäftigungsquote vergleichsweise hoch, wobei Island die höchste Beschäftigungsquote aufweist (89% der 50- bis 64-Jährigen). In Dänemark sind die meisten Personen (74%) zwischen 50 und 65 Jahren in den Arbeitsmarkt integriert (ExpDK1). Weshalb ältere Arbeitnehmer/innen länger arbeiten wollen, erklärt der Experte ExpDK1 folgendermaßen:

> „As more and more people live isolated, they don't see their children and grandchildren a lot and maybe they are divorced- so they don't see a lot of people except the colleagues' right. So they want, maybe they want to stay, maybe they are motivated to stay more on the job in the future then they had to earlier, because a lot of the social life is now lived in the work place" (ExpDK1).

Darüber hinaus bleiben Menschen länger gesund, wodurch die Rente eine eher langweilige Alternative zum Arbeitsleben darstellt. Trotzdem liegt das durchschnittliche Rentenalter bei ca. 61,3 Jahre.

Ein relevanter Prädiktor für die Länge der Arbeitszeit scheint der formale Bildungsabschluss zu sein, denn je höher dieser ist, desto länger wird gearbeitet. Überdies spielt die Anerkennung informeller Qualifikationen eine Rolle. Werden die informellen Kompetenzen älterer Arbeitnehmer/innen nicht anerkannt, kündigen sie oftmals, da sie im Wettbewerb mit ihren jüngeren Kollegen keine Chance mehr für sich sehen, mithalten zu können. Allgemein zeichnet sich ab, dass der Fokus auf dem Arbeitsmarkt noch immer auf den jüngeren Arbeitnehmer/innen liegt. Es ist für ältere Arbeitslose auch in Dänemark schwieriger eine neue Arbeit zu finden, was unter anderem auf die höhere und vielfach stark arbeitsplatzbezogene Spezialisierung älterer Erwerbspersonen zurückgeführt wird.

Norwegen

Die Wirtschaftsstruktur in Norwegen, insbesondere im Westen, wird durch die Ölindustrie geprägt, wodurch das Ölgeschäft und die Erwerbstätigenquote eng miteinander verbunden sind. Fällt beispielsweise wie im August 2015 der Ölpreis, zieht das nicht nur negative Auswirkungen auf die Ölindustrie, sondern auch auf den Arbeitsmarkt nach sich. So werden z.B. zukünftig Flüge der Linien KLM und AirFrance nach Stavanger eingestellt, da nur noch wenige Ölarbeiter das nötige Geld haben, um zu reisen. Ebenfalls müssen kleinere Betriebe der Ölindustrie schließen, mit der Konsequenz, dass die Anzahl der (älteren) Arbeitslosen in Stavanger wieder steigt. Generell ist die Erwerbstätigenquote Älterer in Norwegen sehr hoch.

Ein zentraler Akteur auf dem Arbeitsmarkt ist für ältere Arbeitnehmer/innen das Zentrum für Seniorenpolitik, welches Themen wie Ruhestand, soziale Angelegenheiten, Einstellungen, Stereotype und Diskriminierung bezüglich Älterer bearbeitet. Die Funktion des Zentrums für Seniorenpolitik ist es, Lösungen zu entwickeln, um sie dann Tarifparteien weiter zu geben. Es fungiert damit als eine Art „Mittelsmann“. Eine wichtige Veröffentlichung des Zentrums ist das jährliche Barometer, welches über relevante Themen hinsichtlich älterer Arbeitnehmer/innen informiert.

Bis heute wird in vielen Betrieben mit älteren Arbeitsnehmer/innen jedoch die Strategie des „golden Handshake“ praktiziert, d.h. älteren Arbeitnehmer/innen wird ein lukratives Vier-Jahres-Paket angeboten, mit welchem sie den Betrieb bereits vor dem offiziellen Rentenalter verlassen können. Ob man dieses Angebot offeriert bekommt, ist jedoch abhängig von der beruflichen Position. Bereits in den 80er gab es eine große Welle von Frühpensionierungen in Norwegen. Die Idee der Politiker war es damals wie in Finnland, ältere und teurere Arbeitnehmer/innen durch Jüngere zu ersetzen, um so die Situation jüngerer Arbeitnehmer/innen zu verbessern. Prinzipiell sind es insbesondere Niedrigqualifizierte, welche ihren Beruf noch vor dem 60. Lebensjahr verlassen (ExpN1, ExpN2).

Niederlande

In den Niederlanden steht sowohl eine nachhaltige Beschäftigungsfähigkeit wie auch Lebenslanges Lernen und Stressprävention ganz oben auf der Agenda der Arbeitsmarktpolitik. Dementsprechend werden für diese Bereiche Subventionen und finanzielle Mittel von der Regierung für Unternehmen mit Best-Practice-Beispielen zur Verfügung gestellt. Vor allem das Ministerium für soziale Angelegenheit ist in diesen Bereichen sehr aktiv. Wie wichtig die Bedeutung von Bildung und Entwicklung in den Niederlanden ist, zeigt sich in Personalentwicklungsstrategien, in der Berufsgestaltung sowie in der Karrierelaufbahngestaltung. Das große Interesse für die Themen liegt in dem Vorhaben der Regierung begründet, Drop-outs aus dem Arbeitsmarkt zu vermeiden (ExpNL).

Durch das höhere Rentenalter und den Anstieg flexibler Arbeitsverträge, müssen ältere Arbeitnehmer/innen länger aktiv bleiben und in ihre Beschäftigungsfähigkeit, beispielsweise in Form von Weiterbildung, investieren. Damit stellen sie sicher, dass die eigene Karriere zukunftsfähig bleibt. Es konnte gezeigt werden, dass Personen weniger Fehltage haben, wenn sie besser qualifiziert sind. Darüber hinaus stellt die Erwerbstätigkeit für die älteren Arbeitnehmer/innen selbst, einen wichtigen Teil ihrer Lebensführung dar, wodurch auch eine ethische Dimension hinsichtlich der Beschäftigungsfähigkeit älterer Arbeitnehmer/innen angesprochen wird:

> „I think that everybody who lives has the right to work. For many people work is such an important factor for their sense making in life, the meaning in life so why should that be more important for a young then for an old person. Actually many older employees get more lonely because some loved ones, they die and everything, so their work may be, might be even a much more important factor in life, so it's also an ethical kind of thing" (ExpNL).

Schweden

Das offizielle Rentenalter in Schweden liegt derzeit bei 65 Jahren. In Zukunft soll es jedoch erst auf 67 und dann auf 69 Jahre angehoben werden. Im Hinblick auf die Beschäftigungsfähigkeit lassen sich zwei Gruppen von Personen differenzieren, für welche die Erhöhung des Rentenalters eine unterschiedliche Bedeutung hat. Zum einen gibt es Personen, welche schon jetzt nicht bis 65 arbeiten können, da sie beispielsweise krank sind oder belastende Arbeitsbedingungen zu einem starken physischen Abbau führten. Dabei tragen nicht nur körperlich anstrengende Berufe, sondern auch psychisch belastende Arbeitsplätze zu Krankheitsausfällen bei. Zum anderen gibt es Personen, die bereits heute gerne über das Rentenalter hinaus arbeiten würden. Bezüglich dieser zwei unterschiedlichen Gruppen bedürfe es eigentlich verschiedener Arbeitsmodelle. Allerdings sind diese derzeit kein Diskussionsgegenstand der schwedischen Arbeitsmarktpolitik.

Darüber hinaus stellen im Gegensatz zu früher die Gewerkschaften in Schweden keine aktive politische Macht mehr dar, sondern nehmen vermehrt eine Verwaltungsrolle eine, da sie den Regeln und Arbeitsgesetzen Folge leisten müssen, wodurch sich ihre Einflussmacht beschränkt: „*They're not making the rules anymore; they are making sure the rules are followed*" (ExpS).

9.2 Berufliches System (Aus- und Weiterbildungssystem)

In naher Zukunft wird es in bestimmten Berufsfeldern z.B. innerhalb des Gesundheitswesens einen Fachkräftemangel und zugleich eine größere Nachfrage geben. Die Anerkennung informeller Kompetenzen ist in diesem Kontext in vielen Ländern ein essentieller Bestandteil des (Weiter-) Bildungssystems. Auch im Hinblick auf ältere Arbeitnehmer/innen ist die Validierung ihres Wissens zentral, denn ihr formales Bildungsniveau spiegelt oftmals nicht den Wissensumfang wieder, den sie besitzen.

Des Weiteren hat sich der Arbeitsmarkt verändert, wonach es heute kaum mehr üblich ist, seine ganze Lebenszeit bei ein und demselben Arbeitgeber zu verbringen. Die Anerkennung informeller Kompetenzen gewinnt dadurch weiter an Bedeutung, da sie in Form von Zertifikaten, eine gewisse Mobilität auf dem Arbeitsmarkt ermöglicht. Ebenso sind Weiterbildungsmöglichkeiten gerade für Ältere wichtig, um sie vor einer Exklusion aus dem Arbeitsmarkt zu schützen, zumal durch Weiterbildungen auch Herausforderungen im Zuge der Digitalisierung bewältigt werden können.

Norwegen

Gleichwohl lebenslanges Lernen in Skandinavien eine große Bedeutung hat, besitzt es in Norwegen im Vergleich zu den anderen skandinavischen Ländern einen geringeren Stellenwert. Einfluss auf die Wichtigkeit des lebenslangen Lernens, haben insbesondere die jeweils amtierenden Regierungen, wie auch die Wirtschaft. Sind die wirtschaftlichen Zeiten gut, wird Bildung als weniger wichtig empfunden. So verliert derzeit in Norwegen aufgrund einer guten wirtschaftlichen Lage, Bildung an Bedeutung, da es momentan keinem besonderen Abschluss bedarf, um Arbeit zu finden. Darüber hinaus spielt es eine Rolle, inwiefern lebenslanges Lernen aktuell von der OECD und EU thematisiert wird. Beispielsweise war Norwegen das erste Land, welches bereit war, in die strategische Kompetenzentwicklung von Arbeitnehmer/innen zu investieren, da es von der OECD eine Evaluation hinsichtlich der Kompetenzsysteme in Europa gab.

Die Überschneidung des beruflichen Weiterbildungssystems und des Arbeitsmarkts zeigt sich in bereits gut verankerten Kooperationen zwischen Bildungsbehörden und Sozialpartnern. Dieses Zusammenwirken stellt einen wichtigen Grundpfeiler für die Realisierung lebenslangen Lernens in Norwegen dar, wobei dem Dialog zwischen den genannten Akteuren dann besondere Bedeutung zukommt, wenn eine neue Reform oder ein neues Gesetz mit Bezug zu Bildungsprozessen über die Lebenspanne verhandelt wird. Insbesondere im Kontext der beruflichen Weiterbildung realisiert sich dieser Austausch, z.B. wenn es um die Zertifizierung von Wissen und Lernprozessen geht. Eine weitreichende Reform zur Kompetenzentwicklung und zum lebenslangen Lernen wurde z.B. 1997 implementiert. Beteiligt daran waren sowohl Bildungsbehörden als auch Arbeitgeberverbände und Gewerkschaften. Ziel dieser Reform war es, die Arbeitnehmerschaft durch Lernen am Arbeitsplatz sowie formale Bildungsangebote in das System des lebenslangen Lernens einzubeziehen und sowohl den Arbeitsmarkt als auch das Bildungssystem zukunftsfähig zu machen. Eine Evaluation dieses Programms zeigt, dass es insbesondere darin erfolgreich war, allen Individuen ein Recht auf formale Bildung auf jedem Bildungsniveau zu gewähren. Bisher ungeklärt bleibt aber die Frage des Rechts von Arbeitnehmer/innen auf lebenslanges Lernen sowie die Frage nach der Finanzierung von

Weiterbildung, wenn diese nicht den Vorstellungen des Arbeitgebers/der Arbeitgeberin entspricht. Wenngleich diese Art von Kooperationen zwischen Arbeitsmarkt und beruflichen Weiterbildungssystem für beide Bereiche gewinnbringend zu sein scheint, bleibt eine Institutionalisierung der Zusammenarbeit zwischen Arbeitsmarkt und allgemeinen Weiterbildungssystem bisher aus.

Wichtige Akteure hinsichtlich der Förderung von Lernen sind in Norwegen Privatanbieter wie z.B. Unternehmensberatungen, da sie Unternehmen darin unterstützen sowohl auf organisationaler als auch individueller Ebene Lernvorgänge zu initiieren. Ebenso helfen Tarifparteien Arbeitgeber/innen bei der Umsetzung von Strategien des lebenslangen Lernens. Konkrete Maßnahmen für ältere Arbeitnehmer/innen nehmen sie dabei jedoch nicht in den Blick. Hierfür gibt es das bereits genannte Zentrum für Seniorenpolitik, welches auch Weiterbildung und Qualifizierung älterer Arbeitnehmer/innen fördert und den Tarifparteien in diesen Bereichen Lösungen bereitstellt, die bislang aber noch wenig umgesetzt wurden.

Eine weitere „Schwäche" des norwegischen (Weiter-)Bildungssystem ist die zu geringe Transparenz von Ansprüchen und Möglichkeiten im Kontext von Weiterbildung. Viele Menschen, die an einer Weiterbildung interessiert und berechtigt wären, wissen zu wenig über ihre Rechte und Optionen in diesem Bereich. Für die Kommunikation entsprechender Informationen sind in Norwegen die Landkreise verantwortlich, deren Erfolg bei der Wahrnehmung dieser Aufgabe erheblich variiert. Generell fehlt es dem öffentlichen Weiterbildungssystem in Norwegen an Sichtbarkeit und es knüpft noch wenig an Kompetenzentwicklungskonzepte an, bzw. überprüft kaum die Wirkung von Maßnahmen hinsichtlich der Kompetenzentwicklung Lernender.

Nicht zuletzt ist das Weiterbildungssystem in Norwegen sehr diffus und

> „(…) it's not as easily available and the provision is probably not as wide as it is in other countries and it's so expensive in this country, labour is so expensive. Knowledge is so expensive“ (ExpN2).

In Norwegen können sowohl informelle als auch non-formale Kompetenzen in Form von „experience based trade certificates“ anerkannt werden. Diese Formalisierung von Kompetenzen ist vor allem dahingehend von großer Bedeutung, als dass sie eine betriebsübergreifende Mobilität gewährleisten. Diese Anerkennung non-formalen oder informellen Lernens im beruflichen Weiterbildungsbereich ist ebenso eine Stärke des norwegischen Weiterbildungssystems wie das formale Recht, den Bildungsabschluss auf unterschiedlichen Leistungsniveaus jederzeit kostenfrei nachzuholen.

Niederlande

In den Niederlanden wird Weiterbildung vor allem mit Beschäftigungsfähigkeit assoziiert. Die Bedeutung von Weiterbildung nimmt in den Niederlanden durch das höhere Rentenalter und die rasant technologischen Veränderungen zu, weshalb Lernen über die gesamte Erwerbsphase hinweg zu einem wichtigen Thema wird, zumal das Lernen selbst oftmals erst gelernt werden muss. Lern- und Transferkompetenzen sollten sich so über das gesamte Erwerbsleben hinweg aufbauen und Lernen eine tägliche Übung darstellen.

In den Niederlanden gibt es zwar ähnlich wie in Norwegen Beratungsunternehmen, welche sich auf Weiterbildung und Entwicklung spezialisieren, allerdings nicht spezifisch auf ältere Personen. Trotzdem orientieren sich die meisten Beratungen an den unterschiedlichen Lebensphasen, wodurch Alter indirekt berücksichtigt wird. Handelt es sich um staatliche Weiterbildungseinrichtungen wird meistens zwischen den Altersgruppen unterschieden, bei kommerziellen Agenturen dagegen nicht. Beispielsweise gibt es in der Agentur für Arbeit ein Programm für ältere Arbeitslose ab 50 Jahren.

Dänemark

Die größte Besonderheit des dänischen (Weiter-)Bildungssystem liegt in der langen Geschichte und Tradition der „Volksbildung". So gibt es in Dänemark bereits seit 150 Jahren Volkshochschulen. Schon in den 20er und 30er Jahren gab es einen großen Einfluss der Pädagogikreform von Dewey, welche die Demokratie durch Bildung und Lernen stärken sollte. Bis zum zweiten Weltkrieg war Dänemark jedoch vor allem ein Agrarstaat, weshalb die „Volksbildung" vor allem von bäuerlichen Schichten kontrolliert und somit antiautoritär und antielitär geführt wurde. Da die Bauern während dem Winter weniger zu tun hatten, besuchten sie vor allem in dieser Jahreszeit Volkshochschulen. Die Philosophie damals war „Keine Zertifikate, Kein Druck". Die Menschen wollten nur diskutieren beispielsweise über die nordische Mythologie, Wikingergeschichten oder wie man Tierkrankheiten heilt. Durch die Verlagerung von Arbeitskräften von der Landwirtschaft in den Industrie- und Dienstleistungssektor, erhöhte sich dann gerade bei Un- und Angelernten der Weiterbildungsbedarf für arbeitsmarktnahe Angebote und die Arbeiterklasse übernahm die Bildungsarbeit. Schließlich kam es zu einer Verflechtung beider Klassen und damit zu der Entwicklung einer gemeinsamen Philosophie von Volksbildung, was nicht weniger bedeutete als Bildung für alle. Bereits 1942 gab es ein Rahmengesetz, durch welches die freiwillige Weiterbildung staatlich unterstützt wurde. Seit der Nachkriegszeit hat sich die Volksbildung verändert und das berufliche Weiterbildungssystem wurde parallel dazu ausgebaut. Im Zuge der Urbanisierungswende neue Einrichtungen gegründet, die einen zweiten Bildungsweg und neue schulische Zugänge zu höherer Bildung ermöglichen. In diesem Zusammenhang wurde auch die Anerkennung informeller und non-formaler Kompetenzen und Bildung eingeführt. Ende der 60er gab es bereits ein fortschrittliches Weiterbildungsgesetz, welches besagte, dass sobald 12 Personen, die sich für dasselbe Thema interessieren, zusammenkommen, der Staat 80% der Ausgaben für Dozent/in und Raum übernahm. In den 80er und 90er wurde das Bildungssystem dann vor allem vom Flexicurity-System geprägt. *„Eine Art der Flexibilisierung ist aus Sicht der Arbeitgeber also, Personen zu kündigen, die sich dann weiterbilden können“* (ExpDK2).

Dabei wurde das Flexicurity-System gerne systematisch saisonabhängig betrieben: War die Produktivitätsphase hoch, gab es weniger Weiterbildungsangebote. War die Produktionsphase niedrig, stieg die Anzahl von Weiterbildungsangebote und die Arbeitnehmer/innen wurden in Weiterbildungen „geparkt“ (gerade in Bezug auf Lebensmittelindustrie oder Baugewerbe). Heute ist das (Weiter-)Bildungssystem stärker privatisiert und beruht eher auf Marktprinzipien mit der Konsequenz, dass sich Dänemark immer weiter von einem Wohlfahrtsstaat zu einem Wettbewerbsstaat entwickelt (ExpDK1). Trotzdem wird bis heute das Weiterbildungssystem bzw. weiterbildungsaktive Personen in Dänemark durch den Staat sehr unterstützt. So gibt es gerade für Personen, welche aufgrund familiärer Bedingungen oder anderen privaten Gründe an vielen Weiterbildungsangeboten nicht teilnehmen können besondere Unterstützungsstrukturen.

Im Gegensatz zu Norwegen ist in Dänemark das Weiterbildungssystem getrennt vom Arbeitsmarkt und in sich sehr gut ausdifferenziert. Unterschiedliche (Weiter-)Bildungszweige verschiedenen Dachorganisationen zugehörig. Weiterbildungsmaßnahmen, welche auf die Arbeitsmarktintegration abzielen, sind z.B. dem Arbeitsministerium unterstellt während Universitäten dem Ministerium für Bildung und Forschung angehören. Alle weiteren Bildungsorganisationen wie Schulen oder Einrichtungen für berufliche Weiterbildungen sind dem Bildungsministerium untergeordnet. Bereiche des Weiterbildungssystems, die sich bis heute sehr gut entwickelt haben, sind u.a. Programme und Angebote für den zweiten Bildungsweg oder Teilzeit-Masterprogramme für Berufstätige und Personen mit Familie. Viele Weiterbildungsangebote in Dänemark sind zudem kostenfrei. Lediglich Angebote der allgemeinen Weiterbildung erheben geringe Gebühren. Bei betrieblichen oder beruflichen Weiterbildungen wird der Zeit- und Kostenfaktor einer Weiterbildung oftmals von Arbeitgeber/innen und Arbeitnehmer/innen zusammengetragen. Im Gegensatz zur betrieblichen und beruflichen Weiterbildung, ist die Bedeutung der allgemeinen Weiterbildung für den Arbeitsmarkt nur schwer kenntlich zu machen. Führende Politiker/innen versuchen trotzdem die Relevanz von Universitäten für den Arbeitsmarkt hervorzuheben. Verantwortlich für Weiterbildung sind neben Berufsverbände ebenso Kreisverbände und Betriebspartner. Damit sind Gewerkschaften und Tarifparteien ebenfalls wichtige Akteure in Dänemark, wenn es um Weiterbildung geht.

Wie in Norwegen hat auch in Dänemark die Anerkennung informeller Kompetenz einen hohen Stellenwert. In Dänemark können ebenfalls langjährige Erfahrungen in formale Zertifikate übersetzt werden, oder den Zugang Weiterbildungen eröffnen. Diese Möglichkeiten werden jedoch meistens nur von Personen zwischen 30 und 49 Jahren in Anspruch genommen und nicht von älteren Arbeitnehmer/innen. Gründe dafür liegen oftmals in der Überzeugung, dass es in dieser Lebensphase zu spät sei, eine neue Karriere zu beginnen. Für die Anerkennung informeller Kompetenzen sind die Beratungszentren zuständig. Dieses Anerkennungssystem wurde bereits vor zehn Jahren in Dänemark implementiert. Heute wird es von der EU Politik für jedes Land empfohlen.

Gleichwohl es in Dänemark Interesse für Seniorenpolitik sowie Bildung und Lernen älterer Menschen gibt, scheint wie in Norwegen der Fokus des Weiterbildungssystems noch immer auf den jüngeren Fachkräften zu liegen:

> „Education belongs to the younger years, when you are 55, 60 you are not supposed to be interested (…) I think still in the public opinion it is for younger people, maybe also for adults until 40, 45 but after 45, 50 you're out. This is terrible to watch senior policies with older workers and older learners in further education"(ExpDK1).

Schweden

Das Bildungssystem in Schweden beginnt mit der Vorschule, welche dort einen großen Stellenwert hat. Nach der Vorschule schließt die Grundschule und weiterführende Schule an, gefolgt vom Hochschulbereich. Der darauffolgende Weiterbildungsbereich differenziert sich in die zwei großen Bereiche „Folksbildung" und Erwachsenenbildung. Letzteres bezieht sich primär auf formale Weiterbildungsmöglichkeiten während sich „Folksbildung" auf non-formale und informelle Lernprozesse bezieht.

Der formale Weiterbildungsbereich beschäftigt sich hauptsächlich mit Fragen des Arbeitslebens, der Schule und der zunehmenden Einwanderung. Dementsprechend besteht ein großer Teil der Teilnehmenden aus Personen, die nicht der schwedischen Sprache mächtig sind und/oder ein niedriges Bildungsniveau haben. Für die Bereitstellung formaler Weiterbildungsangebote wie z.B. Sprachkurse sind vorwiegend die Gemeinden zuständig. Allerdings ist in den letzten Jahren der Zugang zu formaler Weiterbildung für Personen, die weder einen Schwedisch-Kurs benötigen, noch ein niedriges Bildungsniveau vorweisen, schwieriger geworden, da die Auswahl, wer an formaler Weiterbildung teilnehmen darf und wer nicht, stark eingeschränkt wurde. Das Lernen älterer Erwachsener im Rahmen der formalen Weiterbildung ist in Schweden aktuell nicht auf der politischen Agenda.

Im Bereich des non-formalen und informellen Lernens gibt es neben Volkshochschulen, die sich zwischen formalen und non-formalen Bereich befinden, sogenannte Studienzirkel. Bei letzterem handelt es sich um eine autodidaktische Gruppe, die sich zum gemeinsamen Austausch und Studium zu einem Thema formiert.

Im betrieblichen Bereich gibt es neben betrieblichen Weiterbildungsangeboten auch viele private Bildungseinrichtungen, welche gerade Angebote im Bereich der Kompetenzentwicklung zur Verfügung stellen. Diese privaten Anbieter organisieren die Veranstaltungen meist außerhalb von Betrieben. Ansonsten werden innerhalb von Betrieben viele kleine Kurse und Initiativen angeboten. Darüber hinaus sind Gewerkschaften ein weiterer Akteur im beruflichen Weiterbildungssystem. Allerdings fühlt sich keiner der Akteure für Zielgruppen jenseits des Rentenalters zuständig.

Bis heute ist die Einbindung des Weiterbildungssystems in das staatliche (Bildungs-)System eine Stärke nicht nur von Schweden, sondern auch von anderen skandinavischen Ländern. Die besondere Relevanz dieser Einbindung zeigt sich vor allem, wenn es um bereichsübergreifende Strategien in der Bildung oder um die Entwicklung des Weiterbildungssystems geht.

Insbesondere in den 1980er und 1990er wurden zahlreiche Reformen im Weiterbildungssystem umgesetzt, da erkannt wurde, dass viele Menschen ein Potenzial besitzen, dass durch (Weiter)Qualifizierungen besser ausgeschöpft werden könnte.

Die Weiterbildungsangebote bzw. die Weiterbildungsanbieter in Schweden versuchen sich generell an gesellschaftliche Herausforderungen und Situationen anzupassen. So wurde beispielsweise im letzten Haushalt zusätzliches Geld für die Integration von Einwanderer in die schwedische Gesellschaft ausgegeben. Obwohl der Staat das Weiterbildungssystem weiterhin unterstützt, müssen Akteure im Weiterbildungssystem heute vermehrt um Ressourcen kämpfen.

9.3 Strategien der Fachkräftesicherung vor dem Hintergrund des demografischen Wandels

Bereits in den 90er Jahren begannen europäische Unternehmen sich mit dem demografischen Wandel zu beschäftigten. In den 2000er konkretisierten sich dann die Gedanken in handfeste Pläne. Seit einigen Jahren sind es nun nicht mehr Pläne, sondern konkrete Maßnahmen, die in der Praxis umgesetzt werden. Wie sich die Strategien in europäischen Einrichtungen und Ländern sowie Unternehmen darlegen, soll nun im Weiteren vorgestellt werden.

OECD

In den letzten Jahren hat die OECD verschiedene Länderberichte zum Thema „Working Better With Age“ (Besseres Arbeiten im Alter) vorgelegt, so z.B. für Norwegen, Frankreich, die Niederlande und die Schweiz. Von besonderem Interesse ist eine länderübergreifende Synthese, die derzeit vorbereitet wird. Diese Länderberichte knüpfen an die Arbeiten der OECD im Rahmen der Reihe „Alterung und Beschäftigungspolitik“ an, die vor ca. zehn Jahren durchgeführt wurden. Den zentralen Fokus der neueren

Länderberichte bilden Ansätze, die den Verbleib älterer Menschen im Erwerbsleben fördern.

Im Folgenden werden exemplarisch einige Ergebnisse der Länderstudie für die Schweiz vorgestellt, die sich 2012 mit Blick auf die Erwerbsbeteiligung der 55- bis 64-Jährigen mit einem Wert von rund 71% in der Spitzengruppe der OECD befand und den Durchschnitt von 54% deutlich übertraf (Düll & Sonnet, 2014, S.15). Dieser Spitzenwert gilt jedoch nicht für alle Teilgruppen und insbesondere nicht für Frauen dieser Altersgruppe, die im OECD-Vergleich lediglich Rangplatz 17 einnehmen, wenn man die Beschäftigungsquote nach Vollzeitäquivalenten betrachtet. Als problematisch trotz der guten Ausgangslage gilt weiterhin, dass es in der Schweiz kein Gesetz gegen Altersdiskriminierung gibt (Düll & Sonnet, 2014, S. 24).

Ausgehend von der demografischen Ausgangssituation und der Arbeitsmarktsituation für Ältere in der Schweiz befasst sich der Länderbericht zunächst mit den Anreizen und Hemmnissen im Renten- und Sozialsystem. Daran anschließend wird eine Gesamtstrategie zur Förderung des Verbleibs älterer Menschen im Erwerbsleben aus verschiedenen Perspektiven vorgeschlagen, die sich etwas vereinfacht zu drei Hauptpunkten zusammenfassen lässt (Düll & Sonnet, 2014, S.13f).

- *Stärkung der Anreize für längeres Arbeiten*
  Hierzu gehören insbesondere die Ausgestaltung des Renten- und Sozialsystems sowie das Reformprojekt „Altersvorsorge 2020“,
- *Beseitigung von Hindernissen für die Rekrutierung Älterer am Arbeitsmarkt*
  Zu nennen sind hier u.a. eine Bekämpfung von altersbedingter Diskriminierung sowie die Unterstützung von Arbeitgebern im Bereich des Altersmanagements,

- *Verbesserung der Beschäftigungsfähigkeit älterer Erwerbstätiger*
  Schwerpunkte sind hier u.a Anreize für Niedrigqualifizierte, aber auch für Arbeitgeber, eine Anerkennung informell erworbener Kompetenzen eine stärkere Regionalisierung sowie die Förderung der Erwerbstätigkeit von Frauen.

Ein weiterer Schwerpunkt der OECD in diesem Themenfeld betrifft die Stärkung regionaler Akteure und Vernetzungen (Düll & Cliquot, 2015). Diese Studie listet eine Reihe von good-practice-Beispielen auf und geht davon aus, dass bei der Förderung der Erwerbstätigkeit Älterer weniger Erkenntnisdefizite als vielmehr Umsetzungsdefizite bestehen. Konstatiert werden, ähnlich wie in der öibf-Studie, unterschiedliche Altersbilder, die mit Blick auf ältere Mitarbeiter/innen der eigenen Belegschaft positiver gefärbt sind als für ältere externe Bewerber/innen (Düll & Cliquot, 2015, S. 33). Dies gefährdet vor allem die Chancen älterer Arbeitslose und die Flexibilität am externen Arbeitsmarkt. Empfohlen werden verschiedene Ansätze, darunter

- ein stärkere Einbezug des Themas „Altersmanagement im Betrieb“ in Tarifverhandlungen;
- der Ausbau von Demografie-Beratung speziell für kleinere Betriebe,
- verbesserte Bedingungen für eine gelungene work-life-balance gerade für ältere Erwerbstätige sowie
- die Bildung regionaler Netzwerke zum Demografiethema.

Last but not least sind an dieser Stelle auch die vielfältigen Aktivitäten und Veröffentlichungen der OECD zum Thema „Kompetenzen“ bzw. „skills“ zu erwähnen (vgl. z.B. OECD 2012, OECD 2013). Ausführungen und Analysen zur PIACC-Studie finden sich in diesem Bericht an anderer Stelle (vgl. Kapitel 5.2).

Cedefop

Das Thema „Demografischer Wandel“ steht bereits seit den 2000er auf der Agenda von Cedefop. Intensiv damit beschäftigt, wurde sich allerdings erst ein paar Jahre später, da zwischenzeitlich durch die Weltwirtschaftskrise, die Jugendarbeitslosigkeit in den Vordergrund rückte. Langsam kommen nun aber die politischen Debatten wieder auf das Thema zurück, hauptsächlich aufgrund des zahlreichen Verlusts älterer Arbeitskräfte, aber auch weil der demografische Wandel eine Herausforderung darstellt, die noch lange in der Zukunft präsent sein wird. Cedefop untersuchte bereits, wie viel Prozent der potentiellen Erwerbspersonen in den jeweiligen Ländern in Zukunft aktiviert werden müssten, um die Alterung der Arbeitskraft auszubalancieren. In vielen Ländern wären es mehr als 3%. Dabei kommt es darauf an wie viele „Reserven“ (Frauen, Ältere, Migranten/innen) die Länder jeweils noch haben und inwiefern sich diese Reserven in den Arbeitsmarkt einbinden lassen. Eine Maßnahme wäre die Teilzeitarbeit von Frauen weiter auf 80% zu erhöhen.

Schon vor einigen Jahren begann das Projekt „Ageing Workers“, welches sich mit älteren Erwerbstätigen beschäftigte und in dem unter anderem eine Art Leitfaden für eine altersgerechte Arbeit entwickelt und Good-Practice-Beispiele dazu in einem Buch gesammelt wurden, um so die Politik der EU-Länder darüber zu informieren. Angesichts der Entwicklungen ist es denkbar, dass nun an diesem Projekt wieder angeschlossen wird. Weitere Themen, welche in der Vergangenheit von Cedefop nachgegangen wurden, sind: Was bedeutet Altern? Welche gesellschaftlichen Herausforderungen folgen daraus? Was müssen Betriebe unternehmen?

Die Auswirkungen des demografischen Wandels auf Unternehmen lassen sich anhand verschiedener Stufen beschreiben. Aktuell befinden sich die meisten Unternehmen auf der Stufe, auf der sie sehen, wie ein Teil des Humankapitals den Arbeitsmarkt verlässt, unterdessen der Mangel an neuen Arbeitskräften zunimmt.

In diesem Kontext spielt der Begriff „demografic literacy“ eine wichtige Rolle. „Demografic literacy“ beschreibt, wie fortschrittlich Unternehmen mit aufkommenden „Alters“-Problemfragen umgehen. Während Großbetriebe hinsichtlich der „demografic literacy“ ihre eigenen Tools entwickeln, benötigen kleine und mittelständische Unternehmen dabei Unterstützung. Länderübergreifend unterscheiden sich betriebliche Personalentwicklungsstrategien zwischen großen, kleinen und mittelständischen Unternehmen. So ist im Gegensatz zu Großbetrieben in klein- und mittelständischen Unternehmen oftmals keine Personalabteilung und damit auch keine Bildungs- und Weiterbildungspolitik vorhanden. Dies führt in kleinen und mittelständischen Betrieben zu einer Dominanz von ad-hoc Strategien und Aufträgen an externe Berater/innen, Personalentwicklungsstrategien zu formen und Altersstrukturanalysen durchzuführen. Diese Altersstrukturanalysen sollen nicht nur feststellen wie sich die Altersstruktur der Belegschaft darstellt, sondern ebenso Personalentwicklungsstrategien für das Altern im Betrieb förderlich machen.

In Großunternehmen gewinnen hinsichtlich älterer Arbeitnehmer/innen Strategien wie Jobrotation an Bedeutung. Dadurch wird sichergestellt, dass Arbeitnehmer/innen durch stets neue Anforderungen eine weite Spanne an Erfahrungen sammeln. Gerade für Ältere ist es wichtig, dass sie viele unterschiedliche Aufgaben bekommen, so dass sowohl ein horizontaler als auch vertikaler Tätigkeitswechsel innerhalb eines Unternehmens möglich ist. Zudem stimulieren anforderungsstarke Arbeitsplätze die kognitiven Potenziale und die Arbeitseinstellung.

Neben einem betriebsinternen sollten sektorenübergreifende Tätigkeitswechsel in Erwägung gezogen werden:

„(…) it also becomes important that you think outside of the box, it's not that someone has to stay in a particular company, in a particular sector, but he might have some skills that are also useful in another sector" (ExpCedefop).

In Skandinavien gibt es dazu viele interessante Good-Practice-Beispiele. Beispielsweise wurden ältere Personen in der Holzindustrie zu Fachkräften im Gesundheitswesen umgeschult. Ausschlaggebend dafür war, dass im Bereich der Holzindustrie, die Anzahl der Erwerbspersonen aufgrund der schweren körperlichen Arbeit zurückging unterdessen zeitgleich ein erhöhter Bedarf an Fachkräften im Gesundheitsbereich aufkam. Ein Beispiel dafür, wie horizontale Tätigkeitswechsel sektorenübergreifend und gewinnbringend nutzbar gemacht werden können. Dieser Ansatz gewinnt an Bedeutung, wenn bedacht wird, dass es einige Berufe gibt, in denen es aufgrund der körperlichen Belastung kaum möglich ist, bis zum 65. Lebensjahr zu arbeiten.

Auf EU-Ebene wurden zwei Werkzeugkästen entwickelt, die Betrieben bei der Umsetzung von altersgerechten Strategien unterstützen sollen. In den Werkzeugkästen sind Tools enthalten, mit denen Altersprofile in Betrieben identifiziert und entsprechende Strategien dafür implementiert werden können. Diese Tools sind sehr wichtig, da man sie auf jedes Unternehmen übertragen kann und die Unternehmen weniger Zeit dafür aufwenden müssen, sich eigene Tools zu überlegen. Durch die Übertragungsmöglichkeit bietet sich die Nutzung der Tools auch sektorenweise an. So wird z.B. gerne in technischen Berufen damit gearbeitet.

Je älter die Arbeitnehmer/innen werden, desto mehr sollte grundsätzlich die Aufmerksamkeit auf ihren Kompetenzen(-entwicklungen) liegen. Es besteht nicht nur die Gefahr, dass Personen ihre Kompetenzen verlieren, weil sie sie nicht gebrauchen, wie z.B. eine in der Schule gelernte, aber danach kaum gesprochene, Sprache. Ebenso können Kompetenzen, z.B. Schreibmaschinen schreiben, vor dem Hintergrund technologischer Weiterentwicklungen veralten:

> „(…) we tend to call this obsolescence so as people grow older we have these different forms and so you have the fact that people actually loose it like in the case of languages [and] you have the fact that people still have the skills but the labor market no longer wants them and then some people talk sometimes which you could call perspectivistic obsolescence, so like the way you do work is no longer in sync with how the workplace works" (ExpCedefop).

Darum müssen Wege gefunden werden, wie ältere Erwerbspersonen ihr Wissen kontinuierlich weiterentwickeln können. Da gerade ältere Arbeitnehmer/innen zeitlich gesehen, von ihrer Grundbildung länger entfernt sind als Jüngere, bedarf lebenslanges Lernen Begleitung und Beratung. Viele Betriebe übernehmen Weiterbildungskosten allerdings nur dann, wenn die zu erwerbenden Kompetenzen unmittelbar am Arbeitsplatz relevant sind. Da diese Kompetenzen außerhalb des Betriebs jedoch oft wertlos sind, wird hierbei von einem instrumentalen Gebrauch der Weiterbildung gesprochen. Konträr dazu nennt der Experte ExpCedefop aber ein Unternehmen in dem die Weiterbildungsteilnahme Niedrigqualifizierter dadurch gefördert wird, dass jede Weiterbildung der/s Arbeitnehmer/in, ungeachtet des Themas, finanziert wird. Im Vordergrund steht hier also die Weiterbildungsförderung und nicht der Eigennutzen des Betriebs.

Manche Regierungen versuchen ebenfalls, sich in diesem Bereich zu engagieren. So gibt es den Ansatz, Qualifikationsbedarfe mit notwendigen Kompetenzbedarfen in der Wirtschaft, in Form von Strategien der Kompetenzanpassungen, zu verknüpfen. Dadurch wird sichtbar in welche Richtung sich die Arbeitskraft weiterentwickelt und wo es in diesem Zusammenhang zukünftige Mängel bzw. Bedarfe geben wird. Frankreich hat beispielsweise einen

Campus (*Les campus des métiers et des qualifications*), der sowohl Einrichtungen für berufliche Aus- und Weiterbildung als auch Einrichtungen für Forschung, Universitäten und Technologie-Unternehmen umfasst. Diese Institutionen bewerben sich unter anderem auf langjährige Projekte, um hinsichtlich zukünftiger Entwicklungen präventiv zu arbeiten und sicher zu gehen, die richtig qualifizierte Arbeitskraft in Zukunft bereitstellen zu können.

Unternehmen müssen jedoch in der Personalentwicklung generell noch innovativer werden, da neue Arbeitsformen wichtiger werden und damit einhergehend auch andere Kompetenzen gefordert sind. Überdies sollten Betriebe grundsätzlich gewährleisten, dass der Arbeitsplatz ein Platz der Kooperation und nicht des Wettbewerbs zwischen verschiedenen Altersgruppen ist. Beispielsweise könnten in diesem Kontext altersgemischte Teams im Betrieb gefördert werden. Diese Lernweise hat den Vorteil, dass das Lernen direkt am Arbeitsplatz stattfindet, ohne dabei ein formales „Klassenzimmer"-Setting zu benötigen. Lernbarrieren, die mit stärker formalisierten Weiterbildungsszenarien verbunden sind, könnten dadurch umgangen werden. In Bezug auf informelles Lernen hat ein Unternehmen, welches sich mit finanziellen Themen beschäftigt, für unbekannte und schwierige Kundenfälle (z.B. eine Person, die dreimal verheiratet war und im Ausland lebt), einen sogenannten „treatment table" einberufen. In diesem Rahmen werden komplexe Fälle und wie mit ihnen umgegangen wird, besprochen. Je nach dem ist zusätzlich eine Person dabei, die sich mit schwierigen Fällen besonders gut auskennt. Ein gutes Beispiel dafür, dass nicht immer eine Weiterbildung zur Lösung eines Problems beiträgt, sondern kollektive Problembearbeitungen informelle Lernprozesse anregen können und gleichzeitig spezifische Lösungen hervorbringen.

Eine weitere Lernform, die an Bedeutung gewinnt, nennt sich „substantial schooling“. Damit gemeint ist eine längere Weiterbildung, die im Arbeitskontext eingebettet ist, wie beispielsweise eine Lehre. Da gerade Erwachsene und ältere Erwerbspersonen das Lernen im Arbeitskontext oftmals bevorzugen, ist diese Art des Lernens in manchen Ländern auf dem Vormarsch. Interessant daran ist, dass das praktische Arbeiten mit theoretischen Inputs kombiniert wird, so dass sich während des Arbeitsprozesses das Wissen erweitert. Zwischen Jung und Alt wird dabei nicht unterschieden.

Im Kontext der betrieblichen Strategien spielt für ältere Arbeitnehmer auch die Gesundheitsförderung eine wichtige Rolle. So sollte der Arbeitsplatz ergonomisch und gesundheitsförderlich gestaltet sein, da nicht zuletzt Menschen immer länger arbeiten müssen, wofür eine gute Gesundheit Voraussetzung ist. Demnach sollte Gesundheitsförderung schon früh starten, zumal es mit voranschreitendem Alter immer schwieriger wird sein Verhalten zu ändern. Allerdings haben die meisten Betriebe häufig keinen Planungshorizont für die nächsten zehn Jahre.

Hinzu kommt, dass es bei vielen Unternehmen noch immer ein negatives Altersbild verhaftet ist, wenngleich die Stereotype, die in Unternehmen vorherrschen, von der Forschung widerlegt werden. Dementsprechend ist weder der Krankenstand älterer Arbeitnehmer/innen besonders hoch, noch sinkt ihre Produktivität. Vor dem Hintergrund eines zukünftigen Fachkräftemangels und einer alternden Belegschaft ändert sich nun in manchen Unternehmen langsam die Einstellung.

Norwegen

Auch in Norwegen herrscht in manchen Betrieben noch immer die Einstellung „old dogs don't learn new tricks". Dementsprechend liegt der Fokus hinsichtlich des Rekrutierungsverhaltens insbesondere in schlechten wirtschaftlichen Zeiten bisweilen auf jüngeren Fachkräften. Lediglich, wenn es ökonomisch günstiger ist ältere Mitarbeiter im Unternehmen zu halten, anstatt in Jüngere zu investieren, wird über Maßnahmen für ältere Arbeitnehmer/innen nachgedacht.

Jedoch steigt allmählich das Bewusstsein, in die Kompetenzen älterer Arbeitnehmer zu investieren, wobei viele Arbeitgeber/innen bereits mit den Kompetenzen älterer Mitarbeiter/innen zufrieden sind. Einen großen Bedarf an Maßnahmen zu Kompetenzentwicklung älterer Arbeitnehmer/innen, wird daher in Norwegen nicht wahrgenommen.

> „(...) in regards to older workers and the demographic development the social partners haven't been doing their job in this county so far, but I mean again, I've said like I've said that, but then again there aren't that big fires to be distinguished, you know the, the situation is pretty good" (ExpN2).

Nach der Expertin ExpN2 bedürfe es also erst gar keiner spezifischen Maßnahmen für ältere Arbeitnehmer/innen, da ihre Situation zufriedenstellend ist. Ebenso sieht Expertin ExpN1 es vielmehr als eine soziale Frage, als eine Frage des Alters, da die Gruppe der Älteren eine sehr Heterogene ist. Zudem scheinen andere Aspekte in Norwegen derzeit wichtiger zu sein wie z.B. die mit der Wissensgesellschaft verbundenen Anforderungen an eine beschleunigte Kompetenzentwicklung, welche alle, und nicht nur ältere Arbeitnehmer/innen betrifft. Dementsprechend gab es bereits in den 1990ern eine Reform zur Kompetenzentwicklung in

Norwegen, welche beides, den Arbeitsmarkt und das Bildungssystem betraf.

Derzeitig gibt es ein Programm der Regierung, um Niedrigqualifizierte in Bezug auf die Weiterbildung ihrer Grundkompetenzen zu unterstützen. Dabei stellen auch ältere Niedrigqualifizierte eine wichtige Zielgruppe dar. Im Rahmen dieses Projekts, können sich Unternehmen um Geldmittel/Fonds bewerben und so Weiterbildungen gerade für niedrigqualifizierte Arbeitnehmer/innen anbieten. Bisher zeigt die Evaluation zwar, dass es hinsichtlich der Vermittlung von Grundkompetenzen gut funktioniert, jedoch kann das Programm jederzeit beendet werden, sollten zukünftige Evaluationen weniger positiv ausfallen. Dieses Projekt besteht bereits seit 10 Jahren und wird von dem Bildungsministerium in Norwegen finanziert. Vorlage dafür war ein verwaltungsübergreifendes nationales Programm in Finnland mit dem Ziel, ältere Arbeitnehmer/innen länger in Arbeit zu halten. Initiatoren waren damals das Ministerium für Arbeit, das Ministerium für Gesundheit und soziale Angelegenheiten sowie das Ministerium für Bildung.

Ein weiteres Projekt in Norwegen nennt sich „Inclusive working life", in dem es um die Inklusion von Migranten/innen, Älteren und Menschen mit Behinderungen geht. Die Zielgruppe der Älteren wurde allerdings, gefordert durch das Zentrum für Seniorenpolitik, erst nachträglich ergänzt. Im Vergleich zu der Gruppe der Migranten/innen und den Menschen mit Behinderungen, war die Inklusion Älterer bislang weniger erfolgreich. In Finnland gibt es bezüglich der Beschäftigungsfähigkeit älterer Arbeitnehmer/innen einen ganzheitlichen Ansatz, so dass beispielsweise auch Maßnahmen zur Gesundheitsförderung älterer Arbeitnehmer/innen gefördert werden. Die Gesundheit älterer Arbeitnehmer/innen ist ebenfalls für die Förderung des Lernens Älterer von Bedeutung und ein wichtiger Ansatzpunkt, da das physische und psychische Wohlbefinden sowohl Bedingung von Bildungsprozessen ist als auch durch diese gestärkt werden kann.

Darüber hinaus gibt es in Norwegen eine nationale Initiative, die Unternehmen eine finanzielle Unterstützung bietet, wenn diese älteren Mitarbeiter/innen gezielt in ihre Personalentwicklungsstrategien integrieren. Der Statistik zur Folge nehmen bereits die meisten Unternehmen daran teil, allerdings bleibt der Erfolg bislang aus, da es dem Anschein nach viele andere Einflussfaktoren gibt, welche die Neu- oder Weiterbeschäftigung älterer Arbeitnehmer/innen beeinflussten.

In Norwegen sind es insbesondere zwei große Ölunternehmen, welche „life course, life-long HR policies" in ihre Unternehmenspolitik integrieren und so z.B. jährliche Mitarbeitergespräche führen, in denen besprochen wird, inwiefern sich vorhandenen Kompetenzen noch weiter entwickeln lassen. In manchen Unternehmen sind ebenso Jobrotations üblich. Allerdings nehmen gerade ältere Arbeitnehmer/innen weniger gerne an einer solchen Maßnahme teil, da sie sich in ihrem Aufgabengebiet sehr kompetent fühlen und darauf stolz sind und nur ungern diese Position gegen ein neues noch unbekanntes Aufgabenfeld eintauschen.

Wesentlich ist, dass nicht nur die Frage im Zentrum steht, inwiefern die Kompetenzen Älterer für die Arbeitsplatzanforderungen weiterentwickelt werden können, sondern auch inwiefern sich der Arbeitsplatz den Bedürfnissen Älteren anpassen kann:

> „So in the old age you know there should be similar adjustments the job should need to be adjusted, the used skills and abilities and the life suggestion overall including health and the family situation" (ExpN2).

Wertschätzung und Anerkennung Älterer spielen dabei eine wichtige Rolle.

Gerade durch die rasant fortschreitenden technischen Entwicklungen müssen sich Ältere wie Jüngere weiterbilden, um den technischen Anforderungen nachzukommen. Generell werden Unternehmen gegenüber lebenslangem Lernen immer offener. Gerade Großbetriebe haben mittlerweile verstanden, dass lebenslanges Lernen nicht nur eine Ad-hoc-Lösung darstellt, sondern als eine längerfristige Strategie implementiert werden sollte:

In vielen norwegischen Unternehmen werden Strategien des lebenslangen Lernens oder der Kompetenzentwicklung dabei ungeachtet des Alters und anderer Merkmale praktiziert:

> „(...) a good Human Resource Development policy, that usually includes life-long learning and skills development is good for everybody, regardless of age“ (ExpN2).

Der wichtigste Lernweg für viele Norweger/innen, ist hier aber nicht die organisierte Weiterbildung, sondern das Lernen am Arbeitsplatz und damit das informelle Lernen, zumal die meisten Menschen gerade durch ihre Arbeit lernen. Prinzipiell hat informelles Lernen und Lernen am Arbeitsplatz in Skandinavien einen hohen Stellenwert, wenngleich in Norwegen Maßnahmen, welche informelles Lernen fördern, relativ schnell aus dem Fokus der Politik verschwanden. Nichtsdestotrotz erwiesen sich betriebliche Arbeitsplätze in Norwegen als überdurchschnittlich lernförderlich und tragen, mehr noch als das öffentliche Weiterbildungssystem, zur Kompetenzentwicklung der Arbeitnehmer/innen bei.

Inwiefern sowohl informelle als auch formale Lernprozesse gerade in Betrieben gefördert werden, hängt oftmals von der beruflichen Position der Erwerbsperson ab sowie von den Wirtschaftszyklen. Ist die Auftragslage gerade sehr gut, haben insbesondere klein- und mittelständische Unternehmen kaum die Möglichkeit ihre Mitarbeiter/innen für externe Weiterbildungen freizustellen. Wird dagegen wenig produziert, fehlt meistens das Geld für Weiterbildungen.

In einer Befragung des Fafo zeigte sich, dass das Fehlen von Weiterbildungsangeboten für ältere Arbeitnehmer/innen kein Grund darstellt, früher aus dem Erwerbsleben auszuscheiden, das Fehlen von Anerkennung gegenüber ihren Kompetenzen dagegen schon. Diese Bedeutung der Anerkennung wird auch im Kontext des Zugangs zu Weiterbildung relevant.

Die Aufforderung des Arbeitgebers an einer Weiterbildung teilzunehmen, kann auch als fehlende Anerkennung der Kompetenzen verstanden werden und damit zum Missmut des Arbeitnehmers führen. Der Stellenwert von Weiterbildung im betrieblichen Kontext ist letztlich von der Erwerbsperson und dem/der Arbeitgeber/in selbst abhängig. Entsprechend kann schlicht eine positive Einstellung des/der Arbeitgebers/Arbeitgeberin gegenüber Weiterbildung ausschlaggebend sein, dass die Weiterbildungsteilnahme im Betrieb gefördert wird.

Ferner, profitieren durch den demografischen Wandel insbesondere Unternehmensberater/innen in Norwegen, da Unternehmen viel für sie zahlen, um mit den Herausforderungen des demografischen Wandels umzugehen. Beispielsweise initiieren sie Lernunterstützungen sowohl auf individueller als auch auf organisationaler Ebene.

Allerdings werden bis heute Probleme auf dem Arbeitsmarkt in Norwegen oftmals ad-hoc gelöst. Langfristige, präventive und konstruktive Strategien gegenüber zukünftigen Entwicklungen, bleiben bisher aus. Darum sollte grundsätzlich in Norwegen mehr in die Kompetenzentwicklung Älterer investiert und ihre Lebenssituation dabei berücksichtigt werden, auch wenn derweil noch kein ausreichender Bedarf dafür gesehen wird.

Dänemark

In Dänemark gewinnt vor dem Hintergrund des demografischen Wandels insbesondere die Integration von Flüchtlingen und Migranten/innen an Bedeutung, um so den zukünftigen Fachkräftemangel zu kompensieren. Darüber hinaus wird sowohl das Rentenalter auf 67 Jahre angehoben als auch die Möglichkeit auf Frührente („Efterlon“) verringert, wodurch diese nun erst ab 63 Jahren verfügbar ist. Teilweise wurde sie sogar ganz gestrichen. In diesem Kontext ist zudem die Beobachtung zu machen, dass im Gegensatz zu früher, als vor allem Niedrigqualifizierte in körperlich anspruchsvollen Tätigkeiten vorzeitig in Rente gegangen sind, heute auch viele höherqualifizierte Personen davon Gebrauch machen:

> „(…) it's a new thing, maybe you will see that in the future, well, I do know, school teachers, even if they have a long formal education and four years of training after the students examination and so on, it's such a stressful job, that they are the first ones to ask for a pre-pension” (ExpDK1).

In Dänemark werden wie in Norwegen ebenfalls Ältere bei der Rekrutierung vernachlässigt bzw. diskriminiert. Zwar gelten Ältere als eine sehr heterogene Gruppe, trotzdem kursieren in vielen Unternehmen noch immer Bilder von Älteren, als arme, kranke und schwache Personen, womit das Defizit-Modell in vielen Köpfen von Entscheidungsträger/innen bis heute verankert zu sein scheint. Dies zeigt sich auch bei Entlassungen, denn es sind vor allem Ältere, die zuerst gekündigt werden. Hinzu kommt, dass ältere Arbeitnehmer/innen teurer für Unternehmen sind und weniger in sie investiert wird. Jüngere werden dagegen als schneller, belastbarer und eben günstiger wahrgenommen.

Das Kompetenzmodell des Alterns wird in Dänemark lediglich im wissenschaftlichen Diskurs rezipiert, während es in Unternehmen kaum Überzeugungskraft entfaltet. Nichtsdestotrotz gibt es bereits in vereinzelten Betrieben positiv besetzte Altersbilder, in denen ältere Arbeitnehmer/innen als „graues Gold" gesehen werden. Als ein Vorzeige-Beispiel für eine gute Seniorenpolitik wird die Roskilde Universität genannt. Hier können Ältere ab 60 Jahren ihre Arbeitszeit reduzieren ohne dabei Verluste bei der Pension in Kauf nehmen zu müssen. Dadurch arbeiten viele Professor/innen weiter, die sonst aus Gründen der Überlastung, familiären Gründen oder technologischen bzw. Organisationsveränderungen aufgehört hätten. Solche Formen der Seniorenpolitik gibt es auch in Großbetrieben, diese sind jedoch sehr an die individuelle Initiative von Arbeitgebern gebunden. Eine solche positive Einstellung gegenüber älteren Arbeitnehmer/innen und die Tatsache, dass Ältere hinsichtlich des drohenden Fachkräftemangels eine wichtige Ressource sind, ist allerdings weder in der Politik noch in der Praxis vollkommen angekommen.

In Hinblick auf die betriebliche Weiterbildung betreiben insbesondere Großbetriebe grundsätzlich eine strategische Bildungs- und Weiterbildungspolitik, in deren Rahmen Weiterbildungen vereinbart und durch Führungskräfte kontrolliert werden, gerade bei ungelernten Fachkräften. Allerdings sind diese gewonnenen Kompetenzen meistens berufsspezifisch, weshalb sie unternehmensübergreifend keinen Gewinn bringen.

> „(…) ich will sagen, dass besonders die kleinen Firmen in den traditionellen Industriebereichen aber auch in dem großindustri-

> ellen Dienstleistungsbereich (…) eine viel zu enge Weiterbildung (machen), viel zu wenig, viel zu spät viel zu eng auf spezifische Fertigkeiten“ (ExpDK2).

Kleine und mittelständische Betriebe bieten oft nur dann Weiterbildungsmöglichkeiten an, wenn es unabdingbar erscheint und wenn es Zeit und Geld gerade zulässt.

Niederlande

Wie in Norwegen und Dänemark werden auch in niederländischen Unternehmen Älteren oftmals negative Eigenschaften wie eine geringere Flexibilität, Kreativität, Innovationsfähigkeit und Beschäftigungsfähigkeit sowie eine größere Frustration zugeschrieben. Diese negativen Altersbilder müssen dabei noch nicht einmal bewusst wahrgenommen werden. So meinen die meisten Vorgesetzten, darauf angesprochen, dass es überhaupt keine Probleme mit älteren Arbeitnehmer/innen gibt und ihre Arbeitsleistung sehr gut sei. Hinsichtlich der Einstellung gegenüber älteren Arbeitnehmer/innen unterscheiden sich die Betriebe nach Größe. Eine Untersuchung konnte zeigen, dass es gerade in klein- und mittelständischen Betriebe weniger Vorurteile gibt. Vielmehr führen die vielen Interaktionen und Kooperationen sowie die kürzeren Kommunikationswege in kleinen Betrieben dazu, dass sich die Personen besser kennen, wodurch es weniger altersspezifische Stereotype gibt. Dies hat auch Konsequenz für die Karriereentwicklung älterer Arbeitnehmer/innen, da letztlich nur in Personen investiert wird, gegenüber denen man keine Vorurteile hegt.

Das Verhältnis zwischen Vorgesetzten und Arbeitnehmer/in spielt damit auch hinsichtlich der Implementierung von demografiesensiblen Strategien eine bedeutsame Rolle. Zudem ist es wichtig, dass die Maßnahmen von allen Beteiligten (Personalverantwortliche, Vorgesetzte, Arbeitnehmende) akzeptiert werden und dass das Klima es erlaubt, Fehler zu machen, laut zu denken, zu lernen und sich als Team zu entfalten. Davon ist auch die Entwicklung des Selbstbewusstseins älterer Arbeitnehmer/innen abhängig.

Ansonsten ist in den Niederlanden das Ministerium für soziale Angelegenheit in der Entwicklung und Bereitstellung von (alternsgerechten) Maßnahmen sehr aktiv. Allerdings zeigt ein von der Expertin ExpNL entwickeltes Messinstrument, dass nach Ansicht der Arbeitnehmer/innen der Transfer von guten Personalentwicklungsstrategien in die Praxis oftmals fehlt.

In Hinblick auf non-formales und informelles Lernen, wäre generell eine Kombination aus beidem erstrebenswert. Demnach bedarf es zunächst der Entwicklung einer Wissensbasis durch eine non-formale Lerngrundlage. Diese wird anschließend in die Praxis integriert, so dass neue Erfahrungen damit verbunden werden und informelle Lernprozesse entstehen. In Bezug auf ältere Arbeitnehmer/innen sollte das Lernen an deren Expertise anknüpfen, im Sinne von „domain specific knowledge", anstatt einer „Trial and Error"- Lernstrategie. Die Konstellation aus Erfahrungen und neuem Wissen könnte Älteren gegenüber Jüngeren sogar einen Vorteil bringen.

In diesem Kontext sind gerade Maßnahmen, die intergenerationelles Lernen fördern, wichtig. Allerdings mangelt es an solchen Maßnahmen in den Niederlanden. Dabei könnten mit Hilfe gemischter Teams Vorurteile hinsichtlich Älteren bzw. Jüngeren abgebaut werden. Dazu fördert diese Form des Netzwerkens nicht das Lernen Jüngerer von Älteren, sondern im Sinne des „reverse mentoring" ebenso den Wissenstransfer von Jung zu Alt. Jüngere übernehmen dabei die Aufgabe, Ältere hinsichtlich neuster Entwicklungen auf dem Laufenden zu halten während Ältere eher eine reflektierende Rolle einnehmen. Umgekehrt können ältere

Arbeitnehmer/innen als Berater/innen, Begleiter/innen oder Mentor/innen Jüngere lehren. Generell fehlt es in den Niederlanden allerdings an realisierten Konzepten eines solchen intergenerationellen Wissensmanagements.

Zwar wird in niederländischen Betrieben durchaus informelles Lernen bzw. Lernen am Arbeitsplatz gefördert, im Schwerpunkt aber verlaufen betriebliche Weiterbildungen noch immer organisiert ab. Wenngleich in der Praxis häufig die Weiterbildungsverantwortung bei der Erwerbsperson selbst liegt, sollten beide Parteien, also Arbeitgeber/in und Arbeitnehmer/in, gleichermaßen beteiligt sein. Oftmals aber informieren Vorgesetzte zu wenig über Lernmöglichkeiten, weshalb Arbeitnehmer/innen selbst aktiv werden müssen. Des Weiteren spielen die Beziehung und der psychologische Vertrag zwischen Arbeitgeber/in und Arbeitnehmer/in eine wichtige Rolle. Letzteres ist ein Teil des Beziehungsverhältnisses zwischen Arbeitgeber/in und Arbeitnehmer/in und besteht beispielsweise aus wechselseitigen Erwartungen wie loyales Verhalten aber auch dem Bereitstellen von Weiterbildungsmöglichkeiten (Huf, 2011).

Darüber hinaus gehören die Niederlande zu einem der Länder, die hinsichtlich eines systematischen Weiterbildungsmonitorings führend sind. Mit Monitoring ist hier u.a. die regelmäßige Erfassung von subjektiven Weiterbildungserträgen aber auch dem objektiven Beitrag der Weiterbildung für die Beschäftigungsfähigkeit der Person angesprochen. Gerade der technische Sektor ist hinsichtlich des Monitorings in den Niederlanden ein gutes Beispiel, da alle drei Monate eine standardisierte Befragung dazu durchgeführt wird. Von unterschiedlichen Unternehmen werden hierbei Daten gesammelt und periodisch darüber berichtet. Es zeigt sich beispielsweise, dass durch die schnellen technologischen Entwicklungen es mehr an Zusammenarbeit innerhalb eines Netzwerks bedarf. Neben Kompetenzanforderung und -entwicklungen werden auch Prognosen erfragt, welche Probleme z.B. in den nächsten Jahren auf das Unternehmen zukommen.

Schweden

Ähnlich wie in den davor dargestellten Ländern herrscht auch in schwedischen Betrieben bis heute eine Altersdiskriminierung, die sich u.a. darin ausdrückt, dass Arbeitgeber/innen ältere Arbeitnehmer/innen häufiger versuchen zu entlassen. Sogar in den Medien wurde bereits darüber berichtet, dass Arbeitnehmer/innen aufgrund ihres Alters gezwungen wurden, den Betrieb zu verlassen. Beispielsweise war ein Unternehmen der Ansicht, dass durch den Austausch der Technologie im Betrieb auch die Arbeitnehmer/innen gewechselt werden müssen, anstatt zu sagen:

> "We're going to exchange technology. What do we need to do to make the people we have able to operate the new technology?" (ExpS).

Zudem werden Personen, die das 50. Lebensjahr überschritten haben, von Arbeitgeber/innen als eine Gruppe gesehen, die nur noch eine kurze Zeit arbeiten, ehe sie dann in Rente gehen, weshalb sich eine Investition in ihre Weiterbildung und Qualifizierung nicht mehr lohnt. Sicherlich gibt es auch in Schweden positive Vorstellungen zum Alter, z.B. verbunden mit Personen die bis zum 90. Lebensjahr gearbeitet und bis 100 Jahre gelernt haben. Nichtsdestotrotz scheinen bis heute die negativen Altersbilder zu dominieren. Generell ist die Altersspanne, in der die Mitarbeiter/innen von Unternehmen am kompetentesten und interessantesten gesehen werden sehr klein. Von jungen Arbeitnehmer/innen wird erwartet, dass sie mit 25 Jahren sowohl einen Hochschulabschluss als auch gleichzeitig ausreichend Berufserfahrung mitbringen während Arbeitnehmer/innen mit zunehmendem Alter grundsätzlich uninteressanter werden.

Insgesamt beschäftigen sich die meisten schwedischen Unternehmen kaum mit demografiesensiblen Strategien, obwohl sie sich den Herausforderungen des demografischen Wandels bewusst sind. Stattdessen liegt der Fokus der meisten Unternehmen auf dem Bereich der Kompetenzentwicklung in der ersten Hälfte des Erwerbslebens. Anstatt des demografischen Wandels, wird beispielsweise eher über Qualifikations-„Mismatches" diskutiert. Ältere Arbeitnehmer/innen werden dabei nur von wenigen berücksichtigt.

Ein wesentlicher Grund für die mangelnde Durchführung von demografiesensiblen Strategien könnte die in Schweden andauernde Diskussion der Arbeitgeber/innen sein, inwiefern sie selbst oder der Staat für entsprechende Maßnahmen verantwortlich sind. Nichtsdestotrotz gibt es Unternehmen, die sich bereits jetzt um ihre älteren Mitarbeiter/innen bemühen. So bietet ein Elektronikkonzern ein Mentoring-Programm an, das den Wissenstransfer zwischen Alt und Jung fördert. Intergenerationelles Lernen als Konzept ist in Schweden jedoch bislang kein Thema, wenngleich Studien zeigen, dass es zum Abbau von Vorurteilen beiträgt. Die Hemmschwellen der unterschiedlichen Altersstufen im Umgang miteinander würden so minimiert.

Ähnlich wie mit der Verantwortungszuschreibung hinsichtlich alter(n)sgerechter Maßnahmen, verhält es sich mit der Weiterbildung und Qualifizierung von Mitarbeiter/innen. Die Förderung der Weiterbildungsteilnahme wird meistens nicht als Aufgabe des Unternehmens verstanden. In diesem Kontext klagen die Arbeitgeber/innen die Bildungseinrichtungen an, dass sie die Personen nicht auf die richtige Art und Weise ausbilden und es deshalb an adäquat qualifizierten Fachkräften mangelt.

Obwohl sich bis jetzt kaum Anstrengungen hinsichtlich demografiesensiblen Maßnahmen abzeichnen, gibt es bereits seit einigen

Jahren eine staatlich-öffentliche Untersuchung zu dem Thema „alternde Gesellschaft“, welche sich mit dem demografischen Wandel aus unterschiedlichen Perspektiven beschäftigt. Dabei handelt es sich um eine große Studie, in der viele Personen aus ganz unterschiedlichen Forschungsbereichen engagiert sind. Grundsätzlich ist die Studie eine Art „Ruhestandsalter-Untersuchung“, veranlasst durch die Verkündung des Staatsministers vor zwei, drei Jahren, dass das Rentenalter auf 75 Jahre angehoben werden soll, da das Rentensystem sonst nicht fähig ist, die Kosten des demografischen Wandels zu tragen. Die Studie untersucht primär Möglichkeiten, wie die Erwerbstätigen möglichst lange beschäftigt bleiben können. Das Lernen älterer Erwachsener wird dabei nur in manchen Teilen der Untersuchung angesprochen. Ein Vorschlag beispielsweise ist es, Personen umzuschulen, damit sie in der Lage sind, länger zu arbeiten.

Generell bräuchte es neue Arbeitsmodelle in Schweden, da die Berufslaufbahnen nicht mehr so starr verlaufen wie früher. Denn lange Zeit herrschte ein sehr rigides Modell der Industrialisierung, in dem nach Abschluss der Schule der Eintritt in die Erwerbsarbeit erfolgte, womit die nächsten 30 bis 40 Jahren zugebracht wurden, ehe sich dann der Ruhestand anschloss. Heute gibt es ganz unterschiedliche Lebens- und Erwerbsverläufe. Beispielsweise kann es zu „breakpoints“ kommen, an denen man sich nach zehn Jahren Beschäftigung beim selben Arbeitgeber fragt, ob man dort noch weitermachen oder stattdessen lieber eine Umschulung machen möchte. Genau für solche „breakpoints“ bräuchte es eine Art Karriereberatung, die es bislang noch nicht gibt.

Hinzu kommt, dass die Lebenssituation ab 60 Jahren heute eine andere ist als noch vor einigen Jahrzehnten, da sich die Personen beispielsweise um eine/n pflegebedürftige/n Ehepartner/in kümmern oder aber ihre Kinder in der Kinderbetreuung unterstützen.

Dementsprechend bedürfte es nicht einem, sondern zwei Arbeitsmodellen: Eines für die erste Hälfte und ein anderes für die zweite Hälfte des Erwerbslebens. Zudem gibt es Arbeitsanforderungen, die besser auf jüngere Arbeitnehmer/innen passen aber nicht mit zunehmendem Alter „mitwachsen“. Grundsätzlich muss somit nach flexibleren Lösungen über die gesamte Erwerbsphase gesucht werden, da die Bedürfnisse aller Arbeiter/innen je nach Alter ganz und gar unterschiedlich sind.

Zum jetzigen Augenblick gibt es jedoch weder Diskussionen über neue Arbeitsmodelle noch werden langfristige Strategien in den Blick genommen, wie das System in zehn Jahren aussehen soll und wie man dies erreichen könnte. Vielmehr wird nach kurzfristigen Lösungen gesucht, die eine direkten praktischen Nutzen zeigen wie z.B. das Anheben des Rentenalters.

Österreich

In Österreich stellen Jüngere seit Längerem eine wesentliche Zielgruppe der Arbeitsmarktpolitik dar (Litschel & Löffler, 2015). In den letzten Jahren hat auch die Arbeitsmarkt- und Qualifizierungspolitik für Ältere stärker an Aufmerksamkeit gewonnen. Vor diesem Hintergrund hat der Arbeitsmarkt-Service Österreich (AMS), das Pendant zur deutschen Bundesagentur für Arbeit, das Forschungsprojekt „Meta-Analyse zu rezenten Studien und Evaluationen zur Arbeitsmarktpolitik für Ältere“ in Auftrag gegeben, das vom Österreichischen Institut für Berufsbildungsforschung durchgeführt wurde. Hauptziel dieser Studie war es, im Rahmen einer Meta-Analyse vorhandener Studien sowohl für die Zielgruppe wichtige gesellschaftliche Aspekte als auch konkrete Maßnahmen der aktiven Arbeitsmarktpolitik näher zu beleuchten. Darüber hinaus bildete auch die berufsbezogene Weiterbildung einen inhaltlichen Schwerpunkt. Zu den zentralen Ergebnissen gehören folgende Befunde:

Zur Frage, ob die Produktivität bzw. Leistungsfähigkeit im Alter sinkt, zeichnen die dort untersuchten Studien ein widersprüchliches Bild. Wichtiger als das biologische Alter scheinen demnach Faktoren wie das Ausbildungsniveau, die Ausgestaltung des Arbeitsplatzes und das Arbeitsklima zu sein. Auch die Flexibilität und Lernfähigkeit sind stärker von den Lerngewohnheiten und -umgebungen abhängig als vom Alter. Allerdings scheinen Ältere stärker als Jüngere den Sinn von Veränderungen oder des Erlernens von Neuem zu hinterfragen (Litschel et al., 2016, S. 29f).

Die Einschätzungen zur Altersheterogenität in Maßnahmen sind kontrovers. Altersgemischte Strukturen in arbeitsintegrierenden Maßnahmen bei Arbeitslosen können jedoch durch gegenseitige Erfahrungs- und Wissensweitergabe motivierend wirken (Litschel et al., 2016, S. 52).

Beim Thema „Kompetenzanerkennung" zeigen sich eine Reihe von Ansätzen, die miteinander nicht oder kaum kompatibel sind. Entsprechend wird die Kompetenzanerkennung in Betrieben derzeit noch als „Entwicklungsmaterie" (Litschel et al., 2016, S. 83) eingestuft. Positiv bewertet wird dagegen bereits jetzt der Ansatz des „Productive Ageing", der sowohl arbeitsorganisatorische als auch qualifikatorische Aktivitäten umfasst.

Probleme mit Blick auf Altersdiskriminierung sind weniger bei Beschäftigten als vielmehr bei Neueinstellungen zu beobachten. „Während betrieblich beschäftigte MitarbeiterInnen aufgrund der beobacht- und messbaren Leistungen beurteilt werden können, stellt sich die Herausforderung bei der Neueinstellung Älterer in erhöhtem Maße" (Litschel et al., 2016, S. 99). Höheres Alter stellt vor allem für Arbeitslose ein Vermittlungshindernis dar. Im Kontext von Führungspositionen herrscht dagegen ein anderes Altersbild vor.

Die Frage, welche Arbeitsmarkt- und Qualifizierungsmaßnahmen für Ältere besonders hilfreich sind, wird von den in dieser Studie befragten Experten/innen meist kontrovers eingestuft. Der Bildungsberatung attestieren sie jedoch mehrheitlich eine größere Bedeutung als Finanzierungsaspekten, und auch die Kompetenzerfassung gilt als Chance. Eine große Herausforderung besteht darin, den Ansatz des Productive Ageing weiter auszubauen, insbesondere auch in Klein- und Mittelbetrieben. Als schwierig gilt dagegen die Situation älterer Arbeitsloser. „Die besondere Belastungssituation bei Älteren liegt in dem Umstand, dass ihr Defizit ein äußerlich zugeschriebenes ist, welches nicht verändert werden kann“ (Litschel et al., 2016, S. 123).

Für ältere Erwerbstätige sind maßgeschneiderte Angebote in Verbindung mit beruflichen Entwicklungsplänen wichtig. In der didaktischen Umsetzung im Rahmen von Weiterbildungsveranstaltungen ist es für sie hilfreich, einen Austausch zwischen der Anforderung, Neues zu lernen, und der Möglichkeit, eigene Erfahrungen weiter zu geben, zu integrieren. Auch Fragen der Anwendbarkeit und des unmittelbaren Nutzens sollten kontinuierlich thematisiert werden (Litschel et al., 2016, S. 125). Darüber hinaus werden verschiedene Instrumente einer aktiven Arbeitsmarktpolitik benannt, wobei vor allem altersgerechtes Arbeiten und Productive Ageing bedeutsam sind; beide Konzepte setzen neben der Qualifizierung auch arbeitsorganisatorische Anpassungen im Betrieb voraus. Als größte Herausforderung wird die Umsetzung einer an Lebensphasen orientierten Erwerbsarbeit angesehen (Litschel et al., 2016, S. 123).

9.4 Fazit

Die unterschiedlichen Handlungsstrategien in den jeweiligen Ländern scheinen u.a. auf unterschiedliche Ausgangslagen und damit verbunden unterschiedliche Problemdiagnosen zurückzuführen sein. Während gerade in den Ländern mit prosperierender Wirtschaft und eher durch eine Fachkräfteverknappung gekennzeichneten Arbeitsmärkten der Erhalt der Erwerbsfähigkeit und neue Beschäftigungsmodelle jenseits des gesetzlichen Renteneintrittsalters im Zentrum stehen, geht es in Ländern mit angespannter Wirtschaftslage und hoher Arbeitslosigkeit eher um eine Parallelität von Erhalt der Arbeitsfähigkeit einerseits und Modellen eines vorgezogenen Übergangs in die Nacherwerbsphase andererseits. Dabei wird in Deutschland der Prozess des Umsteuerns von letztgenannter Strategie auf die erstgenannte in den vergangenen Jahrzehnten deutlich erkennbar.

Insofern scheinen die internationalen Strategien zur Sicherung des Fachkräftepotenzials vor dem Hintergrund demografischer Veränderungen vor allem durch die Wirtschafts- und Arbeitsmarktpolitik getrieben zu sein, während bildungspolitische Interventionen in der Regel argumentativ auf diese Politikfelder rekurrieren. Eine Sichtweise, in der ältere Erwerbstätige vor allem als Potenzial und nicht als Belastung oder zumindest potenziell defizitäre Gruppe gesehen werden, scheint bislang eher einzelnen innovativen Projekten und Betrieben vorbehalten und in keinem der untersuchten Länder im Zentrum bildungs- und arbeitsmarktpolitischer Bemühungen zu stehen. Auch die von uns befragten Experten/innen aus diesen Ländern rückten nicht immer die Perspektive der altersbezogenen Potenziale in den Fokus, sondern stellten – analog zu großen Teilen der wissenschaftlichen Diskurse – häufiger die Prävention und Kompensation von Kompetenzverlusten in der zweiten Erwerbslebenshälfte in den Mittelpunkt.

Perspektivisch stellt sich die Frage, welche Auswirkungen die aktuelle Migration von Flüchtlingen auf die Arbeitsmärkte und damit indirekt auch auf das hier im Zentrum stehende Thema hat. Unter dem Eindruck der Länder mit einem Angebotsüberhang auf dem Arbeitsmarkt ist zu befürchten, dass mit einer schnell wachsenden Zahl von Erwerbspersonen der Druck auf die Unternehmen und auch auf politische Entscheidungsträger auch ältere Erwerbspersonen zu qualifizieren deutlich nachlässt. Andererseits scheint bislang noch weitgehend unklar welche Qualifikationen die Geflüchteten mitbringen und wie schnell diese auf welchen Positionen in den Arbeitsmarkt integriert werden können. Es ist daher davon auszugehen, dass auch mittelfristig – und langfristig ohnehin – die Relevanz des Erhalts des Erwerbspotenzials Älterer bestehen bleibt. Natürlich wäre dies jenseits arbeitsmarktstrategischer Überlegungen und insbesondere mit Blick auf individuelle Entwicklungschancen grundsätzlich wünschenswert, vor dem Hintergrund der Dominanz arbeitsmarktbezogener Argumentationen ist bei einem wachsenden Arbeitskräftereservoir aber mit einem Abfall der Bemühungen um die Qualifikation älterer Erwerbspersonen zu rechnen. Gleichzeitig wirft auch die Flüchtlingsthematik neue Fragen und Herausforderungen für die berufliche Weiterbildung auf. Zumal es sich auch hier nicht ausschließlich um junge Menschen handelt, sondern von einer nicht unerheblichen Zahl von Flüchtlingen mit langjährigen Arbeitserfahrungen auszugehen ist und der Frage, ob und wie diese auf den deutschen Arbeitsmarkt vorbereitet werden können bzw. wie deren spezifisches Wissen und Können unter veränderten kulturellen Rahmungen fruchtbar gemacht werden kann.

Während sich diese Entwicklung weder in den empirischen Daten widerspiegeln noch in den Expertengesprächen thematisiert werden, wird die Digitalisierung als weiterer Megatrend zumindest in einigen Forschungszusammenhängen und in einigen Hinweisen von Expertinnen und Experten auf den Diskurs um ältere Erwerbstätige bezogen. Dabei liegt der Fokus aber wiederum auf den Kompetenzdefiziten Älterer im Umgang mit digitalen Technologien – was in der Regel mit Verweis auf Generationenzugehörigkeit verargumentiert wird – oder auf die fehlende Offenheit Älterer gegenüber diesen Technologien (vgl. auch Klein & Schmidt-Hertha, 2015). Demgegenüber werden die Möglichkeiten, die digitale Technologien für ältere Erwerbstätige bieten, kaum thematisiert. Zu diesen Potentialen gehört nicht nur die Entlastung von physisch belastenden Tätigkeiten und Routineaufgaben, sondern auch die Bedeutung von Erfahrungswissen und Verständnis für betriebliche Prozesse, was erst die kritische Einordnung der Leistungspotentiale und Grenzen digitaler Technologien zulässt.

10 Handlungsstrategien

In diesem Kapitel werden acht Handlungsfelder angesprochen, die für den Erhalt des Fachkräftepotenzials vor dem Hintergrund des demografischen Wandels relevant erscheinen. Dabei kann diese Liste sicher keinen Anspruch auf Vollständigkeit erheben, zumal sie sich in erster Linie auf die Integration älterer Erwerbspersonen in Arbeitsmarkt und Weiterbildung konzentriert und andere Strategieelemente wie z.B. eine weitere Erhöhung der Erwerbsbeteiligung von Frauen oder eine verstärkte Nutzung der beruflichen Kompetenzen von Migranten/innen nicht berücksichtigt. Da ältere Erwerbspersonen in einer Gesellschaft des langen Lebens aber eine zentrale Ressource für Arbeitsmärkte darstellen, die immer noch nicht in dem Umfang im Fokus von Personalentwicklungs- und Personalmanagementstrategien steht wie jüngere Gruppen, scheint dieser Fokus durchaus gerechtfertigt.

10.1 Positive Altersbilder stärken

Die individuellen, organisationalen und gesellschaftlichen Bilder vom Alter und Altern sind für die Wahrnehmung und die Nutzung der Kompetenzen und Potenziale älterer Fachkräfte von entscheidender Bedeutung (BMFSFJ, 2010). Für die nachhaltige Stärkung realistischer Vorstellungen über Leistungsfähigkeit und Potenziale von Erwachsenen in der zweiten Hälfte ihres Erwerbslebens sind drei Handlungsebenen in den Blick zu nehmen.

1. Auf individueller Ebene gilt es unter den Erwerbstätigen selbst das Bewusstsein für die eigene Lern- und Entwicklungsfähigkeit zu stärken. Dabei spielt die Wertschätzung erfahrener Mitarbeiter/innen und die gezielte Ermutigung dieser zur Beteiligung an betrieblichen und außerbetrieblichen Lernangeboten eine zentrale Rolle. Die **Wertschätzung von Erfahrungswissen** und die Kommunikation positiver Modelle

der beruflichen und persönlichen Weiterentwicklung in der zweiten Lebenshälfte können hierzu einen wesentlichen Beitrag leisten, wenn entsprechende Bildungsangebote auch an dieses Bild anknüpfen und nicht einseitig auf die Kompensation (vermeintlich) altersbezogener Entwicklungsverluste fokussieren. Die Hervorhebung der (Lern-)Leistungen älterer Mitarbeiter/innen aller Hierarchieebenen von Unternehmen, die Eröffnung neuer beruflicher Perspektiven und Tätigkeitsbereiche für erfahrene Mitarbeiter/innen und die Berücksichtigung von deren Bedürfnisse und Interessen bei der Gestaltung von Bildungsangeboten könnten Ansatzpunkte für eine Strategie der Stärkung positiver Bilder der Erwerbstätigkeit und der Erwerbstätigen in der zweiten Lebenshälfte sein.

2. Auf organisationaler Ebene sind zunächst immer noch vorhandene Vorurteile und **Altersstereotype** auf Seiten der Personalverantwortlichen und Unternehmensleitungen **abzubauen**. Auch hier geht es darum den Blick stärker auf die Potenziale erfahrener Mitarbeiter/innen zu richten, anstatt Personalpolitik und Personalentwicklungsmaßnahmen auf stereotype Annahmen über Defizite älterer Erwerbstätiger hin auszurichten. Studien zeigen aber auch, dass Personalverantwortlichen die Stärken älterer Mitarbeiter/innen oft durchaus bewusst sind (vgl. Hübner et al., 2003), ohne dass dies Einfluss auf Einstellungsentscheidungen oder Entwicklungspläne hat. Hier setzen gezielte Maßnahmen weitere Untersuchungen voraus, um zu klären worauf die Diskrepanz zwischen dem Wissen über die Leistungsfähigkeit Älterer einerseits und personalpolitischen Entscheidungen andererseits zurückzuführen ist. Ein Erklärungsansatz könnten tradierte gesellschaftlich-kulturell verankerte Altersstereotype und Lebensverlaufsmuster sein, die den Zenit der individuellen Leistungsfähigkeit im fünften Lebensjahrzehnt sehen und sich schon in den Lebenstreppen des 19. Jahrhunderts widerspiegeln.

3. Solche kulturell verankerten Leitbilder gilt es auf gesellschaftlicher Ebene zu verändern und auch **neue Vorstellungen über Erwerbsverläufe** und Erwerbsarbeit in der zweiten Lebenshälfte zu etablieren. Nach einer jahrzehntelangen Frühverrentungspolitik und einer Degradierung älterer Erwerbspersonen zur arbeitsmarktpolitischen Manövriermasse, gilt es neue Ideen und Vorstellungen über Erwerbstätigkeit und Leistungsfähigkeit jenseits des fünften Lebensjahrzehnts zu etablieren und zu kommunizieren. Dabei sind weder Negativstereotype noch überzogen positive Bilder des Alters und Alterns hilfreich, sondern realistische und gleichzeitig optimistische Lebensentwürfe. Gefragt sind vielmehr – auch politisch unterstützte – neue Modelle für die Gestaltung von Karriere- und Lebensentwürfen, die den Potenzialen und Bedürfnissen von Erwerbstätigen im mittleren und höheren Erwachsenenalter Rechnung tragen und dadurch eine Orientierungsfolie bieten.

10.2 Neue Karrierepfade und Tätigkeitsoptionen für erfahrene Mitarbeiter/innen öffnen

Im Rahmen dieser neuen Modelle für die zweite Hälfte der Erwerbslaufbahn sowie für sogenannte Second-Career-Optionen (also die berufliche Neuorientierung im fortgeschrittenen Erwachsenenalter oder sogar im Rentenalter) sind bestehende Konventionen in Frage zu stellen. Zu diesen Konventionen gehört z.B., dass

...berufliche Weiterentwicklung oft als Erweiterung von Aufgabengebieten im Sinne von immer mehr zusätzlich und parallel zu erledigenden Aufgaben missverstanden wird;

...Erwerbstätigkeit immer Vollzeiterwerbstätigkeit bedeuten muss;

...eine Reduzierung von Arbeitsbelastung nur mit geringerer Produktivität erkauft werden kann;
...und eine strategische Personalentwicklung sich nur am Anfang einer Laufbahn rechnet.

Solche und ähnlich Vorstellungen scheinen in vielen Bereichen noch das Verständnis von Erwerbsverläufen zu dominieren und sind gerade angesichts der Bedürfnisse und Interessen vieler älterer Erwerbstätiger kontraproduktiv. Neue Muster für Karriere- und Erwerbsverläufe müssten dagegen berücksichtigen, dass

...gerade erfahrene Mitarbeiter/innen zwar oft eine hervorragende **Expertise** in spezifischen Teilgebieten entwickelt haben, die parallele Zuständigkeit für zu viele Aufgaben und Arbeitsfelder aber häufiger als Belastung empfinden;
...**Work-Life-Balance** gerade auch in der zweiten Hälfte des Erwerbslebens ein bedeutsames Thema ist und flexible Arbeitszeitmodelle erfordern, die sich an den Bedürfnissen der Mitarbeiter/innen orientieren, wobei ein reduzierter Arbeitsumfang durchaus zur Erhöhung der Arbeitsleistung beitragen kann;
...manche ältere Erwerbspersonen über **arbeitsmarktrelevante „zweite Talente"** verfügen, die im Rahmen neuer Ansätze wie z.B. einem überbetrieblich organisierten Tätigkeitswechsel in betrieblichen Netzwerken genutzt werden können;
...und auch ältere Erwerbstätige ihr Weiterbildungsinteresse an **berufliche Perspektiven** knüpfen, die z.B. in regelmäßigen Entwicklungsgesprächen zum Gegenstand gemacht werden können.

Sicherung von Fachkräftepotenzial bedeutet hier vor allem die Schaffung neuer Optionen zur Gestaltung der zweiten Hälfte des Erwerbslebens, die Fortführung des Gedankens einer kontinuierlichen beruflichen Weiterentwicklung über das fünfte Lebensjahrzehnt hinaus, die Berücksichtigung der Lebenssituation der

Erwerbstätigen und daran anknüpfend die Schaffung passender Weiterbildungsangebote, die sich weniger am Alter als an der beruflichen Situation und Lebenslage der Adressaten orientieren.

Solche Strukturen aufzubauen, erfordert zum einen die Einsicht von Verantwortlichen in den Unternehmen und Organisationen in deren Notwendigkeit und andererseits arbeitsmarkt- und weiterbildungspolitische Initiativen, die gezielt entsprechende Modelle fördern. Wesentliche Merkmale solcher Modelle könnten sein (1) eine gleichzeitige Fokussierung auf bestimmte Expertisebereiche älterer Erwerbspersonen und die Reduzierung des Aufgabenspektrums, (2) die Flexibilisierung von Arbeits- und Lebensarbeitszeiten orientiert an Lebenslage und Bedürfnissen der Erwerbstätigen sowie (3) an den Interessen und Kompetenzen der Lernenden ausgerichtete Weiterbildungsarrangements, die auf diese neuen Formate von Erwerbsverläufen vorbereiten bzw. diese begleiten.

10.3 Ausdifferenzierung von Angebots- und Möglichkeitsstrukturen angesichts heterogener Bedürfnisse älterer Erwerbspersonen

Da die Interessen und Kompetenzen älterer Erwerbspersonen ebenso heterogen sind wie denkbare Modelle zur Gestaltung der weiteren Erwerbsbiografie, können Angebotsstrukturen nicht auf stereotypen Muster oder ausschließlich auf probabilistischen Annahmen aufbauen. Vielmehr geht es darum ein breites Spektrum an beruflichen Weiterbildungsmöglichkeiten für Ältere zugängig und attraktiv zu machen, wobei das Alter der Adressaten oft nur eine randständige Rolle spielen dürfte.

Angebote, die speziell ältere Erwerbstätige adressieren, sind dann angemessen, wenn bildungsferne oder lernentwöhnte Zielgruppen im Fokus stehen. Insbesondere Maßnahmen für geringqualifizierte, erfahrene Erwerbspersonen und Weiterbildungsangebote zum Einstieg in die Nutzung digitaler Medien können durch einen Zuschnitt speziell auf die Bedarfe älterer Arbeitnehmer/innen und durch homogene Lerngruppen ein besonders **geschütztes Lernarrangement** bieten, das hilft, Ängste und Selbstzweifel hinsichtlich Bildungsaktivitäten im Allgemeinen oder dem Umgang mit Medien im Besonderen zu überwinden. Darüber hinaus erscheinen Weiterbildungsprogramme speziell für ältere Erwerbspersonen auch dann angemessen, wenn sie sich thematisch unmittelbar auf entsprechende Lebens-, Orientierungs- oder Karrierephasen beziehen.

Das Gros der Weiterbildungsangebote für ältere Erwerbstätige sollte aber nicht das Alter als Kriterium zur Zielgruppendefinition in den Mittelpunkt rücken, sondern den Wunsch der meisten älteren Erwerbspersonen nach intergenerationellem Dialog berücksichtigen und die Potenziale intergenerationellen Lernens in Weiterbildungskontexten nutzen. Dabei sollten inhaltliche und arbeitsplatzbezogene Aspekte sowie die Bildungsbedürfnisse und -interessen der Lernenden Kriterien für die Zusammensetzung von Lerngruppen sein und ein Rahmen geschaffen werden, der auch einen intergenerationellen Dialog unterstützt oder sogar gezielt anregt. Es geht also nicht primär darum, neue Bildungsangebote für Ältere zu schaffen, sondern **bestehende Angebotsstrukturen für Ältere zu öffnen**, indem…

…Anreizstrukturen zur Weiterbildungsteilnahme für ältere Erwerbspersonen geschaffen werden,
…deren Interessen, Kompetenzen und berufliche Ziele bei der inhaltlichen Gestaltung der Angebote berücksichtigt werden,
…Mitarbeiter/innen in der zweiten Hälfte des Erwerbslebens gezielt zur Teilnahme ermutigt werden und
…Weiterbildungsmaßnahmen auch als Begegnungsräume und Möglichkeiten des Austausches unterschiedlicher Generationen verstanden werden.

Wesentlich für die inhaltliche Ausrichtung von Angebotsstrukturen ist auch, dass sie erfahrenen Erwerbspersonen die Möglichkeit bieten, die eigene Expertise weiterzuentwickeln und diese aktiv in den Lernprozess einzubringen, anstatt allein vermeintliche Defizite (z.B. Umgang mit Technologien) und altersbezogene Bildungsbedarfe (z.B. Gesundheitsprävention) in den Mittelpunkt zu stellen. Eine bislang in manchen Angeboten noch erkennbare altersspezifische Akzentuierung von Maßnahmen (Vereinbarkeit Familie-Beruf für jüngere Erwerbstätige, Work-Life-Balance für Erwerbstätige mittleren Alters und Gesundheitsbildung für ältere Erwerbstätige) scheint in den meisten Fällen wenig zielführend, da es sich in der Regel um Themen handelt, die für Erwerbspersonen in verschiedenen Berufs- und Lebensphasen gleichermaßen relevant sind.

Für ältere Erwerbstätige mit mittlerer und höherer Qualifikation bietet zudem ein Ausbau von Angeboten der wissenschaftlichen Weiterbildung neue Perspektiven für den (Wieder-)Einstieg in eine akademische Qualifikation. Wesentlich sind hierfür berufsbegleitende Studiengänge aber auch die Möglichkeit einzelne Module zu belegen und so einen Einstieg in wissenschaftliche Weiterbildung zu finden. Die aktuell intensiv diskutierte Thematik der Öffnung von Hochschulen für beruflich Qualifizierte könnte gerade erfahrenen Erwerbspersonen neue Qualifizierungsmöglichkeiten eröffnen (Hanft, Pellert, Cendon & Wolter, 2015).

Die Modularisierung von umfangreichen Weiterbildungsangeboten mit der Möglichkeit, (zunächst) einzelne Module zu belegen, ist auch jenseits der wissenschaftlichen Weiterbildung ein erfolgversprechendes Modell, um Älteren den Einstieg in komplexere berufliche Weiterbildungsangebote zu erleichtern.

10.4 Intergenerationelles Lernen im Betrieb und in der Weiterbildung ermöglichen

Der Wunsch nach generationenübergreifendem Austausch ist gerade bei älteren Erwachsenen sehr ausgeprägt (Schmidt & Tippelt, 2009) und kann neben den damit verbundenen Lernprozessen auch wichtige positive Effekte auf die Kultur innerhalb eines Unternehmens haben. In formellen wie informellen Szenarien kann Lernen und Austausch unterschiedlicher Generationen von Arbeitnehmer/innen konstruktiv miteinander verbunden werden. Das kann in Schulungen und anderen Weiterbildungsmaßnahmen stattfinden oder direkt am Arbeitsplatz und in die alltäglichen Abläufe eingebettet (z.B. in Qualitätszirkeln oder Arbeitsgruppen) sein. Wichtig dabei ist nicht nur, dass intergenerationelle Lernszenarien unterstützt bzw. bewusst inszeniert werden, sondern vor allem welche Qualität diese haben. Vier Anforderungen lassen sich hier besonders hervorheben.

Erstens setzt intergenerationelles Lernen eine **gleichberechtigte Begegnung** verschiedener Altersgruppen auf Augenhöhe voraus. D.h. das Wissen und die Expertise aller Beteiligten werden wechselseitig anerkannt und respektiert. Im Zentrum steht nicht der Transfer des Wissens von einer älteren zu einer jüngeren Generation oder umgekehrt, sondern der gemeinsame Prozess der Reflektion und Wissensaneignung (Schmidt-Hertha, 2014a).

Zweitens ist es wesentlich, dass alle Beteiligten spürbar von der gemeinsamen Interaktion profitieren und sich in einem **reziproken Prozess** keine Generation nur in der Rolle des Lehrenden oder nur in der Rolle des Lernenden wiederfindet, sondern diese Rollen entweder wechseln oder sich völlig auflösen. Hierfür eignen sich vor allem komplexe Arbeitsaufgaben, bei denen kreative Lösungen erarbeitet werden sollen. Dabei können auch bewusst Räume für die Teilnehmenden geschaffen werden, sich der eigenen Kompetenzen aber auch Wissenslücken bewusst zu werden.

Drittens sollten intergenerationelle Lernprozesse Raum bieten, neben dem Erfahrungswissen ältere Mitarbeiter/innen und den innovativen Ideen jüngerer Mitarbeiter/innen auch das **Verständnis füreinander** und die Wertschätzung des Wissens der jeweils anderen Generation auszubauen. So kann anhand der jeweiligen Lerninhalte bewusst reflektiert werden, inwieweit sich generationentypische Erfahrungen, Wissensinhalte und Handlungsstrategien unterscheiden.

Viertens gibt es eine Reihe **didaktischer Prinzipien**, die sich vor allem in außerberuflichen intergenerationellen Bildungsangeboten bewährt haben (Franz et al., 2009). Dazu gehören unter anderem die Ausrichtung des Lernprozesses an realen Handlungsanforderungen und Handlungszielen, die Orientierung an den persönlichen Lern- und Bildungszielen der Teilnehmenden sowie Reflektion bisheriger (berufs-)biografisch verankerter Lernprozesse.

Diese Anforderungen lassen sich vor allem dann gut realisieren, wenn sie in eine Organisationskultur eingebettet sind, in der informell erworbenes Erfahrungswissen die gleiche Wertschätzung erfährt wie formal zertifizierte Kompetenzen und Qualifikationen. Strategien zur Anerkennung informell erworbener Kompetenzen können hierzu einen Beitrag leisten (vgl. Kapitel 7).

10.5 Altersgerechte Personalentwicklung implementieren

Eine langfristig und strategisch angelegte Personalentwicklung in Unternehmen konzentriert sich bisher vielfach auf Großunternehmen und dort auf die Führungskräfte und die erste Hälfte der beruflichen Laufbahn (Schmidt-Hertha, 2014b). Zur gezielten und langfristigen Förderung von Fachkräften bis zum Ende des Erwerbslebens (oder sogar darüber hinaus) liegen bislang kaum Konzepte und Praxismodelle vor. **Langfristige Entwicklungsprogramme** werden vor allem für (angehende) Führungskräfte entworfen, aber auch diese ebben mit Erreichen einer bestimmten Position oft ab. Für das Gros der Fachkräfte fokussieren – wenn überhaupt – strategische und langfristig angelegte Personalentwicklungspläne bestenfalls die erste Hälfte des Erwerbslebens, oft auch nur die ersten Jahre. Für ältere Erwerbstätige werden dann gezielte Maßnahmen zur Kompensation vermeintlicher Defizite und zur Gesundheitsprävention angeboten, was – so sinnvoll diese Maßnahmen im Einzelnen sein mögen – ein negatives Altersbild unterstreicht.

Angemessen wäre vielmehr eine Personalentwicklung, die sich am gesamten Erwerbsleben orientiert, die eine **systematische Weiterentwicklung von Kompetenzen** und eine **lebensphasenbezogene Gestaltung von Arbeitsplätzen** und Aufgabenzuschnitten antizipiert und die dennoch flexibel auf die Entwicklung sowie die Bedarfe und Bedürfnisse der Fachkräfte reagiert. Dabei ist eine gezielte Förderung gerade von Geringqualifizierten ebenso langfristig anzulegen, um das Fachkräftepotenzial mittel- und langfristig zu sichern. Da sich für einzelne Unternehmen – gerade aber KMUs – diese langfristigen Investitionen erst sehr spät amortisieren, sind staatliche Förderprogramme gerade zur Förderung Geringqualifizierter aber auch zur Unterstützung langfristiger Personalentwicklungsstrategien sinnvoll und erforderlich.

Ein erster wichtiger Schritt sind hier vorausschauende Altersstrukturanalysen als Basis für eine altersgerechte Personalentwicklung, möglichst verbunden mit Qualifikationsstrukturanalysen. Altersgerechte Personalentwicklung in diesem Sinne meint nicht (nur) gezielte Maßnahmen für ältere und jüngere Arbeitnehmer/innen zu konzipieren und zu realisieren, sondern fordert dazu auf, die **gesamte Erwerbslaufbahn als kontinuierlichen Weiterentwicklungsprozess** zu begreifen, der sich durch individuell unterschiedlich verlaufende Verläufe und phasenweise unterschiedliche Bildungsbedarfe und -bedürfnisse auszeichnet. Dabei gilt es Personalentwicklungsmaßnahmen so zu gestalten, dass Erwerbstätige ihre besonderen Stärken und Kompetenzen optimal einbringen können und gleichzeitig ihre Entwicklungspotenziale realisieren können. Dazu gehört auch eine lernförderliche Arbeitsplatzgestaltung, die einer Lernentwöhnung entgegenwirkt. Eine so verstandene Personalentwicklung wird betriebliche Interessen immer in Abgleich mit den Interessen und Zeilen der Arbeitnehmer/innen bringen müssen und vor allem herausgefordert sein, sich bietende Möglichkeiten und Ziele mit unterschiedlichen zeitlichen Perspektiven mit den Betroffenen abzustimmen und transparent zu kommunizieren.

Ausgangspunkt einer altersgerechten Personalentwicklung sollte umfangreiches Wissen über die Kompetenzen, die Kompetenzbiografie sowie die Entwicklungspotenziale der einzelnen Mitarbeiter/innen sein. Vor diesem Hintergrund kann auch die Validierung informell erworbener Kompetenzen ein wesentlicher Baustein im Kontext altersgerechter Personalentwicklung sein.

10.6 Informelles Lernen unterstützen und anerkennen

Informelles Lernen – am Arbeitsplatz wie in anderen Kontexten – leistet in allen Lebensphasen einen Beitrag zur individuellen Kompetenzentwicklung, ist aber gleichzeitig von individuellen Lernvoraussetzungen einerseits sowie Lerngelegenheiten und –anreizen andererseits abhängig. Während die **Lernkompetenz** von Erwerbstätigen insbesondere in formalen und non-formalen

Lernangeboten gestärkt werden kann, ist die lernförderliche Ausgestaltung von Arbeitsplätzen durch deren Anreicherung mit Lerngelegenheiten und –anreizen eine Aufgabe, die Personal- und Organisationsentwicklung unmittelbar verbindet.

Informeller Kompetenzerwerb erfolgt vor allem über **Erfahrungslernen,** dessen Grenzen durch Handlungsspielräume und Zugänge zu Erfahrungsfeldern am Arbeitsplatz begrenzt sind. Insofern lässt sich informelles Lernen durch die Erweiterung von Erfahrungsmöglichkeiten und Handlungsoptionen am Arbeitsplatz ebenso unterstützen wie durch das Verfügbarmachen von Informationsressourcen (Intranet, Internet, Literatur) und die Schaffung von Zeitressourcen und Handlungsspielräumen, um sich mit diesen auseinanderzusetzen. Eine wesentliche Rolle spielen auch der kommunikative Austausch mit Kolleginnen und Kollegen z.B. in internen Arbeitskreisen oder Qualitätszirkeln, sowie Möglichkeiten der betriebsübergreifenden Vernetzung (communities of practice).

Die Gelegenheitsstrukturen alleine drohen aber wirkungslos zu bleiben, wenn sie nicht mit entsprechenden Anreizstrukturen hinterlegt sind. Das für jüngere Erwerbstätige oft treibende Ziel der beruflichen Etablierung und des beruflichen Aufstiegs verliert in der zweiten Erwerbslebenshälfte oft an Bedeutung, zumal die Karriereentwicklung dann häufig weitgehend abgeschlossen zu sein scheint. Entsprechend sind neue **Lernanreize** zu schaffen, wie z.B. die Möglichkeit neue, von den Betreffenden als lohnend angesehene und innerbetrieblich mit hoher Wertschätzung versehene Aufgaben zu übernehmen und diese Aufgaben mit den entsprechenden Anreizen zu versehen. Neben monetären Anreizen ist dabei vor allem an die Berücksichtigung der individuellen Interessen und Neigungen der Mitarbeiter/innen sowie deren Wertschätzung im Betrieb (z.B. durch Ehrungen) sowie eine Reduzierung von Arbeitsbelastungen (z.B. über Sonderurlaub oder den

Wegfall als belastend erlebter Aufgaben) zu denken. Gerade der Bereich der Qualifizierung von jüngeren Mitarbeiter/innen oder auch eine weitere Spezialisierung und Expertise-Erwerb in einem Teilgebiet können für erfahrene Mitarbeiter/innen eine erstrebenswerte Herausforderung sein. Gleichzeitig ermöglichen solche Entwicklungsperspektiven auch dem Unternehmen das Erfahrungswissen und die Kompetenzen der älteren Mitarbeiter/innen besser zu nutzen.

Ältere Erwerbstätige lernen aber nicht nur selbst informell, sondern können mit ihrem Knowhow vielfach informelle Lernprozesse von jüngeren Mitarbeiter/innen unterstützen. Die wesentliche Rolle erfahrener Erwerbspersonen als kompetenter Ansprechpartner und Wissensträger kann wiederum nur dann zur Geltung kommen, wenn im Arbeitsalltag entsprechende **Möglichkeitsräume für intergenerationellen Austausch** und Wissenskommunikation gegeben sind. Gleichzeitig ist es für die Motivation erfahrener Erwerbstätiger wichtig, dass die informelle Unterstützung der Kompetenzentwicklung jüngerer Kollegen/innen im Betrieb wahrgenommen und anerkannt wird.

In diesem Sinne ist neben der viel diskutierten Anerkennung informell erworbener Kompetenzen auch über die Anerkennung informell vermittelter Kompetenzen nachzudenken, wobei letzteres vermutlich sogar einfacher umzusetzen sein dürfte.

10.7 Unterschiedliche organisationale Rahmenbedingungen regionaler Arbeits- und Weiterbildungsmärkte berücksichtigen

Die bislang genannten Handlungsempfehlungen müssen auf regionaler und organisationaler Ebene weiter konkretisiert werden, wobei – je nach Ausgangsbedingungen in den Unternehmen und den regionalen Rahmenbedingungen – unterschiedliche Lösungen anzustreben sind.

So ist z. B. die Bedeutung informellen Kompetenzerwerbs ebenso wie die Möglichkeiten intergenerationellen Lernens stark von **organisationalen Lernkulturen** abhängig (Sauer, 2002), die zwar auch gezielt entwickelt werden können, jedoch in einer deutlich längerfristigen Perspektive. Informelle Lernprozesse können je nach Unternehmenskultur aber auch in Abhängigkeit von den jeweiligen Arbeitsplatzanforderungen eine größere oder weniger große Rolle für die Kompetenzentwicklung der Mitarbeiter/innen spielen und entsprechend sind formale und non-formale Weiterbildungsangebote eher als ergänzend oder als vordergründig in Personalentwicklungsstrategien anzusehen.

Für die Frage der Weiterqualifizierung älterer Mitarbeiter/innen und der gezielten Nutzung ihres Erfahrungswissens und ihrer Kompetenzen sind neben der Lernkultur auch die **Betriebsgröße**, die Altersstruktur des Betriebs, die Branche und weitere organisationale Charakteristika bedeutsam. Während größere Unternehmen wesentlich mehr Handlungsspielraum in der altersgerechten Gestaltung von Arbeitsplätzen und dem gezielten Einsatz erfahrener Mitarbeiter/innen haben, sind kleinere Unternehmen hier häufiger auf externe Unterstützungsstrukturen verwiesen. Eine Schlüsselrolle hierbei spielen Unternehmensverbände (insbesondere Kammern) aber auch staatliche und regionale Förderstrukturen, die neben modellhaften Handlungsstrategien insbesondere Beratung und Unterstützung in Personalentwicklungsfragen bieten können. Diese Unterstützungsstrukturen sind auf regionaler Ebene weiter auszubauen, und die Transparenz der bereits vorhandenen vielfältigen Angebote ist zu verbessern.

Die **Branchenzugehörigkeit** eines Betriebs sowie der **regionale Arbeitsmarkt** sind schon für die Frage, ab wann Erwerbspersonen als „älter" gelten, insofern wesentlich, als diese Komponenten die Altersstruktur in den Unternehmen entscheidend beeinflussen. Die Unterschiede zwischen verschiedenen Regionen sind hinsichtlich der demografischen Entwicklung noch größer als zwischen verschiedenen Branchen und reichen von einem starken Zuzug junger Arbeitskräfte in manchen Großstädten bis hin zu einem durch Wegzug Jüngerer erheblich beschleunigten Überalterung der Bevölkerung, vor allem in manchen ländlichen Regionen Ostdeutschlands. Hier sind regionale Handlungsansätze und Lösungen anzustreben, die auch die zielgruppenorientierte Weiterentwicklung regionaler Weiterbildungsstrukturen mit in den Blick nehmen sollten.

Die inzwischen in großer Vielfalt vorliegenden Modelle einer altersgerechten Personalentwicklung, zur Förderung der beruflichen Weiterentwicklung älterer Erwerbstätiger und zur besseren Nutzung von Erfahrungswissen und Kompetenzen insbesondere älterer Mitarbeiter/innen können genutzt werden, um passgenaue Lösungen für einzelne Unternehmen bzw. regionale Unternehmensverbände zu entwickeln. Dabei sind nicht nur kommerziell ausgerichtete Betriebe herausgefordert entsprechende Handlungsansätze zu realisieren, sondern auch Organisationen ohne Gewinnorientierung, wie die öffentliche Verwaltung, gemeinnützige Einrichtungen oder Bildungsträger. Um für die jeweilige Organisation geeignete Angebote und Strategien zu entwickeln sind gerade für kleinere Einrichtungen und Betriebe **regionale Unterstützungs- und Beratungsstrukturen** wichtig, um von den vielfältigen Handlungsansätzen und Erfahrungen in anderen Organisationen profitieren zu können und dennoch zu passgenauen Lösungen zu gelangen.

10.8 Beratungsstrukturen ausbauen

Daran anknüpfend, sind der Ausbau und die nachhaltige Stärkung von Beratungsstrukturen gerade auch auf Ebene der **Organisationsberatung** ein wesentlicher Baustein zur Sicherung des Fachkräftepotenzials. Bislang gibt es hier neben einigen beratend tätigen Akteuren auf Ebene überregionaler Unternehmensverbände und Initiativen vor allem kommerzielle Beratungsangebote – z.B. Qualifizierungsberatung durch Unternehmensberatungen – die Unternehmen entsprechende Expertise und Unterstützung anbieten. Dabei zeigen sich insofern strukturelle Defizite als die überregionalen Initiativen oft zu wenig spezifisch auf die regionalen und organisationalen Bedingungen reagieren können und die Beauftragung von Unternehmensberatungen für diesen spezifischen Kontext gerade kleinere Unternehmen finanziell überfordert. Hier wären regionale Beratungsangebote zu schaffen bzw. auszubauen, wobei die Kooperation von Unternehmensverbänden, öffentlicher Verwaltung vor Ort und Weiterbildungsträgern als bewährte Handlungsstrategie der Regionalentwicklung (Tippelt et al., 2009a) eine wesentliche Rolle spielen könnten. Perspektivisch wären überbetriebliche regionale Kompetenznetzwerke zur Fachkräftesicherung, die entsprechende Angebote der Organisationsberatung machen, eine denkbare Strategie.

Beratung ist aber auch auf individueller Ebene ein wesentlicher Beitrag zur Stärkung lebenslangen Lernens und zur Erhöhung der Weiterbildungsbeteiligung älterer Erwerbspersonen. Insbesondere sind hier auch diejenigen Älteren in den Blick zu nehmen, die aktuell arbeitssuchend sind. Gerade bei älteren Arbeitslosen ist die Weiterbildungsbeteiligung gering, was zum Teil dem Fehlen passender Angebotsstrukturen geschuldet sein kann, vor allem aber auch darauf zurückzuführen sein dürfte, dass die Frage nach den beruflichen Renditen von Weiterbildung und auch nach Kompetenzentwicklungsperspektiven in der zweiten Hälfte des

Erwerbslebens für die Betroffenen zunehmend schwerer zu beantworten sind. Eine gezielte **Kompetenzentwicklungsberatung** kann älteren Lernenden – ob arbeitssuchend oder erwerbstätig – Perspektiven und Möglichkeiten aufzeigen, die auf ihre individuelle Berufs- und Kompetenzbiografie sowie auf ihre aktuellen beruflichen Interessen und Ziele zugeschnitten sind. Dabei kann Beratung aber nur über Bildungsmöglichkeiten und Entwicklungsperspektiven informieren, diese aber nicht schaffen. Letztlich ist Beratung hier also nur wirksam, wenn parallel altersdiskriminierende Arbeitsmarktstrukturen abgebaut und auch Arbeitgeber für die Potenziale und Bedürfnisse älterer Erwerbspersonen sensibilisiert werden.

Gerade für bildungsferne bzw. bildungsentwöhnte Zielgruppen spielt eine der eigentlichen Weiterbildung vorangehende oder begleitende **Lernberatung** eine wesentliche Rolle, um die eigene Unsicherheit gegenüber Lernanforderungen zu reduzieren und Lernstrategien gezielt (weiter-)zuentwickeln. Auch individuelle Teilnahmebarrieren und Lernwiderstände können in solchen Beratungsprozessen thematisiert und bearbeitet werden, wobei aber auch hier gilt, dass Beratung lediglich informieren und unterstützen kann, ohne unmittelbar auf die objektiven Rahmenbedingungen einzuwirken. Diese Beratung kann im Betrieb erfolgen oder auch in externen Beratungsstellen. Dabei können Beratungseinrichtungen auch eine advokatorische Rolle einnehmen und sich für die Interessen ihrer Klientel gegenüber Dritten (z.B. Unternehmen und Behörden) stark machen.

Für alle acht hier angesprochenen Handlungsstrategien finden sich in Unternehmen, bei Bildungsträgern, in Beratungseinrichtungen und auf Ebene von Förderprogrammen bereits gute Beispiele für eine gelungene Umsetzung. Die Herausforderung in den nächsten Jahren dürfte vor allem darin liegen von einzelnen

Modellprojekten hin zu einer starken Verbreitung oder sogar einer Selbstverständlichkeit der strategischen Förderung von Kompetenzen älterer Erwerbspersonen und deren Wertschätzung zu gelangen. Dabei ist die Gruppe der älteren Arbeitssuchenden noch einmal gesondert in den Blick zu nehmen. Alle genannten Handlungsfelder sind auch betriebliche Aufgaben, kommen dann aber nur älteren Erwerbstätigen zu Gute. Gerade ältere Arbeitssuchende stehen nicht nur unter einem besonderen Druck, die eigene Kompetenzentwicklung einerseits voranzutreiben und andererseits darzustellen, sondern sind nach wie vor mit diskriminierenden Arbeitsmarktstrukturen und zu wenigen spezifischen Angeboten von Seiten der Arbeitsagenturen konfrontiert. Für diese Zielgruppe, die eine zwar in den letzten Jahren zunehmend genutzte, aber immer noch bei weitem nicht ausgeschöpfte Fachkräfteressource darstellt, müssen Konzepte der Arbeitsmarktintegration und Kompetenzentwicklung noch weiterentwickelt werden. In diesem Feld gibt es neben einem politischen Handlungsbedarf auch noch erheblichen Forschungsbedarf.

11 Zusammenfassende Thesen

In dem vorliegenden Bericht werden Ergebnisse aus drei Untersuchungsschritten präsentiert, in denen neben einer Aufarbeitung einschlägiger empirischer und v.a. international vergleichender Studien zur Weiterbildung Älterer auch Sekundäranalysen vorhandener Datensätze (PIAAC und AES) sowie Interviews mit Experten/innen aus anderen europäischen Ländern durchgeführt wurden. Die zentralen Ergebnisse dieser Untersuchungen werden hier in Form von 16 Thesen resümiert.

1. **Die Beteiligung an Weiterbildung insgesamt und insbesondere die betriebliche Weiterbildung Erwerbstätiger werden durch die Art der Einbindung in das Erwerbsleben stärker beeinflusst als durch das Alter**. Die Daten aus AES und PIAAC zeigen jedoch, dass das Alter auch bei Berücksichtigung anderer Einflussgrößen einen eigenständigen Erklärungsbeitrag für die Weiterbildungsbeteiligung liefert. Neben der Bildungsbiographie und dem Geschlecht sind es vor allem der Erwerbsstatus und beschäftigungsbezogene Faktoren, die die Wahrscheinlichkeit beruflicher Weiterbildung signifikant beeinflussen.
2. **Die Beteiligung Erwerbstätiger an beruflicher Weiterbildung lässt in Deutschland erst ab dem 60sten Lebensjahr erheblich nach**. Nach den Daten des AES ist eine deutlich geringere Weiterbildungsbeteiligung Älterer erst bei den über 60-Jährigen zu erkennen. Es ist davon auszugehen, dass dieser Effekt nicht nur auf die Weiterbildungsmotivation der Erwerbstätigen zurückzuführen ist, sondern auch – oder sogar vorrangig – die Investitionen der Arbeitgeber in die jeweilige Gruppe von Mitarbeiter/innen widerspiegelt. Es scheint also, dass die Problematik einer alterssegregierten Personalentwicklung in den Betrieben sich im Erwerbslebensverlauf wei-

ter nach hinten verschoben, aber noch nicht aufgelöst hat. Abzuwarten bleibt, inwieweit sich der in den letzten Jahren deutlich zu verzeichnende Trend einer Aufholbewegung älterer Erwerbstätiger bzgl. deren Weiterbildungsbeteiligung auch angesichts eines durch den Flüchtlingszustrom steigenden Arbeitskräfteangebots fortsetzen wird.

3. **Der Anteil an Weiterbildungsaktiven in der Gruppe der 50- bis 65-Jährigen ist in den vergangenen Jahrzehnten kontinuierlich und überproportional gewachsen**. Betrachtet man den Zeitraum von 1979 bis 2012, so hat die Weiterbildungsquote in allen Altersgruppen deutlich zugenommen, am stärksten aber innerhalb der Gruppe der Älteren. Während der Anteil Weiterbildungsaktiver unter den 19- bis 34-Jährigen sich in diesem Zeitraum um 50% erhöht hat, ist er bei den 50- bis 65-Jährigen um 280% gestiegen. Dieser Anstieg ist einerseits auf eine gewachsene Erwerbsbeteiligung älterer Erwachsener (v.a. Frauen) zurückzuführen und andererseits vermutlich auch dem Strukturwandel und einer wachsenden Selbstverständlichkeit von beruflicher Weiterbildung in vielen Arbeitsfeldern geschuldet.
4. Bei Männern wie Frauen scheinen vor allem die Arbeitsplatzbedingungen das berufliche Weiterbildungsverhalten entscheidend zu beeinflussen. **Vor allem Merkmale der aktuellen Tätigkeit zeigen einen signifikanten Zusammenhang mit der Teilnahme an beruflicher Weiterbildung.** Faktoren wie Betriebsgröße, Wirtschaftssektor, Tätigkeitsfeld, Dauer der Betriebszugehörigkeit sowie das Anforderungsniveau der jeweiligen Tätigkeit haben einen starken Einfluss auf die Wahrscheinlichkeit, mit der ältere Erwerbstätige an beruflicher Weiterbildung teilnehmen. Das heißt, es sind vor allem die Rahmenbedingungen am Arbeitsplatz, die an die Arbeitnehmer/innen gestellten Anforderungen sowie die Stabilität der Arbeitsverhältnisse, über die Unternehmen ganz entscheidend Einfluss auf die Weiterbildungsaktivitäten der älteren

Erwerbstätigen ausüben. Entsprechend sind Programme zur lernförderlichen Anreicherung von Arbeitsplätzen ebenso vielversprechend wie Anforderungsstrukturen, die sich an den Kompetenzen und Erfahrungen der Mitarbeiter/innen orientieren und diese immer wieder neu fordern, ohne sie völlig zu überfordern.

5. **Unterforderung am Arbeitsplatz ist eine der zentralen Weiterbildungsbarrieren für ältere Erwerbstätige.** Das zeigt sich insbesondere bei den für ihre derzeitige Tätigkeit formal über- bzw. unterqualifizierten älteren Erwerbstätigen. Während die Überqualifizierten sich eher unterdurchschnittlich an Weiterbildung beteiligen, tun dies Unterqualifizierte deutlich häufiger als andere. Hier zeigt sich insbesondere der Zusammenhang zwischen Lernaktivitäten und Anforderungsstrukturen: Lernanreize resultieren sehr oft eben nicht aus Verlustängsten und kompensatorischen Bildungsangeboten – wie dies in vielen Unternehmen für ältere Mitarbeiter/innen primär vermutet wird – sondern aus anspruchsvollen und herausfordernden Aufgaben, die älteren Erwerbstätigen Möglichkeiten eröffnen, ihr angesammeltes Erfahrungswissen und ihre Kompetenzen einzubringen und weiter auszubauen.
6. **Abwechslungsreiche Tätigkeiten oder Tätigkeitswechsel tragen wesentlich zum Erhalt der Leistungsfähigkeit älterer Mitarbeiter/innen bei**. Viele der befragten internationalen Experten/innen betonen die Relevanz von wechselnden Aufgabengebieten als bedeutsames informelles Lernfeld oder berichten über Good-Practice-Beispiele für vertikale wie horizontale Wechsel von Arbeitsplätzen auch gegen Ende der beruflichen Laufbahn. Es geht dabei aber nicht um ein beliebiges Changieren von Aufgabenverteilungen, sondern um eine alterssensible und langfristig angelegte Personalentwicklungsstrategie, die gerade auch die lebens- und erwerbsphasenspezifische Kompetenzentwicklung und „zweite Talente“ älterer Erwerbstätiger berücksichtigt.

7. **Die Weiterbildungsbeteiligung und die Chancen zum Zugang zu Weiterbildung unterscheiden sich zwischen älteren Erwerbspersonen mit hoher und mit niedriger Qualifikation sehr stark.** Besonders schwierig stellt sich die Situation für ältere Arbeitslose dar, die im Hinblick auf Arbeitsmarktzugang und Lernmöglichkeiten doppelt diskriminiert sind. Zusätzlich sind neben Weiterbildungschancen auch die Renditen von Weiterbildung alters- und bildungsbezogen ungleich verteilt, d.h. bildungsferne Ältere sind vermutlich auch deshalb weniger aktiv in der beruflichen Weiterbildung, da berufs- und karrierebezogene Erträge von ihnen weit weniger erwartet werden können als dies bei jüngeren und höher Qualifizierten der Fall ist.
8. Weiterbildungsbeteiligung kann – wie bereits angesprochen – sowohl auf persönliche Interessen und Ambitionen als auch auf förderliche Bedingungen zurückgeführt werden. Während die individuelle Entscheidung, nicht an weiteren Qualifizierungsmaßnahmen zu partizipieren, für die jeweilige Person rational sein kann, verweisen vor allem strukturelle Barrieren auf einen politischen Handlungsbedarf. Von daher ist diejenige Gruppe von Personen besonders zu betrachten, die grundsätzlich Interesse an einer Weiterbildung hatten, diese Absicht aber nicht realisieren konnten. **Im europäischen Vergleich ist der Anteil der Personen, die eine Weiterbildungsteilnahme wünschten, aber diese nicht realisieren konnten, in Deutschland erfreulich klein.** Demgegenüber scheint gerade in einigen Mittelmeerländern hier erheblicher Handlungsbedarf zu bestehen.
9. **Der Anteil von älteren Nicht-Teilnehmer/innen ohne Teilnahmeabsicht ist in Deutschland im europäischen Vergleich durchschnittlich hoch**. Deutlich höher sind die Anteile in dieser Gruppe in vielen osteuropäischen Ländern. Dennoch zeigen gerade die skandinavischen Länder, dass eine hohe Weiterbildungsbereitschaft auch innerhalb der

Gruppe der älteren Erwerbspersonen möglich ist, wenngleich Expertenaussagen eher daraufhin deuten, dass dies mehr mit einer grundsätzlichen Internalisierung des Gedankens des lebenslangen Lernens zusammenzuhängen scheint als mit besonders günstigen Rahmenbedingungen für ältere Arbeitnehmer/innen.

10. **Altersbezogene Unterschiede der Weiterbildungsteilnahme sind in Deutschland inzwischen vergleichsweise gering**. Zwar fällt auch in Deutschland die Weiterbildungsquote der 50- bis 65-Jährigen im Vergleich zu jüngeren Gruppen geringer aus, doch sind diese Unterschiede – ähnlich wie in einigen anderen mittel- und nordeuropäischen Ländern – eher moderat, während gerade in osteuropäischen Ländern die Exklusion älterer Erwachsener vom Weiterbildungsgeschehen wesentlich deutlicher in Erscheinung tritt. Dabei geht eine stärkere Weiterbildungsbeteiligung älterer Zielgruppen meist mit einer insgesamt überdurchschnittlich hohen Teilnahmequote einher. Das könnte als Anhaltspunkt dafür gesehen werden, dass Weiterbildungsaktivitäten in der ersten Hälfte des Erwerbslebens sich oft auch ohne spezifische staatliche Unterstützung realisieren, während gerade die Weiterbildungsbeteiligung älterer Erwerbstätiger stärker in Zusammenhang mit politischen und kulturellen Rahmungen zu sehen ist.

11. **Zentral für die Weiterbildungsbereitschaft und die Weiterbildungsbeteiligung älterer Erwerbspersonen sind nicht nur die Angebotsstrukturen und Bedingungen beruflicher Weiterbildung, sondern auch die generellen Arbeitsmarktperspektiven für Ältere.** Gerade der Vergleich verschiedener Länder zeigt, dass altersdiskriminierende Arbeitsmärkte, wie sie sich in Frühverrentungsprogrammen und altersdiskriminierenden Einstellungspraktiken in Unternehmen widerspiegeln, eine zentrale Barriere für die Weiterbil-

dungsbeteiligung älterer Erwerbspersonen darstellen. Insbesondere für ältere Arbeitslose sind die Chancen einer beruflichen Reintegration europaweit immer noch gering. Diese berufliche Perspektivlosigkeit reduziert gerade bei älteren Erwerbspersonen die Bereitschaft, eigeninitiativ in die individuelle berufliche Kompetenzentwicklung zu investieren.

12. Daraus erwachsen politische Handlungsanforderungen, die sich keineswegs auf den Bereich der Bildungspolitik begrenzen. **Arbeitsmarkt-, Renten- und Steuerpolitik spielen eine zentrale Rolle wenn es um die berufliche Integration älterer Erwerbspersonen geht**. Gerade das Beispiel Schweiz zeigt, wie effektiv konzertierte arbeitsmarkt- und bildungspolitische Maßnahmen die Erwerbsbeteiligung der über 50-Jährigen erhöhen können. Dort wurden neben der Schaffung individueller Anreize für längeres Arbeiten auch Hindernisse für die Rekrutierung Älterer am Arbeitsmarkt verringert und Weiterqualifizierungsmaßnahmen für Ältere gefördert. In Großbritannien erhöhten Renten- und Steuerreformen die Attraktivität einer Erwerbstätigkeit jenseits des 65sten Lebensjahrs, wodurch die Erwerbsbeteiligung Älterer gesteigert wurde.
13. Gerade auch die Erfahrungen aus anderen europäischen Ländern unterstreichen eine Beobachtung, die sich schon als Quintessenz der vorangehenden Expertise herauskristallisierte. **Negative Altersbilder in Unternehmen sind eine zentrale Ursache von altersdiskriminierenden Personalrekrutierungsstrategien und einer einseitig auf jüngere Mitarbeiter/innen fokussierten Personalentwicklung**. Ähnlich wie in deutschen Studien scheint sich auch in den Niederlanden und in Dänemark ein auf Verlust von Leistungsfähigkeit und Produktivität reduziertes Bild von älteren Erwerbstätigen in den Unternehmen hartnäckig zu halten, so dass selbst viele für ihre älteren Mitarbeiter/innen sehr engagierten Betriebe vor allem auf kompensatorische und kurative

Maßnahmen setzen anstatt stärker auf Kompetenzen und Erfahrungswissen der Älteren aufzubauen.

14. Jenseits individueller und kollektiver Vorstellungen vom Alter bringt es eine kürzere zeitliche Perspektive auf die verbleibende Zeit im Erwerbssystem mit sich, dass ältere Erwerbstätige andere Ziele mit Weiterbildung verbinden als jüngere. **In der zweiten Hälfte des Erwerbslebens wird Weiterbildungsteilnahme primär von aktuellen Anforderungen, kurzfristigen Bedarfen und der weiteren beruflichen Perspektive abhängig gemacht**, während am Anfang einer beruflichen Laufbahn Weiterbildung oft als Investition in eine noch weitgehend offene berufliche Zukunft gesehen wird. Vor diesem Hintergrund scheinen Ältere deutlich kritischer zu prüfen, inwieweit eine angebotene Weiterbildung ihren aktuellen Bedarfen entspricht und auf absehbare Zeit zur Verbesserung ihrer beruflichen Situation beiträgt.
15. **Insgesamt lässt sich dennoch national wie international ein Trend hin zu einer stärkeren Einbeziehung älterer Mitarbeiter/innen in Personalentwicklungsmaßnahmen erkennen.** Vor dem Hintergrund der auf wissenschaftlicher, politischer und medialer Ebene geführten Debatten um die Folgen langfristiger demografischer Trends sind Unternehmen zunehmend sensibilisiert für die dort inzwischen spürbaren Veränderungen in der altersbezogenen Zusammensetzung von Belegschaften. In der konkreten Umsetzung gibt es dagegen große Unterschiede. Eine bislang ganz offene Frage ist, inwieweit die durch die Flüchtlingswelle mittelfristig deutlich wachsenden Arbeitsmarktressourcen in Deutschland hier zu einem Trendbruch führen werden und bisher Erreichtes im Hinblick auf die Integration Älterer in den Arbeitsmarkt und in Bildungsangebote wieder verloren gehen wird.
16. **Es ist bislang ungeklärt, welche Möglichkeiten digitale Technologien zur Optimierung der Arbeits- und Lernbedingungen älterer Erwerbstätiger bieten.** Wenn das Thema

Digitalisierung in Verbindung mit älter Arbeitnehmer/innen verhandelt wird, dann zumeist mit einem Fokus auf Defizite Älterer im Umgang mit modernen Technologien, die es zu überwinden gilt. Digitalisierung bedeutet in Unternehmen aber auch zunehmend, dass sich Technologien an die Bedarfe und Bedürfnisse von Mitarbeiter/innen anpassen kann anstatt umgekehrt und dadurch immer mehr technische und arbeitsorganisatorische Möglichkeiten entstehen, Arbeitsplätze mitarbeiterfreundlich und lernförderlich zu gestalten. Hier bieten sich neue Möglichkeiten einer altersgerechten Arbeitsplatzgestaltung, die bislang noch kaum ausgelotet sind.

Jenseits dieser Thesen sind aktuell noch einige Forschungsfragen unbeantwortet, die Gegenstand weiterer Untersuchungen sein könnten. Einige Beispiele für **Forschungsdesiderata** sind die folgenden:

Wie bereiten sich Erwerbstätige auf eine sogenannte zweite Karriere nach Erreichen des Renteneintrittsalters vor?

- Wie lassen sich Geschlechterdifferenzen in der Weiterbildungsbeteiligung älterer Arbeitnehmerinnen und Arbeitnehmer erklären?
- Welche Bildungsbedarfe und -interessen haben ältere Migrantinnen und Migranten?
- Wie lassen sich Arbeitsplätze auch für geringqualifizierte ältere Erwerbstätige lernförderlicher gestalten und die Weiterbildungschancen älterer Arbeitsloser erhöhen?
- Bietet die Anerkennung informell erworbener Kompetenzen neue Chancen gerade auch für ältere Erwerbspersonen?
- Welchen Beitrag kann Digitalisierung für die Sicherung des Fachkräftepotenzials gerade älterer Erwerbspersonen leisten?

12 Literatur

Autorengruppe Bildungsberichterstattung (2008). Bildung in Deutschland. Ein indikatorengestützter Bericht mit einer Analyse zu Übergängen im Anschluss an den Sekundarbereich I (im Auftrag der Ständigen Konferenz der Kultusminister der Länder in der Bundesrepublik Deutschland und des Bundesministeriums für Bildung und Forschung). Bielefeld: Bertelsmann. Abgerufen am 22. Juni 2018 von https://www.bildungsbericht.de/de/bildungsberichte-seit-2006/bildungsbericht-2008/bildung-in-deutschland-2008

Autorengruppe Bildungsberichterstattung (2012). Bildung in Deutschland 2012. Ein indikatorengestützter Bericht mit einer Analyse zur kulturellen Bildung im Lebenslauf. Bielefeld: Bertelsmann. Abgerufen am 22. Juni 2018 von https://www.bildungsbericht.de/de/bildungsberichte-seit-2006/bildungsbericht-2012

Axhausen, S., Christ, M., Röhrig, R., & Zemlin, P. (2002). Ältere Arbeitnehmer – eine Herausforderung für die berufliche Weiterbildung. Abschlussbericht und Dokumentation zum Modellversuch „Qualifizierung älterer Arbeitnehmer und Arbeitnehmerinnen in den neuen Bundesländern aus Metall- und Elektroberufen und aus der industriellen Produktion“. Bielefeld: Bertelsmann. Abgerufen am 22. Juni 2018 von https://www2.bibb.de/bibb-tools/tools/.../D_580500_D580500_Materialien_112.pdf

Baderschneider, A., Diller, F., & Döring, O. (2012). Qualifizierungsberatung auf dem Prüfstand: Status quo und Handlungsempfehlungen. In H. Loebe & S. Eckart (Hrsg.), Qualifizierungsberatung in KMU – Förderung systematischer Personalentwicklung (S. 35-72). Bielefeld: Bertelsmann.

Baethge-Kinsky, V., Holm, R., Tullius, K., & Baethge, M. (2006). Dynamische Zeiten – langsamer Wandel. Betriebliche Kompetenzentwicklung von Fachkräften in zentralen Tätigkeitsfeldern der deutschen Wirtschaft. Abgerufen am 22. Juni 2018 von https://www.ssoar.info/ssoar/handle/document/50110

Baethge, M., & Arends, L. (2009). Measuring vocational competencies (RatSWD Working Paper Series, 95). Berlin: Rat für Sozial- und Wirtschaftsdaten (RatSWD). Abgerufen am 22. Juni 2018 von http://nbn-resolving.de/urn:nbn:de:0168-ssoar-420106

Baethge, M., & Baethge-Kinsky, V. (2002). Arbeit – die zweite Chance. Zum Verhältnis von Arbeitserfahrungen und lebenslangem Lernen. In Arbeitsgemeinschaft Qualifikations-Entwicklungs-Management ABWF (Hrsg.), Kompetenzentwicklung 2002 (S. 69-140). Münster: Waxmann.

Baethge, M., & Baethge-Kinsky, V. (2004). Der ungleiche Kampf um das lebenslange Lernen: Eine Repräsentativ-Studie zum Lernbewusstsein und -verhalten der deutschen Bevölkerung. Münster: Waxmann.

Baethge, M., Severing, E., & Weiß, R. (2013). Handlungsstrategie: Berufliche Weiterbildung. Berichte zur beruflichen Bildung. Schriftenreihe des Bundesinstituts für Berufsbildung. Bonn: Bertelsmann.

Baltes, P. B. (1993). The Aging Mind: Potential and Limits. The Gerontologist, 33(5), 580-594.

Baltes, P. B., & Baltes, M. M. (1989). Optimierung durch Selektion und Kompensation. Ein psychologisches Modell erfolgreichen Alterns. Zeitschrift für Pädagogik, 35(1), 85-105.

Baltes, P. B., & Staudinger, U. M. (2000). Wisdom: A metaheuristic (pragmatic) to orchestrate mind and virtue toward excellence. American Psychologist, 55(1), 122-136.

Baltes, P. B., Lindenberger, U., & Staudinger, U. M. (2006). Lifespan theory in developmental psychology. In R. M. Lerner (Hrsg.), Handbook of Child Psychology: Vol. 1. Theoretical models of human development (6. Aufl., S. 569-664). New York: Wiley.

Baron, S., Wilson, A., & Riddell, S. (2000). Implicit knowledge, phenomenology and learning difficulties. In F. Coffield (Hrsg.), The necessity of informal learning (S. 43-53). Bristol: Policy Press.

Barz, H. (2000). Beratung und Therapie. In E. Nuissl, C. Schiersmann, & H. Siebert (Hrsg.), Literatur- und Forschungsreport Weiterbildung. Bielefeld: Bertelsmann.

Becker, F. G., Bobrichtchev, R., & Henseler N. (2006). Ältere Arbeitnehmer und alternde Belegschaften. Eine empirische Studie bei den 100 größten deutschen Unternehmungen. Zeitschrift für Management, 1(1), 68-87.

Behringer, F., & Pfeiffer, H. (2005). Indicators and Data for VET. In T. Leney et al. (Hrsg.), Achieving the Lisbon goal: The contribution of VET. Final report to the European Commission (S. 250-260). Brüssel: Europäische Kommission.

Behringer, F., & Schönfeld, G. (2014). Schwerpunktthema: Lernen Erwachsener im europäischen Vergleich. In Bundesinstitut für Berufsbildung (Hrsg.), Datenreport zum Berufsbildungsbericht 2014. Informationen und Analysen zur Entwicklung der beruflichen Bildung (S. 381-413). Bonn: Bundesinstitut für Berufsbildung.

Behringer, F., Bilger, F., & Schönfeld, G. (2013). Segment: Betriebliche Weiterbildung. In F. Bilger, D. Gnahs, J. Hartmann, & H. Kuper (Hrsg.), Weiterbildungsverhalten in Deutschland. Resultate des Adult Education Surveys 2012 (S. 139-148). Bielefeld: Bertelsmann.

Behringer, F., Käpplinger, B., & Moraal, D. (2008). Betriebliche Weiterbildung in AES und CVTS – zur Anschlussfähigkeit und Komplementarität zweier Erhebungsinstrumentarien. In D. Gnahs, H. Kuwan, & S. Seidel (Hrsg.), Weiterbildungsverhalten in Deutschland - Berichtskonzepte auf dem Prüfstand (Band 2) (S. 57-78). Bielefeld: Bertelsmann.

Behringer, F., Kuwan, H., & Schönfeld, G. (2013). Lernen Erwachsener in Europa. In F. Bilger, D. Gnahs, J. Hartmann, & H. Kuper (Hrsg.), Weiterbildungsverhalten in Deutschland. Resultate des Adult Education Surveys 2012 (S. 332-342). Bielefeld: Bertelsmann.

Beicht, U., Schiel, S., & Timmermann, D. (2004). Berufliche Weiterbildung – wie unterscheiden sich Teilnehmer und Nichtteilnehmer? BWP - Berufsbildung in Wissenschaft und Praxis, (33)1, 5-10.

Bellmann, L., & Leber, U. (2008). Weiterbildung für Ältere in KMU. Sozialer Fortschritt, 2(57), 43-48.

Bellmann, L., & Stegmaier, J. (2006). Betriebliche Weiterbildung für ältere Arbeitnehmer/innen. Der Einfluss betrieblicher

Sichtweisen und struktureller Bedingungen. Report Zeitschrift für Weiterbildungsforschung, 29(3), 29-40.
Bellmann, L., Dummert, S., & Leber, U. (2013). Betriebliche Weiterbildung für Ältere. Eine Längsschnittanalyse mit den Daten des IAB-Betriebspanels. Die Unternehmung: Swiss Journal of Business Research and Practice, 67(4), 311-330.
Bellmann, L., Hilpert, M., Kistler, E., & Wahse J. (2003). Herausforderungen des demografischen Wandels für den Arbeitsmarkt und die Betriebe. Mitteilungen aus der Arbeitsmarkt- und Berufsforschung, 36(2), 133-149.
Bellon, Y. (2004). Die Bedeutung von Trainingsmaßnahmen als Beitrag zur Bildung im Alter. In A. Kruse & M. Martin (Hrsg.), Enzyklopädie der Gerontologie (S. 125-134). Bern: Huber.
Bilger, F., & Kuper, H. (2013). Weiterbildungssegmente: Teilnahme und Aktivitäten. In F. Bilger, F., D. Gnahs, J. Hartmann, & H. Kuper (Hrsg.), Weiterbildungsverhalten in Deutschland. Resultate des Adult Education Survey 2012 (S. 36-49). Bielefeld: Bertelsmann.
Bilger, F., Gnahs, D., Hartmann, J., & Kuper, H. (Hrsg.) (2013). Weiterbildungsverhalten in Deutschland. Resultate des Adult Education Survey 2012. Bielefeld: Bertelsmann.
Billet, S. R., & Pavlova, M. (2005). Learning through working life: Self and individuals' agentic action. International Journal of Lifelong Education, 24(3), 195-217.
Bischoff, F., & Prang, B. (Hrsg.) (2015). Weiterbildung und Lebenslanges Lernen an Hochschulen. Thematischer Bericht der wissenschaftlichen Begleitung des Bund-Länder-Wettbewerbs „Aufstieg durch Bildung: offene Hochschulen". Abgerufen am 27.06.2018 von https://offene-hochschulen.de/fyls/2536/download_file_inline/
Bögel, J., & Frerichs, F. (2011). Betriebliches Alters- und Alternsmanagement. Handlungsfelder, Maßnahmen und Gestaltungsanforderungen. Norderstedt: BOD.
Bojack, B., Brecht, E., & Derr, C. (2014). Alter, Sucht und Case Management. Case Management als sinnvolles Unterstützungskonzept bei Suchtproblematik im Alter. Bremen: Europäischer Hochschulverlag.

Boockmann, B., & Zwick, T. (2004). Betriebliche Determinanten der Beschäftigung älterer Arbeitnehmer. Zeitschrift für ArbeitsmarktForschung, 37(1), 53-63.

Bosma, H., van Boxtel, M. P., Ponds, R. W., Houx, P. J., Burdorf, A., & Jolles, J. (2002). Mental work demands protect against cognitive impairment: MAAS prospective cohort study. Experimental Aging Research, 29(1), 33-45.

Bourdieu, P. (1982). Die feinen Unterschiede. Kritik der gesellschaftlichen Urteilskraft. Frankfurt (Main): Suhrkamp.

Brandenburg, U., & Domschke, J.-P. (2007). Die Zukunft sieht alt aus. Herausforderungen des demografischen Wandels für das Personalmanagement. Wiesbaden: Gabler.

Brauer, K., & Clemens, W. (Hrsg.) (2010). Zu alt? „Ageism" und Altersdiskriminierung auf Arbeitsmärkten. Wiesbaden: VS Verlag für Sozialwissenschaften.

Brussig, M. (2007). Betriebliche Personalwirtschaft in einer alternden Erwerbsbevölkerung. Formen, Verbreitung und Ursachen. Zeitschrift für Management, 2(2), 198-223.

Buck, H., Kistler, E., & Mendius, H.-G. (2002). Demographischer Wandel in der Arbeitswelt. Chancen für eine innovative Arbeitsgestaltung (Demographie und Erwerbstätigkeit). Stuttgart: Fraunhofer IRB.

Bundesanstalt für Arbeitsschutz und Arbeitsmedizin (BAuA) (2011). Altersdifferenzierte und alternsgerechte Betriebs- und Tarifpolitik. Eine Bestandsaufnahme betriebspolitischer und tarifvertraglicher Maßnahmen zur Sicherung der Beschäftigungsfähigkeit. Abgerufen am 22. Juni 2018 von https://www.inqa.de/DE/Angebote/Publikationen/betriebs-und-tarifpolitik.html

Bundesanstalt für Arbeitsschutz und Arbeitsmedizin (BAuA) (2011). Altersdifferenzierte und alternsgerechte Betriebs- und Tarifpolitik. Eine Bestandsaufnahme betriebspolitischer und tarifvertraglicher Maßnahmen zur Sicherung der Beschäftigungsfähigkeit (INQA-Berichte, 42). Berlin: Bundesanstalt für Arbeitsschutz und Arbeitsmedizin; Initiative Neue Qualität der Arbeit (INQA).

Bundesinstitut für Berufsbildung (BiBB) (2005). Betriebliche Weiterbildung älterer Beschäftigter. Referenz-Betriebs-System, 28(11). Abgerufen am 22. Juni 2018 von http://www.bibb.de/dokumente/pdf/RBS-Info_28.pdf
Bundesinstitut für Berufsbildung (BiBB) (2008). Betriebliche Weiterbildung in Deutschland: Erste ausgewählte Ergebnisse der CVTS3-Zusatzerhebung. Abgerufen am 22. Juni 2018 von https://www.bibb.de/dokumente/pdf/CVTS3__30_09_2008_.pdf
Bundesinstitut für Berufsbildung (BiBB) (2015). Nationale Zusatzerhebung zur vierten europäischen Weiterbildungserhebung in Unternehmen (CVTS4-Zusatzerhebung-CVTS4-Z). Abschlussbericht. Abgerufen am 22. Juni 2018 von https://www2.bibb.de/bibbtools/tools/dapro/data/documents/pdf/eb_23304.pdf
Bundesministerium für Arbeit und Soziales (BMAS) (2010). Aufbruch in die altersgerechte Arbeitswelt. Bericht der Bundesregierung gemäß § 154 Abs. 4 Sechstes Buch Sozialgesetzbuch zur Anhebung der Regelaltersgrenze auf 67 Jahre. Berlin: BMAS.
Bundesministerium für Arbeit und Soziales (BMAS) (2012). Entwicklung des Arbeitsmarkts für Ältere. Fortschrittsreport "Altersgerechte Arbeitswelt", Ausgabe 1. Berlin: BMAS.
Bundesministerium für Arbeit und Soziales (BMAS) (2013). Altersgerechte Arbeitsgestaltung. Fortschrittsreport "Altersgerechte Arbeitswelt", Ausgabe 2. Berlin: BMAS.
Bundesministerium für Arbeit und Soziales (BMAS) (2014). Lernen und betriebliche Weiterbildung. Fortschrittsreport "Altersgerechte Arbeitswelt", Ausgabe 4. Bonn: BMAS.
Bundesministerium für Bildung und Forschung (BMBF) (Hrsg.) (2003). Berufsbildungsbericht 2003. Bonn: BMBF.
Bundesministerium für Bildung und Forschung (BMBF) (Hrsg.) (2015). Weiterbildungsverhalten in Deutschland 2014. Ergebnisse des Adult Education Survey – AES Trendbericht. Bielefeld: Bertelsmann.

Bundesministerium für Familie, Senioren, Frauen und Jugend (BMFSFJ) (2010). Sechster Bericht zur Lage der älteren Generation in der Bundesrepublik Deutschland: Altersbilder in der Gesellschaft. Berlin: BMFSFJ.
Bundesministerium für Familie, Senioren, Frauen und Jugend (BMFSFJ) (2005). Fünfter Bericht zur Lage der älteren Generation in der Bundesrepublik Deutschland: Potenziale des Alters in Wirtschaft und Gesellschaft. Der Beitrag älterer Menschen zum Zusammenhalt der Generationen. Berlin: BMFSFJ.
Bundesregierung (2008). Aufstieg durch Bildung. Die Qualifizierungsinitiative für Deutschland. Abgerufen am 14. April 2018 von https://www.kmk.org/fileadmin/Dateien/pdf/Bildung/AllgBildung/2008-10-22-Qualifizierungsinitiative.pdf
Bürger, M. (1960). Altern und Krankheit als Problem der Biomorphose (4. Aufl.). Leipzig: VEB Thieme.
Burgert, D. (2006). Betriebliche Weiterbildung und der Verbleib Älterer im Betrieb. FFB-Diskussionspapier Nr. 68. Lüneburg: Leuphana Universität.
Burzan, N. (2008). Quantitative Forschung in der Sozialstrukturanalyse: Anwendungsbeispiele aus methodischer Perspektive. Wiesbaden: VS Verlag für Sozialwissenschaften.
Buss, K.-P., & Kuhlmann, M. (2013). Akteure und Akteurskonstellationen alter(n)sgerechter Arbeitspolitik. WSI-Mitteilungen, 13(5), 350-359.
Butler, R. N. (1969). Ageism. Another form of bigotry. Geronologist, 9(4), 243-252.
Bynner, J., & Hammond, C. (2004). The benefits of adult learning: the quantitative insights. In T. Schuller, J. Preston, C. Hammond, A. Brassett-Grundy, & J. Bynner (Hrsg.), The Benefits of Learning. The impact of education on health, family life, and social capital (S. 161-178). London: Routledge.
Bynner, J., Schuller, T., & Feinstein, L. (2003). Wider Benefits of Education: Skills, Higher Education and Civic Engagement. Zeitschrift für Pädagogik, 49(3), 341-361.

Cedefop (2015). Job-related adult learning and continuing vocational training in Europe: a statistical picture. Cedefop Research Paper No. 48. Luxembourg: Publications Office.
Cockerham, W. (1991). This aging society. Englewood Cliffs, NJ: Prentice-Hall.
Cross, K. P. (1981). Adults as learners. Increasing Participation and Facilitating Learning. San Francisco: Jossey-Bass.
Czaja, S. (2001). Technological Change and the Older Worker. In J. E. Birren, & K. W. Schaie (Hrsg.), Handbook of the Psychology of Aging (5. Aufl., S. 547-568). San Diego: Academic Press.
Deci, E., & Ryan, R. M. (1987). The Support of Autonomy and the Control of Behavior. Journal of Personality and Social Psychology, 53(6), 1024-1037.
Dehnbostel, P. (2005). Informelles Lernen in betrieblichen und arbeitsbezogenen Zusammenhängen. In K. Künzel (Hrsg.), Internationales Jahrbuch der Erwachsenenbildung. Band 31/32: Informelles Lernen – Selbstbildung und soziale Praxis (S. 143-164). Köln: Böhlau.
Deutscher Bildungsrat (1970). Empfehlungen der Bildungskommission. Strukturplan für das Bildungswesen. Stuttgart: Klett.
Deutscher Industrie- und Handelskammertag (2005). Ruhe vor dem Sturm – Arbeitskräftemangel in der Wirtschaft. Ergebnisse einer DIHK-Unternehmensbefragung 2005. Abgerufen am 21. Juli 2015 von http://www.dihk.de/isuche?SearchableText=Studie%3A+Ruhe+vor+dem+Sturm&x=0&y=0&facet=true&facet.field=kategorie&facet.field=dokumentart
Deutscher Industrie- und Handelskammertag (2011). Der Arbeitsmarkt im Zeichen der Fachkräftesicherung. DIHK-Arbeitsmarktreport 2011. Abgerufen am 21. Juli 2015 von http://www.dihk.de/themenfelder/wirtschaftspolitik/arbeitsmarkt-soziales/arbeitsmarkt/umfragen-und-prognosen/arbeitsmarktreport-11.pdf
Deutscher Industrie- und Handelskammertag (2014). Fachkräftesicherung – Unternehmen aktiv. Ergebnisse einer DIHK-Unternehmensbefragung 2013/2014. Abgerufen am 21. Juli

2015 von http://www.dihk.de/presse/meldungen/2014-03-12-arbeitsmarktreport
Diller, F., & Döring, O. (2012). Standardisierte Angebotsorientierung in der Qualifizierungsberatung. In Forschungsinstitut Betriebliche Bildung (f-bb) gGmbH (Hrsg.), Qualifizierungsberatung in KMU. Förderung systematischer Personalentwicklung (S. 75-85). Bielefeld: Bertelsmann.
Dohmen, G. (1996). Das lebenslange Lernen. Leitlinien einer modernen Bildungspolitik. Bonn: BMBF.
Dohmen, G. (2001). Das informelle Lernen. Die internationale Erschließung einer bisher vernachlässigten Grundform menschlichen Lernens für das lebenslange Lernen aller. Bonn: BMBF.
Döring, O., & Rätzel, D. (2007). Aktuelle Aspekte von Qualifizierungsberatung für Betriebe. Report Zeitschrift für Weiterbildungsforschung, 30(1), 51-61.
Döring, O., Gottwald, M., Schmoll, D., & Siegert, R. (2014). Gesellschaftlicher Wertbeitrag von Qualifizierungsberatung. In Forschungsinstitut Betriebliche Bildung (f-bb) gGmbH (Hrsg.), Qualifizierungsberatung in KMU. Förderung systematischer Personalentwicklung (S. 221-251). Bielefeld: Bertelsmann.
Dörner, O., & Schäffer, B. (2012). Gerechtigkeit und Weiterbildung. Ein Aufriss. In B. Schäffer & O. Dörner (Hrsg.), Weiterbildungsbeteiligung als Teilhabe- und Gerechtigkeitsproblem (S. 6-19). München: Herbert Utz.
Düll, N., & Cliquot, N. (2015). Local Economic Strategies for Ageing Labour Markets. Management Practices for Productivity Gains of Older Workers. OECD Employment Policy Paper No. 11. Abgerufen am 22. Juni 2018 von https://www.oecd-ilibrary.org/docserver/5jrnwqkwpxjj-en.pdf
Düll, N., & Sonnet, A. (2014). Alterung und Beschäftigungspolitik. Schweiz 2014. Bessere Arbeit im Alter. Paris: OECD, Bundesamt für Sozialversicherungen BSV.
Dworschak, B., Fritsch, A., Witzgall, E., & Zehrt, P. (2007). Statt Abqualifizierung: Kompetenzentwicklung. Konzepte und

betriebliche Erfahrungen bei geringqualifizierten Mitarbeiterinnen und Mitarbeitern. Berlin: Arbeitsgemeinschaft Betriebliche Weiterbildungsforschung e.V..

Eckert, T., & Schmidt-Hertha, B. (2011). Weiterbildungsverhalten verschiedener Generationen. In T. Eckert, A. von Hippel, M. Pietraß, & B. Schmidt-Hertha (Hrsg.), Bildung der Generationen (S. 413-425). Wiesbaden: VS Verlag für Sozialwissenschaften.

Egetenmeyer, R. (2008). Informal learning in betrieblichen Lernkulturen. Eine interkulturelle Vergleichsstudie. Baltmannsweiler: Schneider.

Eisen, M.-J. (2005). Shifts in the Landscape of Learning: New Challenges, New Opportunities. In M. A. Wolf (Hrsg.), Adulthood. New Terrain (S. 15-26). San Francisco: Jossey-Bass.

Eraut, M. (2000). Non-formal learning, implicit learning and tacit knowledge in professional work. In F. Coffield (Hrsg.), The necessity of informal learning (S. 12-31). Bristol: Policy Press.

Feinstein, L., Hammond, C., Woods, L., Preston, J., & Bynner, J. (2003). The Contribution of Adult Learning to Health and Social Capital. Wider Benefits of Learning Research Report No. 8. London: The Centre for Research on the Wider Benefits of Learning (WBL).

Field, J. (2005). Social capital and lifelong learning. Bristol: Policy Press.

Franz, J., Frieters, N., Scheunpflug, A., Tolksdorf, M., & Antz, E.-M. (2009). Generationen lernen gemeinsam. Theorie und Praxis intergenerationeller Bildung. Bielefeld: Bertelsmann.

Frerichs, F. (2014). Alternsgerechte Qualifizierung und Lernen im Erwerbsverlauf. Informationsdienst Altersfragen, 41(2), 10-15.

Friebe, J. (2010). Weiterbildung älterer Menschen im demografischen Wandel - Deutsche und internationale Perspektiven. In E. Gruber, E. Nuissl von Rein, & C. Schiersmann (Hrsg.), Weiterbildung älterer Menschen im demografischen Wandel - internationale Perspektiven und Lernwege (S. 54-63). Bielefeld: Bertelsmann.

Friebe, J., & Schmidt-Hertha, B. (2013). Activities and Barriers to Education for Elderly People. Journal of Contemporary Educational Studies, 64(1), 10-27.
Friebe, J., Schmidt-Hertha, B., & Tippelt, R. (2014). Kompetenzen und Kompetenzentwicklung im höheren Lebensalter. In R. Tippelt, B. Schmidt-Hertha, & J. Friebe (Hrsg.), Kompetenzen im höheren Lebensalter: Ergebnisse der Studie "Competencies in Later Life" (CiLL). Bielefeld: Bertelsmann.
Gebrande, J., & Friebe, J. (2015). Grundkompetenzen, Bildungsverhalten und Lernen im höheren Lebensalter. Ergebnisse der Studie „Competencies in Later Life“ (CiLL). Zeitschrift für Pädagogik, 61(2), 192-204.
Geldermann, B. (2007). Qualifizierungsberatung, Zertifizierung, Angebote für Ältere. Betriebliche Weiterbildung - ein Leben lang. Arbeit und Arbeitsrecht, 7(2), 72-77.
Gerhardt, U. (1998). „Und dass ich Rente kriege“: Zur Dynamik des gesellschaftlichen Alterns. In A. Kruse (Hrsg.), Psychosoziale Gerontologie. Band 1: Grundlagen (S. 253-257). Göttingen: Hogrefe.
Gnahs, D., Kuwan, H., & Seidel, S. (2008). Weiterbildungsverhalten in Deutschland. Berichtskonzepte auf dem Prüfstand (Band 2). Bonn: DIE.
Golding, B. (2015). Older Men's Learning and Conviviality. In B. Schmidt-Hertha, S. Jelenc Krasovec, & M. Formosa (Hrsg.), Learning across Generations in Europe. Contemporary Issues in Older Adult Education (S. 23-34). Rotterdam: Sense.
Grotlüschen, A. (2010). Erneuerung der Interessetheorie. Die Genese von Interesse an Erwachsenen- und Weiterbildung. Wiesbaden: VS Verlag für Sozialwissenschaften.
Haeberlin, F. (2003). Ältere Arbeitnehmer im Betrieb. In L.V. v. Rosenstiehl, E. Regnet, & N.E. Domsch (Hrsg.), Führung von Mitarbeitern. Handbuch für erfolgreiches Personalmanagement (5. überarbeitete Aufl., S. 593-606). Stuttgart: Schäffer-Poeschel.
Hahn, M., Falkenstein, M., & Wild-Wall, N. (2010). Age-related performance differences in compensatory tracking under a dual task condition. Occupational Ergonomics, 9(2), 75-86.

Hartmann, J., & Kuwan, H. (2011). Determinanten der Weiterbildungsbeteiligung: multivariate ...Analysen. In B. von Rosenbladt & F. Bilger (Hrsg.), Weiterbildungsbeteiligung 2010. Trends und Analysen auf Basis des deutschen AES (S. 70-79). Bielefeld: Bertelsmann.
Häßner, K., & Knoll, J. (2005). Informiert ist nicht beraten – Lebenslauf als Anker der Lernberatung. In R. Faulstich, H. J. Forneck, P. Grell, K. Häßner, J. Knoll, & A. Springer (Hrsg.), Lernwiderstand – Lernumgebung – Lernberatung. Empirische Fundierungen zum selbstgesteuerten Lernen (S. 164-217). Bielefeld: Bertelsmann.
Holzkamp, K. (1985). Grundlegung der Psychologie. Frankfurt: Campus.
Honey, P., & Mumford, A. (1992). The Manual of Learning Styles. Maidenhead: Peter Honey Publications.
Hönig, W., & Stummer, H. (2011). Weiterbildungsmotivation älterer Mitarbeiter in der Elektroindustrie: Eine explorative Studie. Zeitschrift für Arbeitsforschung, Arbeitsgestaltung und Arbeitspolitik, 20(2), 127-145.
Hotz-Hart, B., & Rohner, A. (2014). Nationen im Innovationswettlauf: Ökonomie und Politik der Innovation. Wiesbaden: Springer.
Hübner, W., Kühl, A., & Putzing, M. (2003). Kompetenzerhalt und Kompetenzentwicklung älterer Mitarbeiter in Unternehmen. Berlin: Arbeitsgemeinschaft betriebliche Weiterbildungsforschung e.V..
Huf, S. (2011). Personalmanagement als Erwartungsmanagement. Der psychologische Vertrag. Personalführung, 44(3), 28-35.
Husemann, R. (2002). Ältere Arbeitnehmer, Verlängerung der Lebensarbeitszeit und berufliche Weiterbildung. WSI-Mitteilungen, 55(1), 32-37.
Husemann, R., Moraal, D., & Schönfeld, G (2006). Ageing and Qualification. Project Report. Bonn: BIBB.
Iller, C., Mayerl, M., & Schmid, K. (2014). Kompetenzentwicklung und informelles Lernen am Arbeitsplatz. In Statistik Austria (Hrsg.), Schlüsselkompetenzen von Erwachsenen. Vertiefende Analysen der PIAAC-Erhebung 2011/12 (S.126-146). Wien: MDH Media.

Ilmarinen, J., & Tempel, J. (2002). Arbeitsfähigkeit 2010. Was können wir tun, damit Sie gesund bleiben? Hamburg: VSA.
Jennings, J. M., & Darwin, A. L. (2003). Efficacy Beliefs, Everyday Behavior, and Memory Performance among Older Elderly Adults. Educational Gerontology, 29(1), 71-91.
Junkers, G. (1995). Klinische Psychologie und Psychosomatik des Alters. Stuttgart: Schattauer.
Kalache, A., Barreto, S. M., & Keller, I. (2005). Global Ageing: The Demographic Revolution in All Cultures and Societies. In M. L. Johnson (Hrsg.), The Cambridge Handbook of Age and Ageing (S. 30-46). Cambridge: Cambridge University Press.
Kauffeld, S., & Grote, S. (2002). Kompetenz - ein strategischer Wettbewerbsfaktor. Personal, 54(11), 30-32.
Kemper, M., & Klein, R. (1998). Lernberatung. Baltmannsweiler: Schneider.
Kirchhöfer, D. (2000). Informelles Lernen in alltäglichen Lebensführungen. Chance für berufliche Kompetenzentwicklung. QUEM-Report, 66. Berlin: ABWF.
Kistler, E., Ebert, A., Guggemos, P., Lehner, M., Buck, H., & Schletz, A. (2006). Altersgerechte Arbeitsbedingungen. Machbarkeitsstudie (Sachverständigengutachten) für die Bundesanstalt für Arbeitsschutz und Arbeitsmedizin. Berlin: BAuA.
Klein, A. & Schmidt-Hertha, B. (2015). Informelle Auseinandersetzung mit digitalen Medien in der zweiten Hälfte des Erwerbslebens. In G. Niedermair (Hrsg.), Informelles Lernen. Schriftenreihe für Berufs- und Betriebspädagogik. Linz: Trauner.
Klein, R., & Reutter, G. (2004). Lernberatung als Lernprozessbegleitung in der beruflichen Weiterbildung – Voraussetzungen auf der Einrichtungsebene. In M. Rohs & B. Käpplinger (Hrsg.), Lernberatung in der beruflich-betrieblichen Weiterbildung. Konzepte und Praxisbeispiele für die Umsetzung. Münster: Waxmann.
Kliegl, R., & Mayr, U. (1997). Kognitive Leistung und Lernpotential im höheren Erwachsenenalter. In F. Weinert, E.

Franz, & H. Mandl (Hrsg.), Psychologie der Erwachsenenbildung (S. 87-88). Göttingen: Hogrefe.
Kolb, D. A. (1984). Experiential Learning. Englewood Cliffs, NJ: Prentice-Hall.
Kolb, D. A. (1985). Learning Style Inventory. Boston, MA: McBer & Company.
Kolland, F. (2010). Altersbilder und ihre normative Wirkung im Wandel der Erwerbsarbeit. In K. Brauer, & W. Clemens (Hrsg.), Zu alt? „Ageism“ und Altersdiskriminierung auf Arbeitsmärkten. Wiesbaden: VS Verlag für Sozialwissenschaften.
Koller, B. & Gruber, H. (2001). Ältere Arbeitnehmer im Betrieb und als Stellenbewerber aus der Sicht der Personalverantwortlichen. Mitteilungen aus der Arbeitsmarkt- und Berufsforschung, 34(4), 479-505.
Konrad, K. (2000). Selbstgesteuertes Lernen: Differentielle Effekte unterschiedlicher Handlungsfelder und demographischer Variablen. Unterrichtswissenschaft, 28(1), 75-91.
Konrad, K. (2001). Selbstgesteuertes Lernen im Kontext persönlicher Selbstregulation, konstruktivistischer Lernumgebungen und situativer Rahmenbedingungen. Empirische Pädagogik, 15(2), 283-303.
Kretschmer, S. & Weber, B. (2012). Implementierung betrieblicher Weiterbildungsstrukturen – Erfahrungen aus Projekten der Sozialpartnerrichtlinie. In Forschungsinstitut Betriebliche Bildung (f-bb) gGmbH (Hrsg.), Qualifizierungsberatung in KMU (S. 85-115). Bielefeld: Bertelsmann.
Krumm, S., Grube, A., & Hertel, G. (2013). No time for compromises: Age as a moderator of the relation between needs–supply fit and job satisfaction. European Journal of Work and Organizational Psychology, 22(5), 547-562.
Kruse, A. (2002). Gesund Altern: Stand der Prävention und Entwicklung ergänzender Präventionsstrategien. Baden-Baden: Nomos.
Kruse, A. (2008). Alter und Altern – konzeptionelle Überlegungen und empirische Befund der Gerontologie. In A. Kruse

(Hrsg.), Weiterbildung in der zweiten Lebenshälfte: Multidisziplinäre Antworten auf Herausforderungen des demografischen Wandels (S. 21-48). Bielefeld: Bertelsmann.
Kruse, A. (2009). Arbeitsmodelle der Zukunft. Lebenszyklusorientierung und veränderte Personalaltersstrukturen. RHI Position Nr. 6. München: Roman Herzog Institut.
Kruse, A., & Maier, G. (2000). Psychologische Beiträge zur Leistungsfähigkeit im mittleren und höheren Erwachsenenalter – eine ressourcenorientierte Perspektive. In C. von Rothkirch (Hrsg.), Altern und Arbeit: Herausforderung für Wirtschaft und Gesellschaft (S. 72-87). Berlin: edition sigma.
Kruse, A., & Maier, G. (2002). Höheres Erwachsenenalter und Bildung. In R. Tippelt (Hrsg.), Handbuch Bildungsforschung (S. 529-544). Opladen: Leske + Budrich.
Kruse, A., & Schmitt, E. (2001a). Adult education and training: Cognitive aspects. In N. J. Smelser, & P. B. Baltes (Hrsg.), International Encyclopedia of the Social and Behavioral Sciences (S. 139-142). Oxford: Pergamon.
Kruse, A., & Schmitt, E. (2001b). Psychology of education in old age. In N. J. Smelser, & P. B. Baltes (Hrsg.), International Encyclopedia of the Social and Behavioral Sciences (S. 4223-4227). Oxford: Pergamon.
Kruse, A., & Schmitt, E. (2005). Zur Veränderung des Altersbildes in Deutschland. Aus Politik und Zeitgeschichte, 49-50, 9-17.
Kruse, A., & Wahl, H.-W. (2010). Zukunft Altern. Individuelle und gesellschaftliche Weichenstellungen. Heidelberg: Springer Spektrum.
Kullmann, H., & Seidel, E. (2005). Lernen und Gedächtnis im Erwachsenenalter (2. Aufl.). Bielefeld: Bertelsmann.
Kuper, H., Unger, K., & Gnahs, D. (2013). Formale Bildungsaktivitäten Erwachsener. In F. Bilger, D. Gnahs, J. Hartmann, & H. Kuper (Hrsg.), Weiterbildungsverhalten in Deutschland. Resultate des Adult Education Survey 2012 (S. 250-263). Bielefeld: Bertelsmann.
Kuwan, H., Thum, M., Seidel, S., & Seusing, B. (2001). Berufliche Weiterbildung von Frauen in Deutschland. Analysen im

Bundesgebiet und im Ost-West-Vergleich. München: BMBF.
Kuwan, H. (2005). Unterstützung „Bildungsferner“ in der beruflichen Weiterbildung. In: DGB (Hrsg.): Lea-Newsletter 04/2005, S. 4-6, Berlin.
Kuwan, H. / Larsson, A.-Ch. (2008): Final report of the Development of an international Adult Learning Module (OECD AL Module). Recommendations on methods, concepts, and questions in international Adult Learning Surveys. Report on Phase 2, based on 14 coun-tries. OECD, Paris. Abgerufen am 27.06.2018 von http://www.oecd.org/dataoecd/48/0/41529576.pdf
Kuwan, H. (1990). Weiterbildungsbarrieren. Bildung Wissenschaft Aktuell, Heft 7/90. Bonn: BMBF.
Kuwan, H. (2004). Berufliche Weiterbildung in Deutschland – Anmerkungen zur derzeitigen Datenlage und zu zukünftigen Anforderungen. In M. Baethge, K.-P. Buss, & C. Lanfer (Hrsg.), Expertisen zu den konzeptionellen Grundlagen für einen Nationalen Bildungsbericht – Berufliche Bildung und Weiterbildung / Lebenslanges Lernen. Bildungsreform Band 8 (S.197-222). Berlin: BMBF.
Kuwan, H. (2006). Weiterbildung von „bildungsfernen Erwerbstätigen“: Neue Chancen durch arbeitsintegrierte Konzepte. In G. Fellermayer, E. Herbrich, & LernNetz Berlin-Brandenburg e. V. (Hrsg.), Lebenslanges Lernen für alle. Herausforderungen an die Bildungsberatung (S. 82-96). Berlin: Karin Kramer.
Kuwan, H. (2012). Weiterbildungsbeteiligung und Weiterbildungsbarrieren: Suche nach Absatzpunkten zur Erhöhung der Weiterbildungsbeteiligung. Expertise für die Bertelsmann Stiftung im Rahmen des Programms Zukunft der Beschäftigung. Gütersloh: Bertelsmann Stiftung.
Kuwan, H. (2013). Weiterbildungsbeteiligung und Weiterbildungsbarrieren bei Älteren: empirische Ergebnisse und Schlussfolgerungen. In M. Kattein & M. Vonken (Hrsg.), Zeitbetrachtungen. Bildung – Arbeit - Biographie. Festschrift für Rudolf Husemann (S. 195-206). Erfurt: Peter Lang.

Kuwan, H., & Larsson, A.-Ch. (2008). Final Report of the Development of an International Adult Learning Module (OECD AL Module). Recommendations on Methods, Concepts, and Questions in International Adult Learning Surveys. Report on Phase 2, based on 14 countries. OECD Education Working Papers, 21. Paris: OECD Publishing Paris. DOI: http://dx.doi.org/10.1787/236208471741
Kuwan, H., & Seidel, S. (2013). Weiterbildungsbarrieren und Teilnahmemotive. In F. Bilger & B. von Rosenbladt (Hrsg.), Weiterbildungsbeteiligung 2010. Trends und Analysen auf Basis des deutschen AES (S. 209-231). Bielefeld: Bertelsmann.
Kuwan, H., Bilger, F., Gnahs, D., & Seidel, S. (2006). Berichtssystem Weiterbildung IX. Integrierter Gesamtbericht zur Weiterbildungssituation in Deutschland. Abgerufen am 18. April 2016 von http://doku.iab.de/externe/2006/k060217f03.pdf
Kuwan, H., Schmidt, B., & Tippelt, R. (2009). Informelles Lernen. In R. Tippelt, B. Schmidt, S. Schnurr, S. Sinner, & C. Theisen (Hrsg.), Bildung Älterer – Chancen im demografischen Wandel (S. 59-70). Bielefeld: Bertelsmann.
Lahn, L. C. (2003). Competence and Learning in Late Career. European Educational Research Journal, 2(1), 126-140.
Lange, A. H. de, Taris, T. W., Jansen, P., Kompier, M. A. J., & Houtman, I. L. D. (2010). On the relationships among work characteristics and learning-related behavior. Does age matter? Journal of organizational behavior, 7(31), 925-950.
Langhoff, T. (2009). Den demographischen Wandel im Unternehmen erfolgreich gestalten. Eine Zwischenbilanz aus arbeitswissenschaftlicher Sicht. Berlin: Springer.
Laville, A., & Volkoff, S. (1998). Elderly Workers. In J. M. Stellmann (Hrsg.), Encyclopaedia of Occupational Health and Safety (4. Aufl., Kapitel 29). Genf: International Labour Office.
Leber, U., Stegmaier, J., & Tisch, A. (2013). Wie Betriebe auf die Alterung ihrer Belegschaft reagieren. IAB-Kurzbericht, 3, 1-8.

Lehr, U. (2007). Psychologie des Alterns (11. Aufl.). Wiebelsheim: Quelle & Meyer.
Lehr, U., Schmitz-Scherzer, R., & Quadt, E. (1979). Weiterbildung im höheren Erwachsenenalter: eine empirische Studie zur Frage der Lernbereitschaft älterer Menschen. Stuttgart: Kohlhammer.
Leven, I., Bilger, F., Strauß, A., & Hartmann, J. (2013). Weiterbildungstrends in verschiedenen Bevölkerungsgruppen. In F. Bilger, D. Gnahs, J. Hartmann, & H. Kuper (Hrsg.), Weiterbildungsverhalten in Deutschland. Resultate des Adult Education Surveys 2012 (S. 60-194). Bielefeld: DIE.
Levinson, D. J. (1986). Conception of Adult Development. American Psychologist, 41(1), 3-13.
Lindenberger, U. (2000). Intellektuelle Entwicklung über die Lebensspanne: Überblick und ausgewählte Forschungsbrennpunkte. Psychologische Rundschau, 51(3), 135-145.
Litschel, V., & Löffler, R. (2015). Meta-Analyse zu rezenten Studien im Bereich „AMP"-Maßnahmen für Jugendliche. Betrachtungen mit dem Schwerpunkt „Berufsausbildung". In Arbeitsmarktservice Österreich (Hrsg.), AMS-Report Nr. 109. Wien: Arbeitsmarktservice Österreich.
Litschel, V., Löffler, R., Petanovitsch, A., & Schmid, K. (2016). Meta-Analyse zu rezenten Studien zur Arbeitsmarktpolitik für Ältere in Österreich. Studie im Auftrag des AMS. Wien: Arbeitsmarktservice Österreich.
Lövdén, M., Ghisletta, P., & Lindenberger, U. (2005). Social Participation Attenuates Decline in Perceptual Speed in Old and Very Old Age. Psychology and Aging, 20(3), 423-434.
Löwe, H. (1970). Einführung in die Lernpsychologie des Erwachsenenalters. Berlin: VEB.
Malwitz-Schütte, M. (2006). Lebenslanges Lernen (auch) im Alter? – Selbstgesteuertes Lernen, Medienkompetenz und Zugang zu Informations- und Kommunikationstechnologien älterer Erwachsener im Kontext wissenschaftlicher Weiterbildung. Bildungsforschung, 3(2), 1-25. Abgerufen am 29. Juli 2015 von http://bildungsforschung.org/index.php/bildungsforschung/article/view/32/30

Martin, P., Ettrich, K. U., Lehr, U., Roether, D., Martin, M. & Fischer-Cyrulies, A. (Hrsg.) (2000). *Aspekte der Entwicklung im mittleren und höheren Lebensalter: Ergebnisse der Interdisziplinären Längsschnittstudie des Erwachsenenalters (ILSE) [Aspects of development in middle and old age: Results of the Interdisciplinary Longitudinal Study of Adult Development]*. Darmstadt: Steinkopff.

Mayer, A. K. (2009). Vermittelte Altersbilder und individuelle Altersstereotype. In B. Schorb, A. Hartung, & W. Reißmann (Hrsg.), Medien und höheres Lebensalter (S. 114-129). Wiesbaden: VS Verlag für Sozialwissenschaften.

Mayerl, M. (2014). Skills-Mismatch und PIAAC - am eigenen Anspruch gescheitert? Über den Versuch, das Missverhältnis zwischen den Arbeitsplatzanforderungen und den Skills der Arbeitenden messen zu wollen. Magazin Erwachsenenbildung.at, 23, 10-20.

Mayring, P. (2010). Qualitative Inhaltsanalyse. In G. Mey & K. Mruck (Hrsg.), Handbuch Qualitative Forschung in der Psychologie (S. 601-613). Wiesbaden: VS Verlag für Sozialwissenschaften.

Meisel, K. (2000). Beratung von Weiterbildungsorganisationen. In E. Nuissl, C. Schiersmann, & H. Siebert (Hrsg.), Literatur- und Forschungsreport Weiterbildung. Bielefeld: Bertelsmann.

Mohr, H. (1997). Wissen als Humanressource. In G. Clar, J. Doré, & H. Mohr (Hrsg.), Humankapital und Wissen. Grundlagen einer nachhaltigen Entwicklung (S. 13-28). Berlin: Springer.

Morschhäuser, M. (1999). Grundzüge altersgerechter Arbeitsgestaltung. In M. Gussone, A. Huber, M. Morschhäuser, & J. Petrenz (Hrsg.), Ältere Arbeitnehmer. Altern und Erwerbsarbeit in rechtlicher, arbeits- und sozialwissenschaftlicher Sicht (S. 101-185). Frankfurt (Main): Bund.

Morschhäuser, M. (2006). Reife Leistung. Personal- und Qualifizierungspolitik für die künftige Alterstruktur. Berlin: edition sigma.

Müller, A., & Weigl, M. (2014). Ressourcenorientierte Ansätze alternsgerechter Arbeitsgestaltung. Informationsdienst Altersfragen, 2(41), 3-9.
Nuissl, E. (2009). Professionalisierung in der Altenbildung. In U. Staudinger, & H. Heidemeier (Hrsg.), Altern, Bildung und lebenslanges Lernen. Altern in Deutschland (Bd. 2, S. 95-102). Wiesbaden: Springer VS.
OECD (2012). Better Skills, Better Jobs, Better Lives. A Strategic Approach to Skills Policies. Paris: OECD Publishing.
OECD (2013). OECD Skills Outlook 2013. First results from the Survey of Adult Skills. Paris: OECD Publishing.
Oswald, W. D. (2000). Psychologische Alter(n)shypothesen. In S. Becker, L. Veelken, & K. P. Wallraven (Hrsg.), Handbuch Altenbildung. Theorien und Konzepte für Gegenwart und Zukunft (S. 107-117). Opladen: Leske + Budrich.
Pätzold, H. (2010). Lebenslanges Lernen. In R. Arnold, S. Nolda, & E. Nuissl (Hrsg.), Wörterbuch Erwachsenenbildung (S. 183-184). Bad Heilbrunn: Klinkhardt.
Pellizzari, M., & Fichen, A. (2013). A New Measure of Skills Mismatch: Theory and Evidence from the Survey of Adult Skills (PIAAC). OECD Social, Employment and Migration Working Papers, 153. Paris: OECD Publishing.
Pollmann-Schult, M., & Büchel, F. (2002). Ausbildungsinadäquate Erwerbstätigkeit: eine berufliche Sackgasse? Eine Analyse für jüngere Nicht-Akademiker in Westdeutschland. Mitteilungen aus der Arbeitsmarkt- und Berufsforschung, 35(3), 371-384.
Preißer, R., & Völzke, R. (2007). Kompetenzbilanzierung – Hintergrunde, Verfahren, Entwicklungsnotwendigkeiten. Report Zeitschrift für Weiterbildungsforschung, 30(1), 62-74.
Quintini, G. (2011). Right for the Job: Over-Qualified or Under-Skilled? OECD Social, Employment and Migration Working Papers, 120. Paris: OECD Publishing.
Rammstedt, B. (2013). PIAAC 2012: Die wichtigsten Ergebnisse im Überblick. In B. Rammstedt (Hrsg.), Grundlegende Kompetenzen im internationalen Vergleich. Ergebnisse von PIAAC 2012 (S. 11-18). Münster: Waxmann.

Rat der Europäischen Union (2003). Schlussfolgerungen des Rates vom 5. Mai 2003 über europäische Durchschnittsbezugswerte für allgemeine und berufliche Bildung (Benchmarks). Amtsblatt der Europäischen Union C 134 vom 7. Juni 2003, S. 3f. Abgerufen am 14. April 2016 von http://eur-lex.europa.eu/legal-content/DE/TXT/?uri=URISERV:c11064
Rebmann, K., & Schlömer, T. (2009). Lernen im Prozess der Arbeit. Berufs- und Wirtschaftspädagogik online, Profile 2. Abgerufen am 29. Juli 2015 von http://www.bwpat.de/profil2/rebmann_schloemer_profil2.pdf
Riechenhagen, G. (2006). Demografischer Wandel in der Arbeitswelt – Stand und Perspektiven in Deutschland. Gesundheits- und Sozialpolitik, 5(6), 10-15.
Robert-Koch-Institut (2001). Gesundheit im Alter. Gesundheitsberichterstattung des Bundes, 10, 1-29.
Röhr-Sendlmeier, U. M. (1990). Weiterbildungsverhalten und Lernbereitschaft im höheren Erwachsenenalter. In R. Schmitz-Scherzer, A. Kruse, & E. Olbrich (Hrsg.), Altern – Ein lebenslanger Prozeß der sozialen Interaktion (S. 103-114). Darmstadt: Steinkopff.
Rohrbach-Schmidt, D., & Tiemann, M. (2010). (Mis-)Matching in Deutschland: Eine Analyse auf der Basis formaler Qualifikationen und Fähigkeiten von Erwerbstätigen. BWP – Berufsbildung in Wissenschaft und Praxis, 39(1), 34-38.
Rohs, M., & Käpplinger, B. (2004). Lernberatung – ein Omnibusbegriff auf Erfolgstour. In M. Rohs & B. Käpplinger (Hrsg.), Lernberatung in der beruflich-betrieblichen Weiterbildung. Konzepte und Praxisbeispiele für die Umsetzung. Münster: Waxmann.
Rosenbladt, B. von (2010). Adult Education and Training in comparative perspective – Indicators of participation and country profiles. Statistics in Transition – new series, 11(3), 465-502.
Rosenbladt, B. von, & Bilger, F. (Hrsg.) (2008). Weiterbildungsverhalten in Deutschland, Band 1: Berichtssystem Weiterbildung und Adult Education Survey 2007. Bielefeld: Bertelsmann.

Rowe, J.W., & Kahn R.L. (1998). Successful Aging. Gerontologist, 37(4), 433-440.
Sauer, J. (2002). Lernkultur Kompetenzentwicklung – Infrastrukturen für neue Lernkulturen. QUEM-Bulletin, 2, 1-7.
Schäffer, B. (2010). Abbild-Denkbild-Erfahrungsbild. Methodisch-methodologische Anmerkungen zur Analyse von Altersbildern. In J. Ecarius & B. Schäffer (Hrsg.), Typenbildung und Theoriegenerierung. Methoden und Methodologien qualitativer Bildungs- und Biographieforschung (S. 207-232). Opladen: Barbara Budrich.
Schaie, K. W. (2005). Developmental Influences on Adult Intelligence. The Seattle Longitudinal Study. Oxford: Oxford University Press.
Schaper, N., & Sonntag, K. (2007). Weiterbildungsverhalten. In D. Frey & L. von Rosenstiel (Hrsg.), Markt- und Wirtschaftspsychologie. Enzyklopädie der Psychologie. D/III/6. Göttingen: Hogrefe.
Scharnhorst, U. (2002). Lernberatung – individuelle Unterstützung auf dem Weg zum selbstgesteuerten Lernen. In Schweizerisches Institut für Berufspädagogik (Hrsg.), Lernbegleitung – Lernberatung – Coaching. Dokumentation zur Tagung vom 25. und 26. Oktober 2002 im Schweizerischen Institut für Berufspädagogik SIBP (S. 39-53). Zollikhofen: Schweizerisches Institut für Berufspädagogik.
Schiersman, C. (2000). Beratung in der Weiterbildung – neue Herausforderungen und Aufgaben. In E. Nuissl, C. Schiersmann, & H. Siebert (Hrsg.), Literatur- und Forschungsreport Weiterbildung. Bielefeld: Bertelsmann.
Schiersmann, C. (2006). Beratung von Individuen und Organisationen im Kontext des lebenslangen Lernens. In K. Meisel & C. Schiersmann (Hrsg.), Zukunftsfeld Weiterbildung. Standortbestimmungen für Forschung, Praxis und Politik. Bielefeld: Bertelsmann.
Schmidt-Hertha, B. (2014). Kompetenzerwerb und Lernen im Alter. Studientexte für Erwachsenenbildung. Bielefeld: Bertelsmann.
Schmidt-Hertha, B. (2014a). Different concepts of generation and their impact on intergenerational learning. In B. Schmidt-

Hertha, S. Jelenc Krasovec, & M. Formosa (Hrsg.), Learning Across Generations. Contemporary Issues in Older Adult Education (S. 145-154). Rotterdam: Sense.

Schmidt-Hertha, B. (2014b). Kompetenzen und Kompetenzförderung bei Geringqualifizierten über die Lebensspanne. In Projektträger im DLR (Hrsg.), Kompetenzen von Geringqualifizierten. Befunde und Konzepte (S. 205-221). Bielefeld: Bertelsmann.

Klein, A, & Schmidt-Hertha, B. (2015). Informelle Auseinandersetzung mit digitalen Medien in der zweiten Hälfte des Erwerbslebens. In G. Niedermair (Hrsg.), Informelles Lernen. Schriftenreihe für Berufs- und Betriebspädagogik. Linz: Trauner.

Schmidt-Hertha, B., & Mühlbauer, C. (2012). Lebensbedingungen, Lebensstile und Altersbilder älterer Erwachsener. In F. Berner, J. Rossow, & K.-P. Schwitzer (Hrsg.), Individuelle und kulturelle Altersbilder. Expertisen zum Sechsten Altenbericht der Bundesregierung. Band 1 (S. 109-149). Wiesbaden: VS Verlag für Sozialwissenschaften.

Schmidt-Hertha, B., & Müller, M. (2016). Bedeutung bildungsbiografischer Zäsuren für die Weiterbildungsbeteiligung älterer Erwerbstätiger. BWP - Berufsbildung in Wissenschaft und Praxis, 45(3), 32-36.

Schmidt-Hertha, B., & Thalhammer, V. (2016). Informelles Lernen älterer Erwachsener. In M. Rohs (Hrsg.), Handbuch Informelles Lernen (S. 303-322). Wiesbaden: Springer VS.

Schmidt-Hertha, B., Kuwan, H., Gidion, G., Waschbüsch, Y., & Strobel, C. (Hrsg.) (2011). Web 2.0. Neue Qualifikationsanforderungen in Unternehmen. Bielefeld: Bertelsmann.

Schmidt-Lauff, S. (2004). Beratung als Support zur Inanspruchnahme von Weiterbildung. In M. Rohs, & B. Käpplinger (Hrsg.), Lernberatung in der beruflich-betrieblichen Weiterbildung. Konzepte und Praxisbeispiele für die Umsetzung (S.29-43). Münster: Waxmann.

Schmidt, B. (2007). Weiterbildung älterer Erwerbstätiger: Veränderungen hinsichtlich Partizipation, Interessen und Barrieren. In T. Eckert (Hrsg.), Übergänge im Bildungswesen (S. 265-276). Münster: Waxmann.

Schmidt, B. (2009). Weiterbildung und informelles Lernen älterer Arbeitnehmer: Bildungsverhalten. Bildungsinteressen. Bildungsmotive. Wiesbaden: VS Verlag für Sozialwissenschaften.
Schmidt, B. (2011). Altersbilder und ihre Bedeutung für ältere Arbeitnehmerinnen und Arbeitnehmer. In B. Seyfried (Hrsg.), Ältere Beschäftigte: Zu jung, um alt zu sein. Konzepte – Forschungsergebnisse – Instrumente (S. 21-32). Bielefeld: Bertelsmann.
Schmidt, B., & Tippelt, R. (2009). Bildung Älterer und intergeneratives Lernen. Zeitschrift für Pädagogik, 55(1), 74-90.
Schmitt, E. (2008). Altersbilder und die Verwirklichung von Potenzialen des Alters. In A. Kruse (Hrsg.), Weiterbildung in der zweiten Lebenshälfte: Multidisziplinäre Antworten auf Herausforderungen des demografischen Wandels. Bielefeld: Bertelsmann.
Schröder, H., Schiel, S., & Aust, F. (2004). Nichtteilnahme an beruflicher Weiterbildung. Motive, Beweggründe, Hindernisse. Bielefeld: Bertelsmann.
Schulze, B. (1998). Kommunikation im Alter. Theorien – Studien – Forschungsperspektiven. Studien zur Kommunikationswissenschaft. Wiesbaden: VS Verlag für Sozialwissenschaften.
Siebert, H. (2000). Lernberatung und selbstgesteuertes Lernen. Literatur und Forschungsreport Weiterbildung, 46, 93-99.
Siebert, H. (2011). Bildung im Alter. Magazin Erwachsenenbildung.at, 13(3), 1-9. Abgerufen am 29. Juli 2015 von http://www.erwachsenenbildung.at/magazin/11-13/meb11-13.pdf
Siebert, H. (2012). Lernen und Bildung Erwachsener (2. Aufl.). Bielefeld: Bertelsmann.
Siegrist, J., & Dragano, N. (2007). Rente mit 67 - Probleme und Herausforderungen aus gesundheitswissenschaftlicher Sicht. Arbeitspapier 147. Düsseldorf: Hans-Böckler-Stiftung.
Sonntag, K., Stegmaier, R., Schaper, N., & Friebe, J. (2004). Dem Lernen im Unternehmen auf der Spur: Operationalisierung von Lernkultur. Unterrichtswissenschaft, 32(2), 104-127. Abgerufen am 27. Juli 2015 von http://www.pedocs.de/volltexte/2013/5809

Spitzer, M. (2003). Langsam, aber sicher – Gehirnforschung und das Lernen Erwachsener. Zeitschrift für Erwachsenenbildung, 10(3), 38-40.
Stadelhofer, C. (2000). Selbstgesteuertes Lernen und Neue Kommunikationstechnologien als neue Wegpfeiler in der Altenbildung. In S. Becker, L. Veelken, & K. P. Wallraven (Hrsg.), Handbuch Altenbildung. Theorien und Konzepte für Gegenwart und Zukunft (S. 255-267). Opladen: Leske + Budrich.
Stadelhofer, C. (2002). www.senioren. Interneterschließung – auch für ältere Erwachsene! Zeitschrift für Medienpädagogik, 1, 14-18.
Statistics Canada (2001). A Report on Education and Training in Canada: Learning and Living. Ottawa: Statistics Canada & Human Ressource Development Canada.
Statistisches Bundesamt (2011). Ältere Menschen in Deutschland und in der EU. Wiesbaden: Statistisches Bundesamt.
Stettes, O. (2009). Altersbilder in deutschen Industrieunternehmen und Personalpolitik. IW- Trends, 4(36), 1-16.
Stöckl, M., Spevacek, G., & Straka, G. A. (2001). Altersgerechte Didaktik. In D. Schemme (Hrsg.), Qualifizierung, Personal- und Organisationsentwicklung mit älteren Mitarbeiterinnen und Mitarbeitern (S. 89-113). Bielefeld: Bertelsmann.
Strauch, A. (2010). Wirksame Weiterbildungsberatung. Abgerufen am 30. Juli 2015 von http://www.diezeitschrift.de/22010/strauch1001.pdf
Strobel, C., Schmidt-Hertha, B., & Gnahs, D. (2011). Bildungsbiografische und soziale Bedingungen des Lernens in der Nacherwerbsphase. Magazin erwachsenenbildung.at, 13, 11. Abgerufen am 18. April 2016 von www.erwachsenenbildung.at/magazin/11-13/meb11-13.pdf
Tesch-Römer, C., Wurm, S., Hoff, A., & Engstler, H. (2002). Die zweite Welle des Alterssur-veys. Erhebungsdesign und Instrumente. Berlin: Deutsches Zentrum für Altersfragen.
Thomae, H. (1970). Theory of Aging and Cognitive Theory of Personality. Human Development, 13(1), 1-16.
Thomae, H. (1983). Alternsstile und Altersschicksale. Ein Beitrag zur Differentiellen Gerontologie. Bern: Huber.

Tietgens, H. (1992). Um Vermittlungsprozess zwischen Alternsforschung und Erwachsenenbildung. In W. Saup & T. Tietgens (Hrsg.), Bildung für ein konstruktives Altern (S. 11-36). Frankfurt: PAS.

Tikkanen, T., Lahn, L. C., Withnall, A., Ward, P., & Lyng, K. (2002). Working life changes and training of older workers. Trondheim: European Commission.

Tippelt, R. (1992). Konstruktives Altern – Herausforderung für die Erwachsenenbildung und für den einzelnen. In W. Saup & T. Tietgens (Hrsg.), Bildung für ein konstruktives Altern (S. 66-74). Frankfurt: PAS.

Tippelt, R. (1997). Beratung in der Weiterbildung: Grundlagen und Perspektiven. In T. Eckert, C. Schiersmann, & R. Tippelt (Hrsg.), Beratung und Information in der Weiterbildung (S. 1-69). Bad Heilbrunn: Klinkhardt.

Tippelt, R., Reupold, A., Strobel, C., & Kuwan, H. (Hrsg.) (2009a). Lernende Regionen – Netzwerke gestalten. Bielefeld: Bertelsmann.

Tippelt, R., Schmidt, B., & Kuwan, H. (2009b). Bildungsteilnahme. In R. Tippelt, B. Schmidt, S. Schnurr, S. Sinner, & C. Theisen (Hrsg.), Bildung Älterer – Chancen im demografischen Wandel (S. 32-45). Bielefeld: Bertelsmann.

Tippelt, R., Schmidt, B., Schnurr, S., Sinner, S., & Theisen, C. (Hrsg.) (2009c). Bildung Älterer – Chancen im demografischen Wandel. Bielefeld: Bertelsmann.

Vogtenhuber, S. (2011). Effekte von Unter- und Überqualifikation auf die berufliche Weiterbildungsaktivität. In J. Markowitsch, E. Gruber, L. Lassnigg, & D. Moser (Hrsg.), Turbulenzen auf Arbeitsmärkten und in Bildungssystemen. Beiträge zur Berufsbildungsforschung. Innsbruck: StudienVerlag.

Vonken, M. (2007). Personalentwicklung für alternde Belegschaften. Perso-Net. Abgerufen am 20. Juli 2015 von http://www.perso-net.de/uploads/media/perso-net_PE_fuer_alternde_Belegschaften_Vonken_final.pdf

Walter, M. (2009). Weiterbildungsberatung als Motor des lebenslangen Lernens? BiBB Berufsbildung in Wissenschaft und Praxis, 4, 19-22.

Weineck, J. (2004). Sportbiologie (9. Aufl.). Balingen: Spitta.
Weinert, F. E. (1997). Grenzen der Entwicklung des Humankapitals aus der Sicht der psychologischen Lerntheorie. In G. Clar, J. Doré, & H. Mohr (Hrsg.), Humankapital und Wissen. Grundlagen einer nachhaltigen Entwicklung (S. 137-156). Berlin: Springer.
Weiß, R. (2000). Wettbewerbsfaktor Weiterbildung: Ergebnisse der Weiterbildungserhebung der Wirtschaft, Beiträge zur Gesellschafts- und Bildungspolitik. Köln: Deutscher Instituts-Verlag.
Wenger, E. (1998). Communities of Practice. Learning as a Social System. Abgerufen am 14. Juni 2015 von http://www.co-I-l.com/coil/knowledge-garden/cop/lss.shtml
Wenke, J. (1996). Berufliche Weiterbildung für ältere Arbeitnehmer. Ein Leitfaden für Bildungsträger. Bielefeld: Bertelsmann.
Werner, D. (2006). Trends und Kosten der betrieblichen Weiterbildung – Ergebnisse der IW-Weiterbildungserhebung 2005. IW-Trends, 33(1), 17-34.
Wild, E., & Wild, K.-P. (2002). Jeder lernt auf seine Weise... Individuelle Lernstrategien und Hochschullehre. In B. Behrendt, H.-P. Voss, & J. Wildt (Hrsg.), Neues Handbuch Hochschullehre. Bonn: Raabe.
Wildemeersch, D., & Salling Olesen, H. (2012). Editorial: The effects of policies for the education and learning of adults - from 'adult education' to 'lifelong learning', from 'emancipation' to 'empowerment'. European journal for Research on the Education and Learning of Adults, 3(2), 97-101.
Wosnitza, M. (2000). Motiviertes Selbstgesteuertes Lernen im Studium. Theoretischer Rahmen, diagnostisches Instrumentarium und Bedingungsanalyse. Landau: Verlag Empirische Pädagogik.
Zwick, E. (2004). Spiegel der Zeit – Grundkurs historische Pädagogik 1. Antike: Griechenland – Ägypten – Rom – Judentum. Münster: LIT.
Zwick, T. (2012). Effektivität der Weiterbildung aus Sicht älterer Beschäftigter. BWP - Berufsbildung in Wissenschaft und Praxis, 41(1), 15-18.

13 Anhang: Erläuterung der Anonymisierung

Nationale Experten/innen

Experten/innen aus der Wissenschaft

ExpPol	Professor im Bereich der Politikwissenschaften
ExpSoz	Professor im Bereich der Soziologie
ExpBWP	Professorin für Berufs- und Wirtschaftspädagogik
ExpTD	Professor für Technikdidaktik
ExpGero1	Professor im Bereich der Gerontologie mit Schwerpunkt Altern und Arbeit
ExpGero2	Professor im Bereich der Gerontologie mit Schwerpunkt geistige Leistungsfähigkeit, Altern und Arbeit
ExpPF1	Professor für Arbeitsökonomie an privatem Forschungsinstitut
ExpPF2	Leiter des Forschungsbereichs Dienstleistungs- und Personalmanagement an privatem Forschungsinstitut

Experten/innen aus der Praxis

ExpDIHK	Experte aus der Deutschen Industrie- und Handelskammer im Bereich Weiterbildung
ExpHWK	Experte aus der Handwerkskammer im Bereich Berufsbildung
ExpAuL	Experte aus dem Bundesarbeitskreises Arbeit und Leben
ExpAV1	Experte aus dem Verband der Bayerischen Wirtschaft (vbw)
ExpAV2	Experte des Demographie-Netzwerks (ddn)

ExpGU1 ExpGU2	Experten aus einem Großunternehmen
ExpUB1	Unternehmensberater für strategische Unternehmensführung im Human Resources Management
ExpUB2	Unternehmensberaterin im Bereich Change Management und Kommunikation

Internationale Experten/innen

ExpDK1 ExpDK2	Professoren im Bereich der Erwachsenenbildung in Dänemark
ExpN1	Mitarbeiterin im Bereich des lebenslangen Lernens an einem Forschungsinstitut in Norwegen
ExpN2	Professorin im Bereich der Erwachsenenbildung in Norwegen
ExpNL	Professorin für Strategisches Personalmanagement in den Niederlanden
ExpS	Direktorin an einem Zentrum für lebenslanges Lernen in Schweden
ExpGB	Emeritierter Professor für Erwachsenenbildung in England
ExpA	Wissenschaftliche Mitarbeiterin an einem Forschungsinstitut zur Berufsbildungsforschung in Österreich
ExpOECD1 ExpOECD2	Expertinnen der OECD im Bereich Beschäftigung, Arbeit und Soziales
ExpCedefop	Experte der Cedefop im Bereich Arbeitsmarktdynamik und Weiterbildungsbedarfe

Texte zur Theorie und Geschichte der Bildung

hrsg. von Friedhelm Brüggen (Universität Münster), Karl-Franz Göstemeyer (HU Berlin) und Petra Korte (TU Braunschweig)

Julia Lipkina
Identität als Voraussetzung für Bildung
Eine qualitative Studie zu Bildungserfahrungen als Frage nach der Ermöglichung von Identität in schulischen und außerschulischen Kontexten
Will Schule eine Bildungsinstitution sein, muss sie es ermöglichen, Identität zum Thema von Bildungsprozessen zu machen. Identität ist nämlich die Voraussetzung für Bildung, nicht ihr Ziel. Neben einer theoretischen Abhandlung zum Identitätsbegriff widmet sich die Studie qualitativ-empirisch schulischen und außerschulischen Bildungserfahrungen ehemaliger Gymnasiasten. Durch die bildungstheoretische Folie geraten empirisch Dimensionen des Zusammenspiels von Schule und Biografie in den Blick, die bisher mit einer sozialisations- und schultheoretischen Ausrichtung nicht erfasst werden konnten.
Bd. 34, 2016, 694 S., 64,90 €, br., ISBN 978-3-643-13425-7

Tamara Deluigi; Michael Gabathuler; Rahel Katzenstein; Christina Rothen (Hg.)
Sakralität, Demokratie und Erziehung
Auseinandersetzungen mit der historischen Pädagogik Fritz Osterwalders
Bildungsgeschichte ist das Ergebnis wissenschaftlicher Rekonstruktion historischen Materials und der anschliessenden Interpretation der erarbeiteten Quellen. In Bezug zu den Arbeiten von Prof. Dr. Fritz Osterwalder fragen die hier vorliegenden Beiträge nach den Möglichkeiten und Grenzen methodischer und interpretativer Ansätze der Historischen Pädagogik. Thematisiert werden das Verhältnis von Erziehung und Demokratie, die Problematik pädagogischer Sakralität sowie die These von Kontinuität und Fort innerhalb der historischen Entwicklung von Erziehungsinstitutionen.
Bd. 33, 2013, 152 S., 18,90 €, br., ISBN 978-3-643-80139-5

Axel Bernd Kunze
Bildung als Freiheitsrecht
Eine kritische Zwischenbilanz des Diskurses um Bildungsgerechtigkeit
Über die pädagogische Beziehung zu reflektieren, ist eine individualethische Aufgabe. Erst in jüngerer Zeit hat sich ein eigener sozialethischer Bildungsdiskurs herausgebildet. Bildung wird dabei als neue soziale Frage des 21. Jahrhunderts, Medium gesellschaftlicher Beteiligung oder Menschenrecht begriffen. Mitunter wird unter Berufung auf Menschenrecht eine neue Objektivität im Diskurs über Bildung suggeriert, die nicht gegeben ist. Der Band bearbeitet aus bildungstheoretischer Sicht die gesellschaftlichen und politischen Interessen, die sich an ein Recht auf Bildung heften und will ein pädagogisches Fundament für eine Sozialethik der Bildung legen.
Bd. 32, 2012, 112 S., 19,90 €, br., ISBN 978-3-643-11727-4

Florian Bernstorff; Alfred Langewand (Hg.)
Darwinismus, Bildung, Erziehung
Historische Perspektiven auf das Verhältnis von Evolution und Pädagogik
Der Einfluss des Darwinismus auf das pädagogische Denken an der Wende zum 20. Jahrhundert führte lange Zeit ein Schattendasein in der Bildungsgeschichtsschreibung. Zu Unrecht. Die Beiträge dieses Bandes zeigen, wie verschiedenste Evolutionstheorien in vielfältiger Weise das damalige pädagogische Denken beeinflusst haben. Debatten um Mädchenerziehung oder den Inhalt von Schulbüchern, moral- und sozialpädagogische Ansätze bezogen sich, oft in legitimatorischer Absicht, auf Evolutionstheoreme, ebenso wie die Kinderforschung und die Psychologie des Chicagoer Pragmatismus.
Bd. 31, 2012, 200 S., 29,90 €, br., ISBN 978-3-643-11563-8

Florian Bernstorff; Andreas Ledl; Steffen Schlüter (Hg.)
Kontextualisierungen
Festschrift für Alfred Langewand zum 60. Geburtstag
Bd. 30, 2010, 280 S., 19,90 €, br., ISBN 978-3-643-10941-5

LIT Verlag Berlin – Münster – Wien – Zürich – London
Auslieferung Deutschland / Österreich / Schweiz: siehe Impressumsseite

Kultur und Technik

Schriftenreihe des Internationalen Zentrums für Kultur- und Technikforschung der Universität Stuttgart

hrsg. von Prof. Dr. André Bächtiger, Prof. Dr. Reinhold Bauer, Prof. Dr.Ing. Helmut Bott, Prof. Dr. Franz Brümmer, Prof. Dr. Georg Maag, Prof. Dr. Wolfram Pyta, Prof. Dr. Werner Sobek, Prof. Dr. Antje Stokman

Simon Paulus; Klaus Jan Philipp (Hg.)
„Um 1600" – Das Neue Lusthaus in Stuttgart und sein architekturgeschichtlicher Kontext
Das zwischen 1584 und 1593 errichtete „Neue Lusthaus" in Stuttgart galt als herausragender Repräsentant der Architektur seiner Zeit. Durch den späteren Umbau zum Hoftheater stark in seiner ursprünglichen Erscheinung entstellt, wurde das Bauwerk in seinen letzten Resten 1902 abgetragen. Als einer der frühesten neuzeitlichen Vertreter einer höfischen Fest- und Unterhaltungskultur nördlich der Alpen und als Meisterwerk der Bau- und Zimmermannskunst geriet es erst in jüngerer Zeit wieder in den Fokus des öffentlichen und wissenschaftlichen Interesses. Die in diesem Band versammelten Beiträge setzen sich mit dem architektur- und kulturgeschichtlichen Kontext dieses Bauwerks auseinander. Dabei werden besonders Voraussetzungen und Hintergründe beleuchtet, welche die Eigenheiten und Merkmale der Baukunst in den letzten drei Jahrzehnten vor dem Ausbruch des 30jährigen Krieges im deutschen Sprachraum mit ihren unterschiedlichsten regionalen Ausprägungen maßgeblich bestimmt haben. Die zwischen Gotik und Renaissance oszillierende Architektur „um 1600" provoziert in ihrer Uneindeutigkeit und multiplen Lesbarkeit Fragen, denen sich renommierte Fachleute widmen.
Bd. 35, 2018, 172 S., 24,90 €, br., ISBN 978-3-643-13975-7

Emilio Grossman; Felix Heidenreic (Hg.)
Konstellationen der Souveränität in Europa. Les constellations de la souveraineté en Europe
Nicht allein der Brexit, auch die bereits länger anhaltenden Krisen in der Finanz-, Währungs- oder Migrationspolitik lassen sich als Anzeichen dafür deuten, dass die Frage nach der Souveränität in der EU ungelöst ist. Während nationalistische und populistische Strömungen das Projekt der europäischen Integration als Angriff auf das Prinzip der Volkssouveränität verunglimpfen, verteidigen EU-Befürworter den Integrationsprozess als einen erfolgreichen Modus der gemeinschaftlichen Ausübung nationaler Souveränität. Inwiefern ist der populistische Verweis auf Volkssouveränität legitim? Und inwiefern gefährden Populismus und Nationalismus durch eben diesen Topos die Demokratie in Europa? Die Ergebnisse eines deutsch-französischen Colloquiums behandeln die zahlreichen Aspekte dieses Themas, indem sie die tagespolitisch drängenden Fragen in einen größeren Kontext rücken. Dabei werden sowohl rechtswissenschaftliche als auch ideengeschichtliche und empirische Dimensionen des Themas beleuchtet.
Mit Beiträgen von Emiliano Grossman, Felix Heidenreich, Karsten Schubert, Nina Elena Eggers, Aliénor Ballangé, Eva-Maria Schäfferle und einem Gespräch mit Pierre Rosanvallon.
Bd. 34, 2018, 144 S., 24,90 €, br., ISBN 978-3-643-13838-5

Klaus Kornwachs
Arbeit – Netz – Identität
Bd. 33, 2017, 140 S., 24,90 €, br., ISBN 978-3-643-13686-2

Irene Chytraeus-Auerbach; Georg Maag (Hg.)
Futurismus
Kunst, Technik, Geschwindigkeit und Innovation zu Beginn des 20. Jahrhunderts
Bd. 32, 2017, 286 S., 29,90 €, br., ISBN 978-3-643-13685-5

Marie-Sophie Masse; Stephanie Seidl (Hg.)
„Texte dritter Stufe"
Deutschsprachige Antikenromane in ihrem lateinisch-romanischen Kontext
Bd. 31, 2016, 172 S., 29,90 €, br., ISBN 978-3-643-13516-2

LIT Verlag Berlin – Münster – Wien – Zürich – London
Auslieferung Deutschland / Österreich / Schweiz: siehe Impressumsseite